ミネルヴァ日本評伝選

男は妻がらなり

藤原道長

朧谷 寿著

ミネルヴァ書房

刊行の趣意

「学問は歴史に極まり候ことに候」とは、先哲荻生徂徠のことばである。

歴史のなかにこそ人間の智恵は宿されている。人間の愚かさもそこにはあらわだ。この歴史を探り、歴史に学んでこそ、人間はようやくみずからの正体を知り、いくらかは賢くなることができる。新しい勇気を得て未来に向かうことができる。徂徠はそう言いたかったのだろう。

「ミネルヴァ日本評伝選」は、私たちの直接の先人について、この人間知を学びなおそうという試みである。日本列島の過去に生きた人々の言行を、深く、くわしく探って、そこに現代への批判を聴きとろうとする試みである。日本人ばかりではない。列島の歴史にかかわった多くの異国の人々の声にも耳を傾けよう。

先人たちの書き残した文章をそのひだにまで立ち入って読み、彼らの旅した跡をたどりなおし、彼らのなしとげた事業を広い文脈のなかで注意深く観察しなおす——そのとき、はじめて先人たちはいまの私たちのかたわらによみがえってくる。彼らのなまの声で歴史の智恵を、また人間であることのよろこびと苦しみを、私たちに伝えてくれもするだろう。

この「評伝選」のつらなりのなかから、列島の歴史はおのずからその複雑さと奥ゆきの深さをもって浮かび上がってくるはずだ。これを読むとき、私たちのなかに新たな自信と勇気が湧いてきて、その矜持と勇気をもって「グローバリゼーション」の世紀に立ち向かってゆくことができる——そのような「ミネルヴァ日本評伝選」にしたいと、私たちは願っている。

平成十五年（二〇〇三）九月

上横手雅敬
芳賀　徹

藤原道長（『紫式部日記絵巻』をもとに岡田元史画）

（土御門第の泉殿の簀子から新造の竜頭鷁首を見る道長）

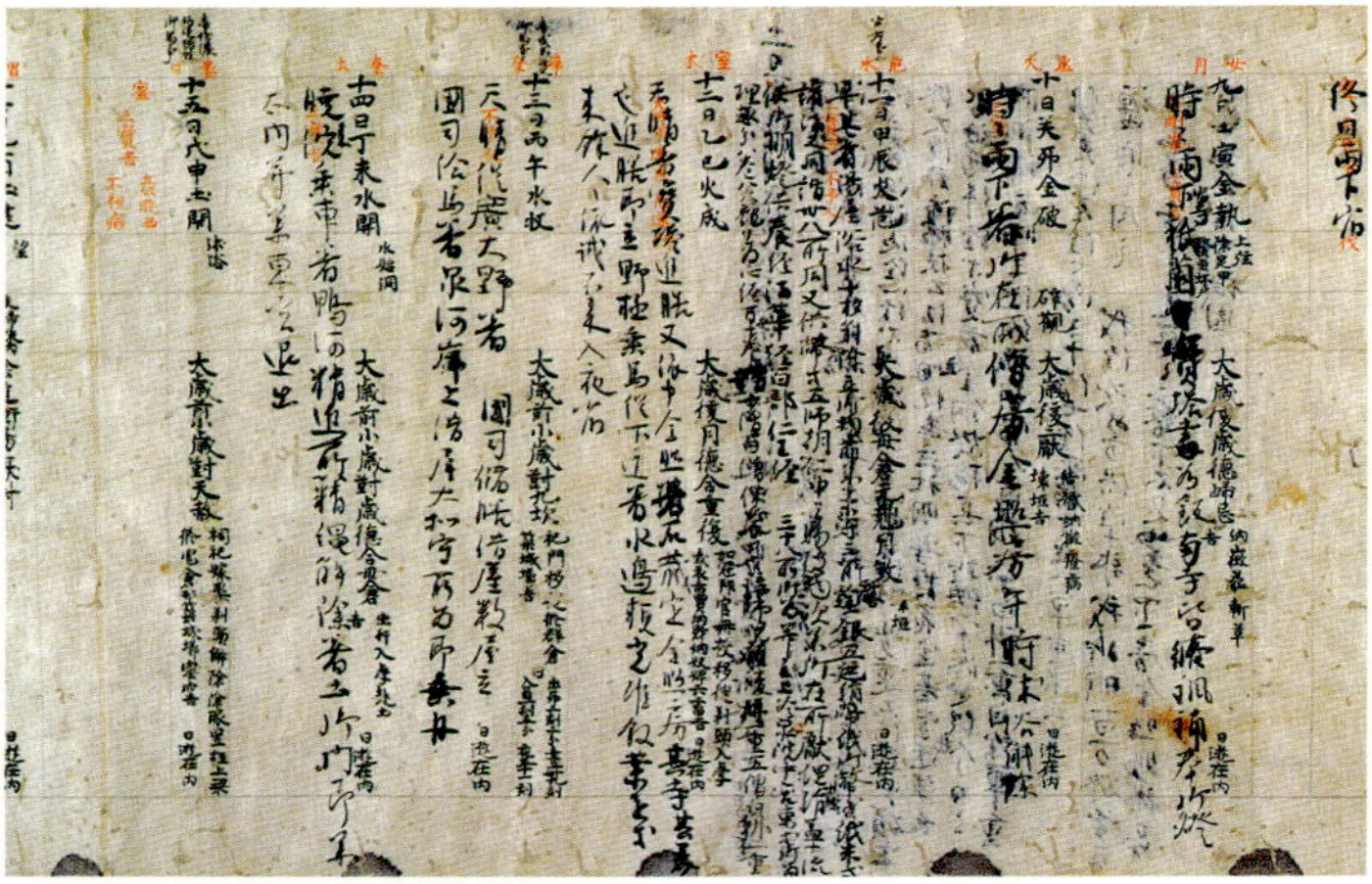

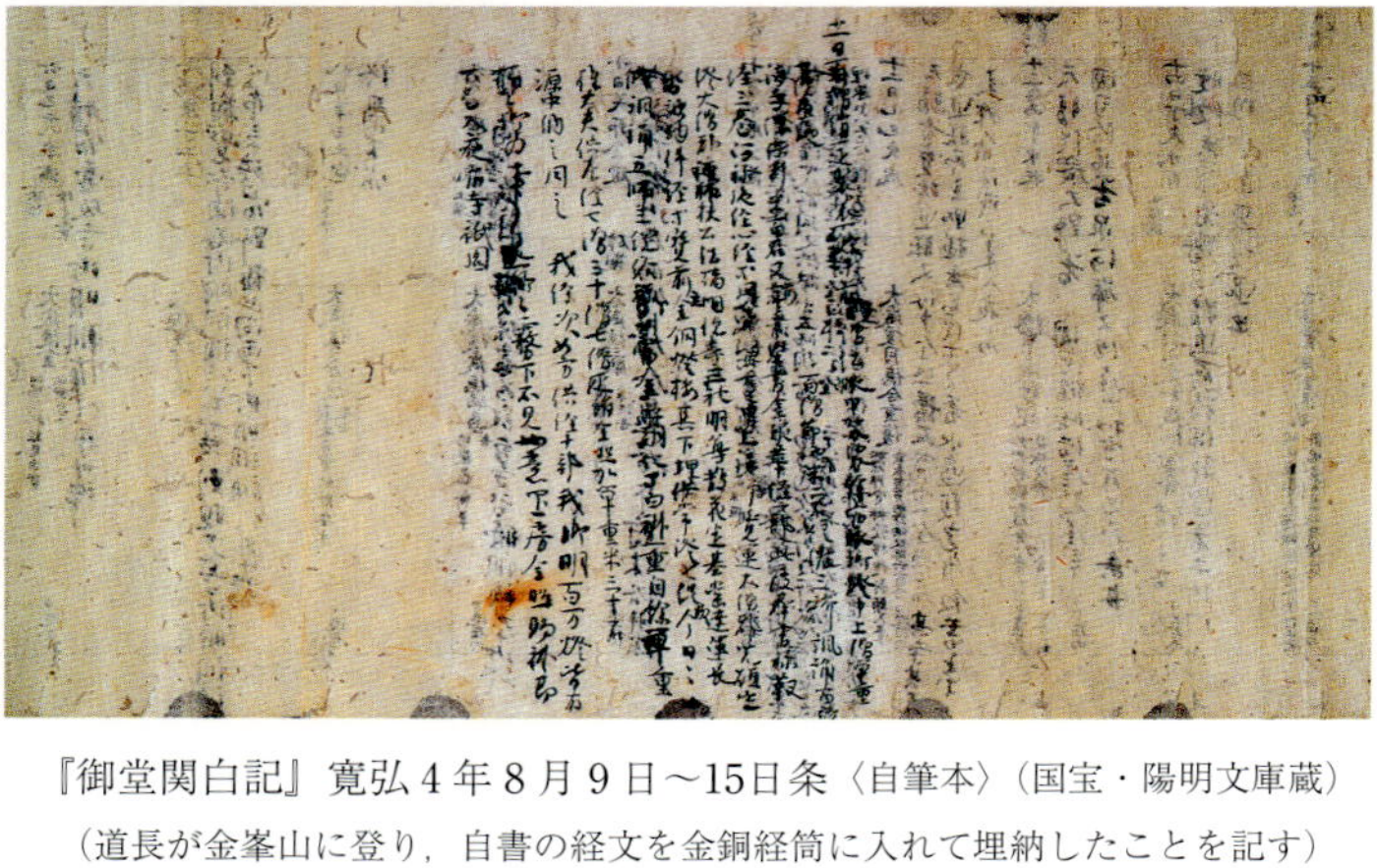

『御堂関白記』寛弘４年８月９日～15日条〈自筆本〉（国宝・陽明文庫蔵）
（道長が金峯山に登り，自書の経文を金銅経筒に入れて埋納したことを記す）

『紫式部日記絵巻』断簡（重要文化財・東京国立博物館蔵）

（若宮〔敦成親王〕を抱く中宮彰子を見守る道長）

不動明王坐像（重要文化財・同聚院蔵）

（東福寺の前身の法性寺の一郭に道長は五大堂を建てて五大明王像五体を安置，その中尊の不動明王像〔仏師康尚作か〕と伝える。道長の顔を模して造立されたと言われている）

はじめに

この世をば我が世とぞ思ふ望月の
　　欠けたることもなしと思へば

社会体制を異にするそれぞれの時代で頂点に立った人は幾人もいるが、みずからの手で病と闘いながら頂点を極めた満足感を、このような形で謳歌した人はほかにいまい。なお付言すると、この時期の彼は病に苦しんでおり、そんな中での望月の歌には悲哀もないまぜになっていると見たい。

その男こそ、四百年続いた平安時代において貴族社会の頂点を極め、千年に及んだ摂関体制の覇者となった藤原道長（九六六～一〇二七）、つまり小著の主人公にほかならない。彼は病と闘いながら頂点を極めた男、といってよい。

後見人政治——摂関と院

天皇を主権者とし貴族以下がこれに参画して行われた律令政治は、平安時代に入って二つのうねりが生じて変形を余儀なくされた。それは天皇の補佐というか、後見する形で別の人が介入して政《まつりごと》を主宰するもので、いずれも天皇の力の後退を意味する。摂関政と院政であるが、この両者、天皇の後見政治という点では類似するが、後見者の立場は、前者は臣下、後者はもと天皇、というぐあいに全く異なる。

九世紀半ばに藤原良房《よしふさ》が臣下としてはじめて清和《せいわ》天皇（娘の所生）の摂政となったのを嚆矢とし、孝明《こうめい》天皇の関白に引き続いて明治天皇の践祚《せんそ》から一年ほどの間、摂政をつとめた藤原（二条）斉敬《なりゆき》を最後として、つまり明治維新前夜までの千年に亘って摂関制度は持続され、その間の首都は一貫して京都であった。ただ千年の間、摂関が切れ目なく連綿と続いたというわけではない。とりわけ不安定な早い段階における二度の断絶は藤原氏にとって試練であった。それは良房のあとを継いだ基経《もとつね》の死後の四十年間と、その後の忠平《ただひら》の摂関二十年を挟んで以降の十七年間である。この摂関不置の宇多《うだ》・醍醐《だいご》・村上《むらかみ》天皇の時期を天皇親政時代とみる説があるが、いわゆる親政とはかけ離れたものという理解が一般的である。この三天皇の日記（宸記《しんき》）の一部が私日記の早いものとして今日に伝えられている。

千年に及んだ摂関の制度、それを藤原氏（北家）が独占したわけだから驚くべきことである。さらにはこの制度が従前の天皇には見られなかった幼帝の出現を生み、その現象は、続く院政期に引き継がれていく。

院政の主である上皇と摂関とでは似て非なるものがある。前者には選択の余地が少なく自ずと決まってくるが、後者は個人の力量とその結果とが必ずしも一致せず、他力本願的な要素に左右される面が強い。その第一は娘に恵まれること、第二はその娘の成長の暁には天皇ないし将来天皇になりうる人に配すること（「后《きさき》がね」）、第三にはそこに皇子が誕生することである。そして、その皇子の践祚によって摂政ないし関白を手中にできるのである。このどれか一つが欠けると困難といわざるを得ず、そのことは史実が如実に物語っている。このように外戚の地位を確立するためには人力を超えた要素が介在するのである。これに大きな成功を収めたのが道長であった。

「道長の生き方は、白河《しらかわ》・後白河《ごしらかわ》らの法皇たちの原型である」とみるのは北山茂夫氏である（『藤原道長』）。その起因するところは「かれには、これといった国策上の事績はみられない。積極的な政策をもたぬ大権勢家」といった理解の敷衍《ふえん》と思われるが、ということになると道長は、院政の主と同質の要素を持ち合わせていたことになろうか。そのまますんなりと受け入れ難いようにも思うが、その検証の意味もこめて道長の生涯を追うことにする。

道長が生活した舞台はいうまでもなく京都である。十世紀後半から十一世紀前半の京都は古代の最後の都として営まれた平安京が当初のプランを変形しながら、東へと進展しつつ繁栄の一途を辿っていた。そして日本の歴史の中でも燦然《さんぜん》と耀く、女性の活躍によって結実した王朝文学の土壌を提供していた。そのパトロンとなったのが道長を頂点とする摂関体制であった。これらのことも視野に入れて考察をすすめることにする。

伝存の幸運
——最古の自筆日記

これから述べられる事象の裏付けとして多くの史料が介在することは言うまでもないが、ここでは道長自身の日記と、ほぼ同時代人の公卿二人の日記のことについて簡単に触れておきたい。

道長の日記は『法成寺摂政記《ほうじょうじせっしょうき》』『法成寺入道左大臣記《ほうじょうじにゅうどうさだいじんき》』『御堂御記《みどうぎょき》』などの名があるが、刊本の「大日本古記録本《だいにほんこきろく》」（上・中・下の三冊本）の『御堂関白記《みどうかんぱくき》』の名称（江戸時代）がもっとも流布している。御堂とは自ら創建した法成寺を指すが、道長は関白にはなっていない。この日記は全体で三十六巻あったと考えられ、現存年次は長徳四年（九九八）から治安元年（一〇二一）までであるが、長徳元年の日記が存したことも解っており、この年に三十歳の彼が廟堂の頂点に躍り出たわけで、日記を起筆するに相応しい年である。下限の年は出家して二年後の五十六歳で、出家後の記事は簡略を極めている。

ところで日記の始筆と終筆に関して大津透氏は、藤原宗忠《むねただ》の『中右記《ちゅうゆうき》』の考察を敷衍させて次のように述べているが（『道長と宮廷社会』）、傾聴すべき意見である。

> 『小右記《しょうゆうき》』は天元元年（九七八）から記事があるようで、実資《さねすけ》は正五位下右少将、二十二歳である。『御堂関白記』はよくわからず、正暦五年（九九四）には書かれていたが、それ以前は不明である。ときに従二位権大納言、二十九歳である。個人差はあるだろうが、二十歳を超え、五位叙爵後本格的な官人活動を始めてから日記は書くものだといえるだろう。（中略）藤原道長は、寛仁三年（一〇一九）三月二十一日に出家する。『御堂関白記』にはその三月十七日までは詳細な記事があるが、以後は寛仁四年にもわずかな記事があるだけで、翌治安元年は、九月一日条「念仏を初む、十一万遍」など、五日まで念仏の回数が書かれているだけである。道長の場合、出家後も頼通に指示を与

えて政治的に大きな力を持ち続けたのであるが、日記はやはり出家とともに終わったというべきだろう。官人として公事を記録し、子孫に拠るべき先例を伝えるという日記の本質をみてとることができよう。

道長の日記が特に重要視されるのは自筆本が十四巻（計七年分）現存し、これが最古の自筆日記と位置づけられることである。さらには、自筆本の伝存が、具注暦《ぐちゅうれき》に書き込まれ、日と日の間が二行空きで、半年一巻、といったことなど当時の日記の体裁を教えてくれる。この自筆本のほかに、孫の師実《もろざね》らの手になる古写本十二巻（一年一巻）と多くの新写本（流布本）が京都に所在の近衛家の陽明文庫《ようめい》に架蔵されている（自筆本と古写本は国宝）。道長の日記は誤字・脱字・当て字などが多く、字体は大らかといってよく、外孫の誕生などの部分からは歓喜の様子が伝わってきそうな書きぶりで、こういったことも自筆本ゆえに知られるというもの。

この日記から感じ取れる大きな特色は政界の頂点に立った人であるのに、国政を動かしている実相の記事が目立たず、儀式に満ちている、といっても過言でない。このことは、当時の政治を遂行するのには一定の「しきたり」に則って行われたことの証左である。それを儀式と呼んでもよいと思う。

同時代日記　道長より年長の藤原実資（九五七〜一〇四六）は『小右記』（全十一冊から成る「大日本古記録本」ほかよく流布している後世の呼称）という日記を遺したが、その名は邸宅の小野宮殿と極官の右大臣に因んでの「小野宮右府《おののみやうふ》」の称号による。実資自身は『暦《れき》』『暦記《れきき》』と書き、その時代には『右府御記《うふぎょき》』などと呼ばれたようで、ほかには『小野宮右大臣記《おののみやうだいじんき》』『小記《しょうき》』『野府記《やふき》』『後小野宮右大臣記《のちのおののみやうだいじんき》』『続水心記《ぞくすいしんき》』などの呼称がある。自筆本は伝わらないが、平安・鎌倉期に書写された古写本に加えて多くの新写本が前田家の尊経閣《そんけいかく》文庫や宮内庁書陵部《しょりょうぶ》などに架蔵されている。全体量は不明であるが、天元五年（九八二）から長元五年（一〇三二）まで伝存し（長保・寛弘年間の長年月ほか短期の欠巻が多い）、『小記目録《しょうきもくろく》』や逸文によって貞元二年（九七七）から長久元年（一〇四〇）まで執筆されたことが確認される。年齢でいえば二十一歳から八十四歳まで、円融《えんゆう》から後朱雀《ごすざく》天皇に至る六代に及んでいる。一世紀近い長寿を保った博学多識で有職故実にもっとも通じていた実資の六十年を上回る日記の、摂関全盛期の政治・経済・社会の解明への貢献度は計り知れない。彼には、朝廷における年中行事の儀式についての御家流の作法を説いた『小野宮年中行事《おののみやねんじゅうぎょうじ》』と称する作品もある。

　道長より六歳若くして享年月日を同じくする藤原行成《ゆきなり》（九七二～一〇二七）の日記は、権大納言を極官としたことで『行成《ゆきなり》卿記』『権大納言記《ごんだいなごんき》』『権記《ごんき》』などと呼ばれ、最後の記名が流布している。もとより自筆本は伝存せず、鎌倉期書写の古写本のほかに新写本が宮内庁書陵部などに伝存する。その期間は、二十歳の正暦二年（九九一）から寛弘八年（一〇一一）までの二十一年間（その間に欠巻も多い）に及ぶが、逸文などから類推して薨去《こうきょ》近くまで執筆を続けたことがわかる。とりわけ一条《いちじょう》天皇時代の朝儀や政務を知るうえで恰好の史料といえる。

　これらの日記は、松薗斉氏の定義に従えば、十世紀段階において登場するところの王朝日記と称されるものであり、「儀式・政務を領導すべき立場に立たされた天皇・皇親および北家藤原氏嫡流が公事情報を蓄積するための装置として採用した」日記ということになる（「王朝日記『発生』についての一試論」及び『日記の家』参照）。思うに、少なくとも公卿クラスの人たちは日記を物したであろうことが逸文などから推察できるが、ある程度まとまった形での伝存は稀少である。摂関家の嫡流をみても忠平（『貞信公記《ていしんこうき》』）とその子師輔《もろすけ》（『九暦《きゅうれき》』）が抄本の形で遺る程度で、良房・基経・時平《ときひら》・伊尹《これまさ》・兼《かね》通《みち》・兼家《かねいえ》・道隆《みちたか》といった人たちの日記は伝わらない。もし仮にこれらが遺されていたならば、事によると人臣摂政に到る経緯や兼通・兼家兄弟の摂関をめぐる熾烈な葛藤、陰謀事件の真相など節目の歴史事実が明らかになるやも知れない。その意味で道長時代の研究は恵まれており、その後の頼通の日記が遺っていないことによる研究の立ち遅れとは対照的である。

ところで清水好子氏は、三人の日記を比較して『御堂関白記』を次のように位置づける（「藤原道長」）。

> 三人の政治家の日記を照合して、すぐ気がつくことは道長が書かざる人であるということだ。彼は事件の委細を書かないし、理由原因は書かない。彼の日記は短いし空白が多い。その上批評や感想めいた言葉はほとんど見られない。有職故実《ゆうそくこじつ》に関する記事も少ない。これは行事や儀式次第を克明に書かぬ精神といったいのものであろうか。（中略）第一に強く印象づけられたのは病む人道長の像である。他の二人に比し、彼はしばしば長い病気をしている。何かひとつ事を仕遂げると、その心労が出るのか、病床に伏し、それも決して軽いものでないことが多かった。大事な行事——たと

えば彰子《しょうし》女御入内の前に病むこともある。後に詳述するがいかにストレスの多い日々であったかが想像される。したがって、関白記に多い夥しい空白欄は病中執筆不能だったせいとも見られるが、書かれた部分を検してみても、やはり彼は委細、感情を切捨て、事柄の結果、あらわれた事実のみを簡単に記すという傾向である。初期の関白記が全般にメモ的様相を呈するのも以上のような次第だからである。

なんと歯切れのよい文であろうか。とりわけ長保年間ごろまでの早い時期の『御堂関白記』を対象にしての観察であるが、この検証をも視野にいれて道長の森に踏み入ることにしよう。

▨漢文史料の訓読は現代仮名遣いを旨とした。女性名については、わずかな例を除いてどのように訓読みされたか不明である。そこで、読み慣らされている人についてはそれに従って訓読みとしたが、それ以外は音読みとした。

藤原道長——男は妻がらなり　目次

目　次

図版一覧

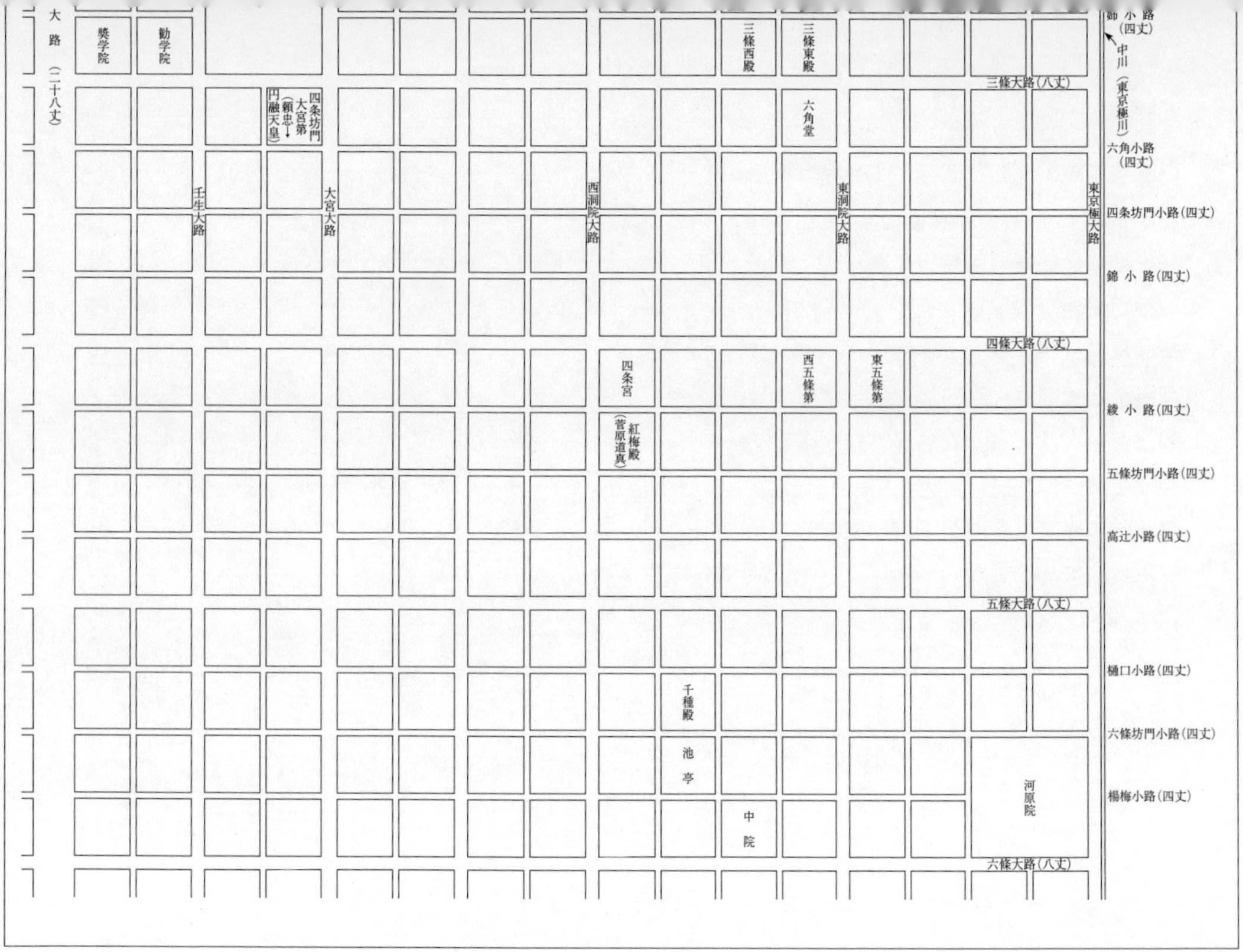

大路（二十八丈）
奨学院
勧学院
三條西殿
三條東殿
四条坊門大宮第（頼忠→円融天皇）
六角堂
壬生大路
大宮大路
西洞院大路
東洞院大路
東京極大路
四条宮
紅梅殿（菅原道真）
西五條第
東五條第
千種殿
池亭
中院
河原院
小路（四丈）
中川（東京極川）
三條大路（八丈）
六角小路（四丈）
四条坊門小路（四丈）
錦小路（四丈）
四條大路（八丈）
綾小路（四丈）
五條坊門小路（四丈）
高辻小路（四丈）
五條大路（八丈）
樋口小路（四丈）
六條坊門小路（四丈）
楊梅小路（四丈）
六條大路（八丈）

平安京左京図（六條以北）

関係地図
東京極大路(十丈)
富小路(四丈)
万里小路(四丈)
高倉小路(四丈)
東洞院大路(八丈)
烏丸小路(四丈)
室町小路(四丈)
町小路(四丈)
西洞院大路(八丈)
油小路(四丈)
堀川大路(八丈)
猪隈小路(四丈)
大宮大路(十二丈)
中川
一条大路(十丈)
土御門大路(十丈)
近衛大路(十丈)
中御門大路(十丈)
大炊御門大路(十丈)
二條大路(十七丈)
正親町小路(四丈)
勘解由小路(四丈)
春日小路(四丈)
冷泉小路(四丈)
押小路(四丈)
鷹司小路(四丈)
法成寺
祇陀林寺(広幡寺)
二条京極第(法興院・積善寺)
梅園第
西北院
染殿
清和院
土御門殿
土御門第(村上源氏)
鷹司殿
惟憲邸
源雅信・道長の一条第
高倉殿
花山院
二条殿(教通)
枇杷殿
小一條院
近院(源重信)
少将井
一条第
三条院(三条上皇)
道長桟敷
菅原院
大炊御門第(隆家)
小野宮
押小路殿
小松殿
小野宮西町
町尻殿(道兼)
鴨院
修理職町
東三條院
閑院
高陽院
堀河院
源頼光一条邸
一條院別納
遊野井
冷泉院
一條院
本院
山井殿
神
大学寮
大内裏

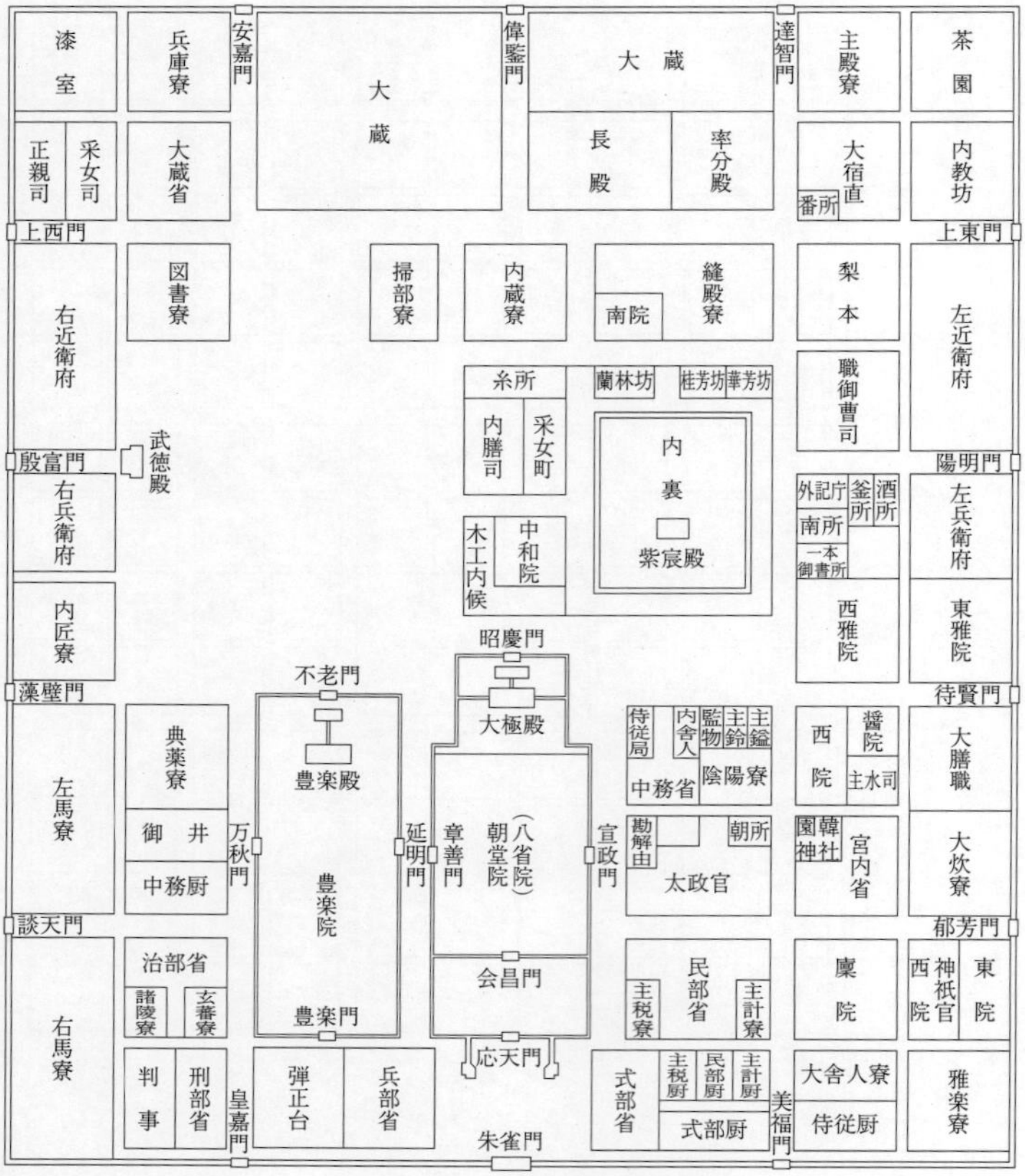
漆室
兵庫寮
安嘉門
大蔵
偉鑒門
大蔵
長殿
率分殿
達智門
主殿寮
茶園
正親司
采女司
大蔵省
大宿直
番所
内教坊
上西門
上東門
右近衛府
図書寮
掃部寮
内蔵寮
南院
縫殿寮
梨本
左近衛府
糸所
蘭林坊
桂芳坊
華芳坊
職御曹司
内膳司
采女町
内裏
武徳殿
殷富門
陽明門
右兵衛府
外記庁
釜所
酒所
南所
一本御書所
左兵衛府
木工内候
中和院
紫宸殿
内匠寮
西雅院
東雅院
昭慶門
不老門
藻壁門
待賢門
大極殿
侍従局
内舎人
監物
主鈴
主鎰
西院
醤院
大膳職
典薬寮
豊楽殿
陰陽寮
中務省
主水司
左馬寮
御井
万秋門
延明門
章善門
朝堂院
（八省院）
宣政門
勘解由
朝所
韓神
園神社
宮内省
大炊寮
中務厨
豊楽院
太政官
談天門
郁芳門
治部省
会昌門
民部省
主税寮
主計寮
大膳院
西院
神祇官
東院
諸陵寮
玄蕃寮
豊楽門
右馬寮
応天門
判事
刑部省
皇嘉門
弾正台
兵部省
式部省
主税厨
民部厨
主計厨
美福門
大舎人寮
侍従厨
雅楽寮
式部厨
朱雀門

平安京大内裏図

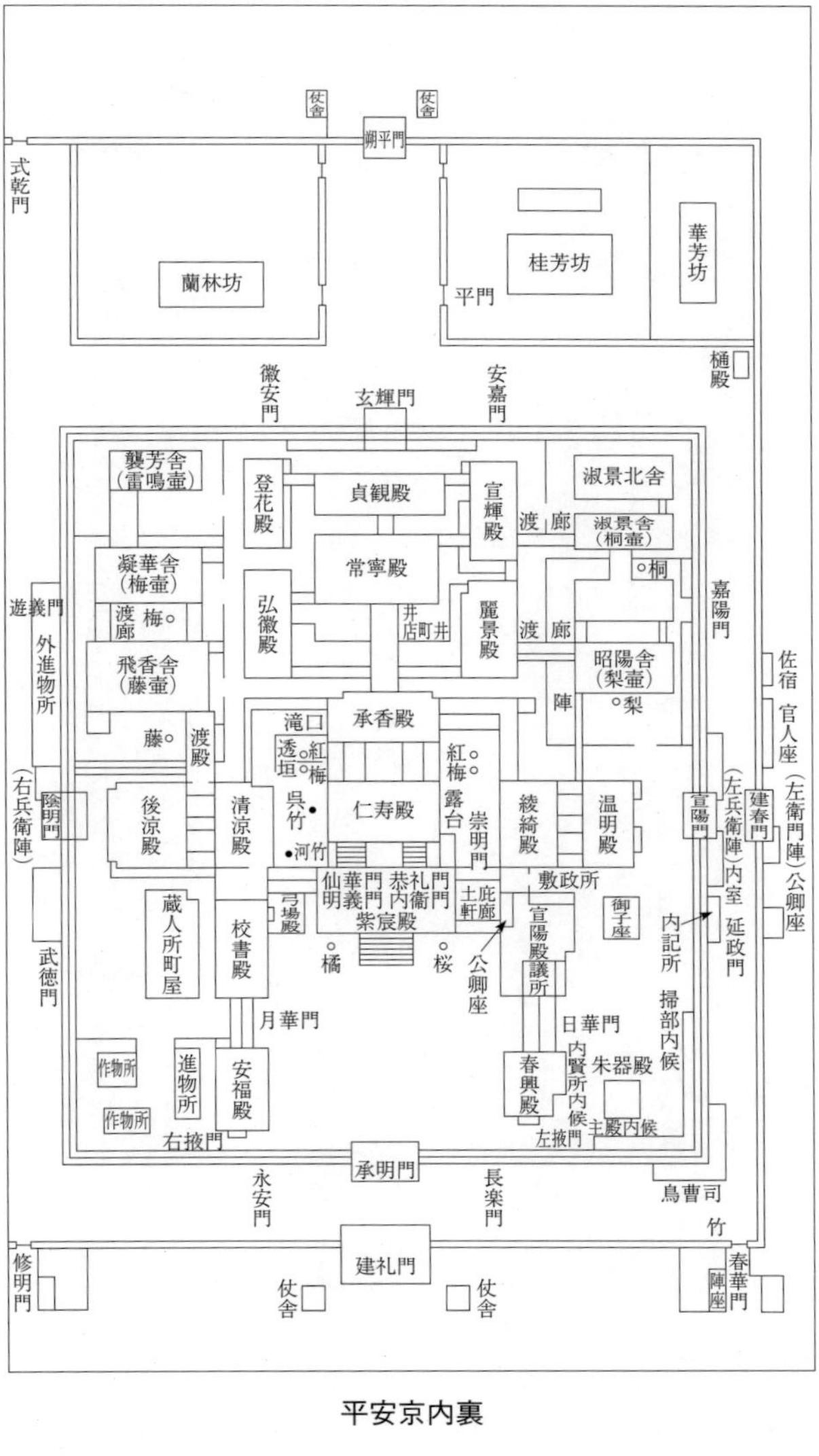

仗舎
仗舎
朔平門
式乾門
蘭林坊
桂芳坊
華芳坊
平門
樋殿
徽安門
玄輝門
安嘉門
襲芳舎
(雷鳴壺)
登花殿
貞観殿
宣耀殿
淑景北舎
渡
廊
淑景舎
(桐壺)
凝華舎
(梅壺)
常寧殿
桐
嘉陽門
遊義門
渡廊
梅
弘徽殿
井
店町井
麗景殿
渡
廊
外進物所
飛香舎
(藤壺)
昭陽舎
(梨壺)
佐宿
滝口
承香殿
陣
梨
官人座
藤
渡殿
透垣
紅梅
紅梅
(右兵衛陣)
陰明門
後涼殿
清涼殿
呉竹
仁寿殿
露台
崇明門
綾綺殿
温明殿
宣陽門
(左兵衛陣)
建春門
(左衛門陣)
河竹
仙華門
明義門
紫宸殿
恭礼門
内衛門
土庇
軒廊
敷政所
内室
公卿座
蔵人所町屋
弓場殿
校書殿
橘
桜
公卿座
宣陽殿
御子座
議所
内記所
延政門
武徳門
月華門
日華門
掃部内候
作物所
進物所
安福殿
春興殿
内豎所内候
朱器殿
作物所
右掖門
左掖門
主殿内候
承明門
永安門
長楽門
鳥曹司
竹
修明門
建礼門
仗舎
仗舎
陣座
春華門

平安京内裏

第一章　藤原北家の躍進と父兼家

1　北家の台頭

歴史物語としての『大鏡』の趣向

道長の出生から政権の座に到る過程をごく大まかに記したものに『大鏡《おおかがみ》』がある。この『大鏡』と『栄花物語《えいがものがたり》』（正編の作者は赤染衛門《あかぞめえもん》に比定され、十一世紀前半の成立）は摂関時代を扱った二大歴史物語として位置づけられ、いずれも道長を中心に藤原摂関家の栄華を仮名で綴ったものであるが、後者の編年体に対して前者は紀伝（列伝）体というぐあいに著述スタイルを異にしている。

『大鏡』は十二世紀前半の成立（原型の成立は十一世紀後半）といわれるが作者は未詳である。この物語は、二人の超老人と三十歳ほどの若侍の三人の会話を聴衆の一人として聴き取る形で進むが、いずれも作者の分身である。語りの舞台は、平安京の北端、一条大路の北辺の紫野《むらさきの》に所在した雲林院《うりんいん》で、ここに法話を聴きに集まって来た人を相手に、講師の到着を待つ間を利用して話が展開していく。まことに手の込んだユニークな構成である。雲林院は、淳和《じゅんな》天皇（七八六〜八四〇）の離宮である紫野院に端を発し、次代の仁明《にんみょう》天皇の時に皇子の常康《つねやす》親王に伝えられてこの寺号を称し、僧遍昭《へんじょう》を住持として発足した。平安時代には大いに栄えた天台寺院であったが、後世には寺地の多くが大徳寺に取り込まれてしまった。

『大鏡』の内容は文徳《もんとく》天皇から後一条《ごいちじょう》天皇までのほぼ百七十年余に及んでいる。その序文によれば、本来なら神武《じんむ》天皇から語り始めねばならないけれど、そうすると聴衆の皆さんが退屈してしまうので、「ただ、近きほどより申さむ」として「文徳天皇と申す帝おはしき」と語りだしている。なにゆえ文徳からなのか、その理由は恐らく以下のようなことであろうし、それは人臣摂政の嚆矢と深く関わるものと考えるが、そこに到るまでの北家躍進の契機となった大きなうねりを概観しておく必要があろう。

薬子の変

平安遷都を敢行し、平安京に住まいした初代の桓武天皇の跡を継いだのは皇子の平城《へいぜい》天皇であるが、この天皇は生来の病弱ということもあって三年ほどで譲位してしまった。代わった実弟の嵯峨《さが》天皇の即位直後、式家《しきけ》出身の藤原薬子《くすこ》・仲成《なかなり》兄妹は、平城上皇の重祚《ちょうそ》と平城京還都を企てたものの失敗に終わっている。ところで薬子と同族の藤原縄主《ただぬし》との間に生まれた娘は平城天皇に入っており、これが縁で薬子も天皇の寵愛を得ていた。また薬子の父は、長岡造都の推進責任者で、任について一年余りで暗殺された種継《たねつぐ》であり、種継の叔父が光仁《こうにん》・桓武《かんむ》父子の擁立に貢献し、桓武天皇をして「この人がいなかったならば自分は天皇になれなかった」と言わしめた百川《ももかわ》であり、百川の娘や姪が桓武の後宮に入っている。この時期、式家は大きな力を養って他を圧していたのである。

そもそも藤原四家の中でいち早く頭角を現わした南家《なんけ》は八世紀の半ばすぎに起きた藤原仲麻呂《なかまろ》の乱によって勢威を失い、これにとって代わる形で式家が台頭したのであり、その後も順調に進んでいれば、あるいは北家のような展開を遂げていたかもしれない。その意味では、式家にとって薬子の変は大打撃であったといってよい。

この薬子の変を教訓として嵯峨天皇は、令外官として蔵人所《くろうどどころ》を設置し、その長官である蔵人頭の一人に冬嗣《ふゆつぐ》を登用した。ここに藤原北家台頭の機運が根ざしたのである。

承和の変

嵯峨天皇は持ち前の力量で困難を乗り切って政局を安定へと導いた。そして後継の淳和天皇を含む四半世紀と、続く仁明天皇の治政十年目あたりまでは平穏な時期であったといってよい。

ところが承和《じょうわ》九年（八四二）、嵯峨上皇が崩御した二日後に、皇太子恒貞《つねさだ》親王を奉じて東国に赴き、叛乱《はんらん》を起こすという趣旨の東宮帯刀《たてわき》らの謀叛が発覚し、首謀者の流罪はもちろんのこと、皇太子に近い大納言藤原愛発《ちかなり》（翌年薨去）を含む三人の公卿をはじめ春宮坊《とうぐうぼう》の官人ら六十人余に累が及んだ。そして藤原良房は中納言から大納言へ。東宮恒貞親王が廃されたことは言うまでもなく、代わって良房の妹順子《じゅんし》が生んだ仁明天皇第一皇子の道康《みちやす》親王（十六歳）が東宮となった。

この変は、甥の立太子を実現するために良房が仕組んだ陰謀であって、ついでに上席の二人の追い落としも図ったとの説が支配的である。発覚から処分まで十日ほどという速さが、そのことを暗示しているとも受けとれる。その是非はともかくとして、冬嗣で頭角を現わした藤原北家は後継の良房によって大きく発展し、さらなる躍進が仁明天皇の崩後におとずれることになるが、承和の変は北家発展の大きな転機とみてよい。

2 北家と摂政・関白

応天門の変

嘉祥三年（八五〇）仁明天皇の崩御（四十一歳）にともない東宮が帝位についた。いわゆる文徳天皇（二十四歳）の登場である。その四日後に良房の娘明子《あきらけいこ》に第四皇子として惟仁《これひと》親王が誕生すると、八カ月後に天皇は、この親王を東宮に立てた。最愛の第一皇子の惟喬《これたか》親王を差し置いての立太子は、外祖父の右大臣良房の意を酌んでのものであった。そして四年後に良房は廟堂の頂点に立った。さらに文徳天皇が三十二歳の若さで崩御すると、九歳になった東宮が践祚して清和天皇となった。摂関および院政期には常態となる幼帝はこれに始まり、朝政は太政大臣良房が後見した。そして八年後の貞観八年（八六六）に起きた応天門《おうてんもん》の変では、応天門炎上の放火責任を問われて大納言伴善男《とものよしお》とその一派が政界を追われたが、その間に良房は摂政となっているが、時に六十三歳であった。

このように経過だけを追うと良房は順風満帆のように見えるが、事件の数年前はいくつかの不安材料があった。なによりも本人が重病に陥ったが、幸いにも半年ほどで事件の前年には回復している。しかし、その間に弟の良相《よしみ》（右大臣）や伴善男（大納言）の不穏な動きに加えて源信《まこと》（左大臣）をはじめとする賜姓源氏による反逆の噂も囁かれるなど、廟堂には暗雲が漂っていた。そういう状況下での応天門事件である。そして結果をみれば、良房の周囲に漂っていた黒いものが一掃された、ということに尽きる。好機に乗じて良房に動きがなかったとは思えない。その年の終わりには基経（三十一歳）が七人を越えて中納言となり、実質的には良房に次ぐ地位に就いたと見なしてよい。さらに二年後には基経の実妹の高子《たかいこ》が生んだ清和天皇の皇子を三カ月後には立太子（後の陽成《ようぜい》天皇）、という良房の行動に自家の安泰への布石にかける執念のようなものを感じる。

承和・応天門という四半世紀を挟んで起きた二つの事件の真相は謎であるが、これによって藤原北家が不動の地位を築いたことは疑いない。この事件は、古来の名門貴族と賜姓皇族の失脚を招いただけに陰謀の可能性も残り、事によると良房の意を呈した藤原氏の画策の可能性も捨てきれない。現段階での筆者は、どちらかと言えば陰謀説に傾いている。

ところで近年になって米田雄介氏はこれに異を唱える説を発表している（『藤原摂関家の誕生』）。承和の変については、良房陰謀説は成り立たず、ただ彼は事の流れを利用して一族の繁栄を企てたまでとし、応天門の変に関しては、事件当時、病後の良房は仏教三昧の日々で権力とは遠い所に身を置いていて政治から退くつもりだったのではないか、という。いずれの場合も藤原氏とりわけ良房の陰謀説は虚構、と指摘している。遺された史料が語る事件の経過からは疑惑が多く、真相がなかなか見えてこないが、米田氏の警鐘をふまえてさらなる検証作業が課題となろう。なお、この事件を扱った絵巻物が十二世紀後半に制作された『伴大納言絵巻《ばんだいなごんえまき》』で、平安時代の四大絵巻のひとつに挙げられる。

以上、事件を通して藤原北家の歩みを概観してきたが、これによって『大鏡』の書き出しを文徳天皇としている理由が理解できたと思う。つまり文徳天皇は、藤原四家分立後における北家出身の女性を母とする最初の天皇であり、かつ藤原北家が摂関となる契機となった天皇であったこと、そして続く清和天皇の時に藤原氏は摂関を手中にしたのである。いっぽう『大鏡』が下限を後一条天皇としているのは、この外孫の即位によって摂政を体験するなど道長の栄華の絶頂期を迎えたことによるもので、この作品が道長に多くを費やしているのも頷ける。

阿衡の紛議

良房には男子がいなかったので、兄長良の三男を養子として摂関の後継者にすえた。史上初の関白となる基経の登場である。二十九歳で参議となった基経は、二年後の応天門事件後に中納言、さらに六年後に基経は右大臣となり、一週間後の父の薨去にともない摂政を引き継いだ。そして四年後、二十七歳という若さで譲位した清和天皇に代わって九歳の陽成天皇が践祚すると、基経は清和上皇の要請を受けて甥で新帝の摂政となった。しかし粗暴な行為が顕著な天皇は十七歳で退位に追い込まれ、五十五歳の光孝《こうこう》天皇の践祚となったのである。従前には例を見なかった破格の若さと高齢の天皇間の皇位継承に困惑した状況が看取できる。

光孝天皇は在位四年で崩御するが、当初から中継ぎ的な存在と予測されたであろうし、次の宇多天皇（二十一歳）の登場も異例であった。なにしろ臣下となって源定省《さだみ》と名乗っていた光孝天皇の第七皇子が、父帝の崩御前後の一両日中に親王宣下と立太子と践祚を行ってしまったのである（臣籍降下した皇子の即位の初例）。この背景には養母の尚侍藤原淑子《しゅくし》・太政大臣基経兄妹の働きがあった。

天皇は基経を関白に任じたが、そのさいに基経の上表に対する勅答文中の「阿衡《あこう》」の解釈をめぐって論争が起きた（阿衡の紛議）。そしてついには基経が政務から手を引くところまで発展したが、最終的には天皇が弁明することで何とか収まった。この阿衡の紛議についても米田氏は、基経の政務サボタージュはこの時点からではなく数カ月前からのことであり、それは太政大臣の任務の不明確さから来るものであって、紛議は政治的な事件というより「言葉」に拘泥しすぎた結果のこと、と分析する。これと相次いで出版された本に、気骨ある宇多天皇への基経の警戒心が根底にあり、文人を重用しながら天皇主導の政治改革の推進に意をもっている天皇の出鼻を挫いた、との意見もある（藤原克己『菅原道真——詩人の運命』、所功『菅原道真の実像』）。

思うに「朕ついに志を得ず、枉《ま》げて大臣（左大臣源融）の請に随う。濁世《じょくせ》のこと是《かく》の如し。長大息すべきなり」との天皇の吐露は、そのあたりの事情を物語っているのであろう。ときに国守として讃岐国に滞在していた菅原道真《みちざね》は、密かに上京して基経に書簡を送っている。そこでは忌憚のない意見を申上しているが、この行為が頑なになっていた基経の心を動かしたことは想像に難くない。この時の基経の関白補任が史上の初例となった。

事情はどうあれ、結果としては天皇にたいする示威事件と受け取られたことは確かで、このことが後に天皇の菅原道真登用と、続く摂関不置を誘引することになった。

3　北家の試練

親政と摂関の不置

基経が薨去すると宇多天皇は摂関を置かずに親政を目ざし、続く醍醐天皇もそれを継承し、ここに四十年間に亘る摂関不置時代が到来することになった。さらに宇多天皇は、基経嫡男の時平に権力が集中しないように菅原道真を重用し、道真は醍醐天皇の時に右大臣に到るが、かねてより道真の存在を苦々しく思っていた左大臣時平は、道真の逆心を理由に大宰府への流罪を敢行した。しかし道真が配流地で亡くなると、天災や疫病が相次ぎ、当の時平も三十九歳の若さで薨《こう》じてしまう。これが道真の怨霊の祟りによるものと誰の目にも映った。醍醐天皇代の二人の皇太子の早死も祟りによるものと噂された。

ところで道真の逆心とは、醍醐天皇の義弟の斉世《ときよ》親王（母は橘広相《ひろみ》の娘義子《ぎし》）に娘を入れていた道真が、この親王の擁立を謀ったというものである。その可能性の低さからみて賢明な道真の発想とは考えがたく、宇多上皇や側近の誘いにのったとの視点は宜なるかなである。

漁夫の利──忠平の登場

時平の薨後、政権の座に滑りこんだのは実弟の忠平であった。忠平が「一の人」となっても七年ほどは醍醐天皇の親政が続行したが、天皇の崩御に伴い、妹の中宮穏子《おんし》が生んだ皇太子の践祚、つまり朱雀《すざく》天皇（八歳）の出現によって忠平は摂政になることが叶い、天皇の元服後に関白に転じた。良房・基経段階での摂政と関白は、ほとんど同義に用いられており、天皇幼少時の摂政、元服後の関白という使い分けは忠平からというのが従来の理解であったが、この時点でも未分化で、その定着は冷泉《れいぜい》・円融天皇の時からという米田説が新鮮である。

基経から四十年ぶりに摂関となった忠平が、その任にあること二十年、即位四年目の村上天皇の関白で薨じると、天皇崩御までの十七年間に亘って摂関が途絶えることになる。ちなみに忠平が、妻（光孝天皇の皇女で臣籍降下した源順子《じゅんし》）を介して宇多天皇や道真と縁続きにあったことは注目される。

ところで高麗《こま》の相人《そうにん》が、時平は容貌・才覚ともに優れた賢者で日本の固めとして用いるには惜しく、忠平こそその任に相応しい、と語ったとするが（〈新潮日本古典集成本〉『大鏡』第六、昔物語）、これは結果論からの物言いではないかと思う。

忠平の子息たち

忠平の子息として実頼《さねより》・師輔《もろすけ》・師尹《もろまさ》の三兄弟が知られる。実頼の母は上掲の皇親賜姓の源順子、あとの二人の母は右大臣の娘の源昭子《しょうし》、とほぼ同格と見なしてよい。ところで実頼と八歳離れた異母弟の師輔について「一くるしき二」ということが言われる（『栄花物語』巻第一）。つまり左大臣実頼が「一の人」としての地位にいることが辛いほどに「二の人」右大臣師輔が優れていることの比喩であるが、額面通りに受けとることには躊躇をおぼえる。そこには師輔が外戚に恵まれ、その延長線上に摂関家の繁栄が存在したゆえに、物語成立の時点からの付会の可能性を思うからである。

それならば師輔の世が訪れたかというとそれはなく、皮肉にも彼の寿命がそれを阻んだのである。村上天皇の皇后となった娘の安子《あんし》所生の憲平《のりひら》親王が生後三カ月で立太子し、天皇の崩御で即位して冷泉天皇、実弟の守平《もりひら》親王が次代の円融天皇であるから、師輔の外孫二人が帝位に就いている。それにもかかわらず師輔は、冷泉天皇即位の七年前に五十三歳で薨じており、長命の兄実頼が関白となったのは皮肉である。十七年ぶりの就任であり、以後このような長期の断絶は摂関制の廃絶までみられない。

以上、道長の祖父の代あたりまでに北家がいかにして這いあがってきたのか、いくつかの重要な事件などを通して概観してきたが、ここで話を道長の両親に移そう。

4 幼少期の家運と母の系累

『大鏡』にみる初期の道長

『大鏡』ではどのような形で道長が登場してくるのか、ここに紹介しておこう（第五、太政大臣道長上。なお人物名を補った。以下同じ）。

この大臣《おとど》は、法興院《ほこゐん》（兼家）の大臣の御五男、御母、従四位上摂津守右京大夫藤原中正朝臣のむすめ（時姫《ときひめ》）なり。その朝臣は、従二位中納言山蔭卿の七男なり。この道長の大臣は、今の入道殿下これにおはします。一条院・三条院の御舅《をぢ》、当代（後一条天皇）・東宮（敦良親王＝後朱雀天皇）の御祖父《おほぢ》にておはします。この殿、宰相にはなりたまはで、直ちに権中納言にならせたまふ。御年二十三。その年、上東門院（彰子）生まれたまふ。四月二十七日、従二位したまふ。御年二十七。関白殿（頼通）むまれたまふ年なり。長徳元年乙未四月二十七日、左近大将かけさせたまふ。

末尾に見える長徳元年は道長にとって明暗を分ける年となるが、そのことは後に詳しく述べるとして、ここでは生誕前後の世情を見ておくことにする。

誕生時の世相　道長は、康保三年（九六六）藤原兼家を父に、藤原中正《なかまさ》の娘の時姫を母として生を享けたが、出生場所ほか具体的なことは定かでなく、幼名も解らない。この年には大きな事件は起きておらず、強いてあげれば秋に平安京が大洪水に見舞われたことぐらいで、六条以南が海のようになったという（『日本紀略』閏八月十九日条）。この洪水により京畿内に賑給し、この年の調庸が免除されているから（同、九月九日条）被害は京都に止まらなかったようだ。

いっぽう政治的にみれば、この年は親政体制ですすんできた村上天皇の晩年にあたっており、廟堂のトップの左大臣には外伯父の藤原実頼（六十七歳）、右大臣には皇親賜姓の源高明《たかあきら》（五十三歳）がおり、兼家は三十八歳、すでに昇殿を聴されて従四位下・左京大夫であったが未だ公卿には到ってない。翌年に大きな動きがあり、村上天皇が四十二歳で病死すると東宮が践祚した。

しかし帝位についた冷泉天皇（十八歳）は病弱とあって、天皇を輔佐するために実頼が関白となったが、血縁からみれば天皇の外大伯父にあたり関係は薄い。ただ重要な点は十七年間も途絶えていた摂関が藤原北家に復活したことである。このとき兼家は、蔵人頭・左中将で正四位下に昇叙し、その翌年の安和元年（九六八）には従三位非参議となった。四十歳にしての公卿の仲間入りである。

母方の家筋

時姫と呼ばれた道長の母は、左京大夫・摂津守などを歴任した藤原中正の娘であった。いわゆる受領《ずりょう》層に属し、このクラスの女性名は後世に伝わらないのが普通だが、彼女の名の伝世は、摂関兼家の正妻となって三人の摂関と二人の后の母となったことに由来する。『尊卑分脈《そんぴぶんみゃく》』（第二篇）によると、中正の子として「女子東三条関白（兼家）妾 東三条女院（詮子《せんし》）母」、中正の子安親の子として「時姫大入道殿（兼家）北政所 中関白（道隆）粟田関白（道兼）御堂関白（道長）等母也」を挙げているが、これは同一人であって後者が誤入と認められる。

この家系は藤原北家の出ではあるが、祖である左大臣房前の五男の魚名《うおな》に連なるゆえ全くの傍流である。この家系には受領経験者が多く、九世紀後半に尾張守となって赴任し、非法乱行の限りを尽くして郡司百姓等の訴えにあって罷免された藤原元命《もとなが》も一族であった。

一族で公卿になっているのは、極官を左大臣とする者一人と中納言と参議が各二人だけである。このうち中納言の一人は、中正の父で吉田社の創始者として知られる山蔭《やまかげ》であり、その孫つまり中正にとって甥に当たる在衡《ありひら》が左大臣となった人である。在衡の父の有頼《ありより》は一介の受領であったから、文人官僚あがりの在衡にとっての大臣は破格なことといってよい（在衡の実父は大僧都の如無《じょむ》といい、有頼・中正・如無は兄弟）。

注意してみると、在衡の娘の正妃《まさひめ》が按察更衣《あぜちのこうい》として村上天皇の後宮に入って三人の皇子女を生んでいるのである。五十歳で参議となった在衡が七年目にして権中納言になるが、それは村上天皇即位一年後のことであり、これより十数年の間に中納言、大納言（六十九歳）へと昇進した。それらは娘に負うところ頗る大きいと言わざるを得ない。

そして七年後に村上天皇が四十二歳で崩御し、東宮であった病弱の冷泉天皇が後を継ぎ、二年後に起きた安和《あんな》の変（そのさなかに天皇は冷泉から円融へ）で上席の二人がいなくなったことにより七十八歳の在衡が右大臣、ついで翌年に左大臣へと進み、その年のうちに薨じている。二年という短期間での右・左大臣の歴任は政変と長命の賜物であって、在衡にとってはおまけのようなもの、と言っては失

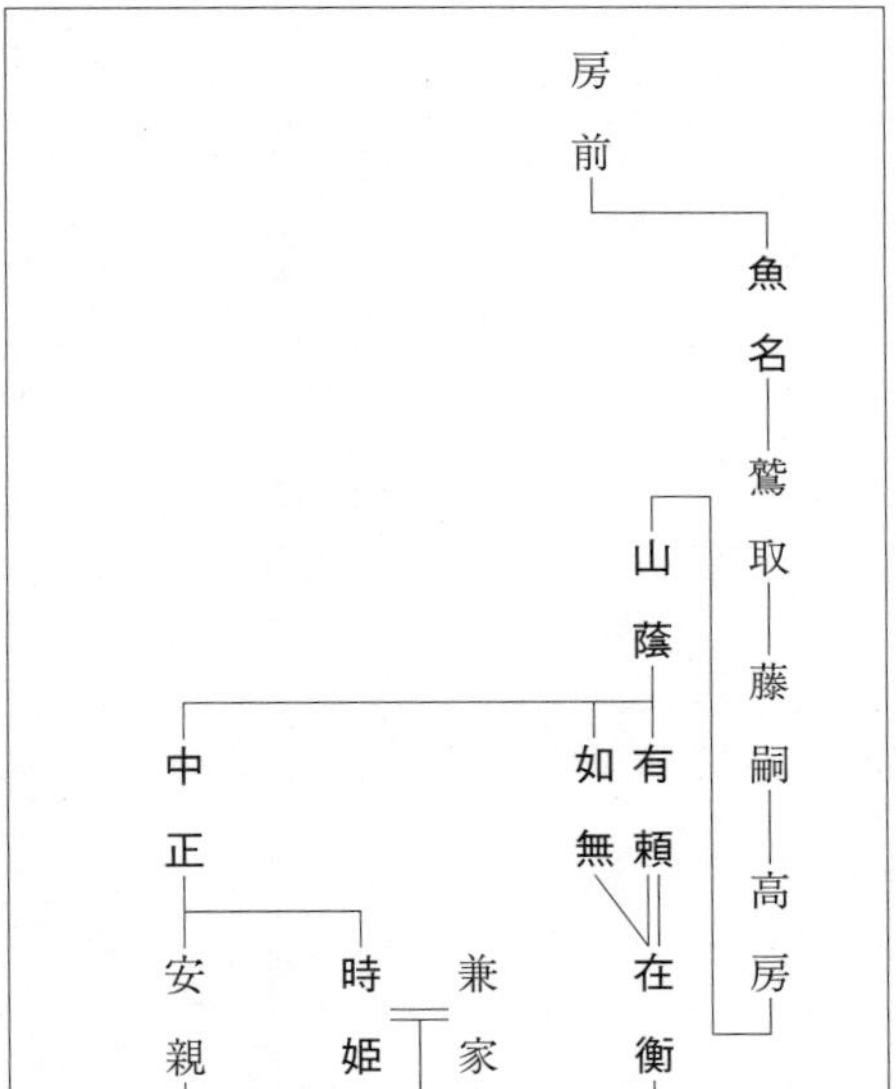

道長の母方の系図

礼になろうか。この在衡と従兄妹という間柄が時姫に有利に展開したのか否かは解らない。

なお、中正の曾孫の親国《ちかくに》の娘の親子は受領層の藤原隆経《たかつね》と結婚し、そこに生まれたのが院近臣として絶大な勢力と富裕を誇った顕季《あきすえ》である。彼の躍進は母が白河天皇の御乳母であったことに由来するもので、子息や孫たちは公卿に到っている。御乳母の一族が近臣となって上皇政治を支えるのが院政期の一つの特色であるが、まさにその好例といえる。一世紀ほど降る話である。

以上見てきたように、同じ藤原北家ながら摂関家の父方に比すれば、母方は家格において比較にならない低さといってよい。その意味では、時姫が兼家の妻となり、所生の男子が三人とも摂関、二人の女子は后となり、天皇の生母となっていること、これは一族にとって最大の発展といってよい。とりわけ道長の生母という立場は何にも勝るものであった。もっとも、時姫が他界したのは天元三年（九八〇）正月十五日のことで、この八日前に道長は叙爵されたばかりであるから、時姫にそのような認識はなかった。それどころか、夫の兼家もトップの座には就いていなかった。この夫と子の栄華は彼女の死後のことである。

母時姫の死と逸話

故時姫の七七忌の法会は夫兼家の主催で京外は南の法性寺《ほっしょうじ》（藤原忠平の創建）で執り行われ、冷泉上皇・円融天皇の兄弟も風誦を修しているが（『日本紀略』天元三年三月九日条）、それぞれに娘が女御として入っていることによるものであろう。さらに七年後、即位して間もない一条天皇は、この外祖母に正一位を追贈している（同、永延元年二月十六日条）。

ところで『大鏡』には若い十代頃の時姫の話が載っている。あるとき二条大路（大内裏の南を東西に通る街路で、五十メートル余の道幅は南北中心路の朱雀大路に次ぐ広さ）に出て夕占《ゆうけ》をしていたところ、通りすがりの白髪の老婆が、時姫に向かって「何わざしたまふ人ぞ。もし、夕占問ひたまふか。何事なりとも、おぼさむ事叶ひて、この大路よりも広く、長く栄えさせたまふべきぞ」と語り、行ってしまった。夕占とは、夕刻に道路に立って往来の人の話を聞いて吉凶を占うといった古くから見られる民間習俗で、老婆は神仏の化身か。願い事が叶って二条大路よりも広く長く栄えるといったお告げは、大成した子女たちを前提とした付会談を世継に語らせていると思われ、『大鏡』にはこの類の話が散見するが、作者の巧妙さと言えようか。はなはだ断片ながら時姫について知り得る唯一ともいえる事柄である。

安和の変

ここで話を道長誕生時に戻して、三男二女を生んだ時姫にとって道長は最後の子であったから、この時点での彼女は兼家の妻として不動の立場を得ていたと思う。その三年後に安和の変と呼ばれる政変が起きている。

安和二年（九六九）三月、突如として左大臣源高明が大宰権帥に左遷され、数日後には豪邸の西宮殿が焼失している。どうやら放火によるものらしい。そして後任の左大臣に右大臣藤原師尹、右大臣には大納言藤原在衡（先掲）がなった。

事の発端は、左馬助源満仲《みつなか》（摂津源氏頼光《よりみつ》・大和源氏頼親《よりちか》・河内源氏頼信《よりのぶ》の父）や前武蔵介藤原善時《よしとき》らが、中務少輔橘敏《とし》（繁《しげ》とも）延《のぶ》・左兵衛大尉源連《つらぬ》・僧蓮茂《れんも》らの謀叛を密告したことにある。ここに顔を出す輩は、政権とは縁遠い地位に身を置くものばかりであるが、謀反者が逮捕されて流罪となったことはいうまでもない。密告の内容は、守平親王の東宮を廃して為平《ためひら》親王の擁立を橘敏延《としのぶ》・源連らが画策しているというもので、左大臣高明に累が及んだという次第である。

注目されるのは、事件の数カ月後に病弱の冷泉天皇（二十歳）が在位三年で譲位し、皇太弟の守平親王が即位したことであり（円融天皇、十一歳）、これに伴い病弱な天皇の後見のため大祖父ながら関白となっていた藤原実頼が引き続き円融天皇の摂政となったが、時に七十歳という高齢であった。

この事件の真相が判然としない理由の一つに、伝える史料がすべて編纂もの（『日本紀略《にほんきりやく》』『扶桑略記《ふそうりやくき》』ほか）ということが挙げられる。同時代のものといえば『蜻蛉日記《かげろうにっき》』ぐらいで、そこには「高明の配流の様子を見ようと世間では大騒ぎして人々は西宮邸へ走って行ったが、当の本人は人目を避けて、逃げるように都をあとにした。子息たちも左遷されてみな散りぢりになってしまった」といったようなことが記載されている。「悲しいことと心に響いたので記した」と吐露する作者にとって、夫の兼家の妹が高明の妻であったから他人事ではなかったのである。

賜姓皇族（皇親賜姓）

醍醐天皇を父にもつ源高明は、賜姓《しせい》皇族で冷泉・円融天皇の父である村上天皇の異母兄に当たる。天皇の皇后となっていた藤原師輔の娘の安子には憲平（冷泉天皇）・為平・守平（円融天皇）の三親王がおり、村上の崩御で即位した冷泉天皇の東宮には、何故か守平親王がなってしまった。異母兄弟とか病人ならともかく、健常な兄を差し置いての立太子は誰の目にも不可解に映ったことであろう。このとき為平親王は十八歳であったが、四年前の元服で加冠を務めたのは源高明であり、翌年には高明の娘と結婚している。

このような状況のもと、もし為平親王が皇太子、ついで天皇になれば高明が実権を握り、やがては（醍醐）源氏の世になってしまうという脅威から、伊尹・兼通・兼家ら安子の兄弟や師尹ら叔父たち藤原氏が一丸となって為平親王の立太子を阻んだ。そして高明の左遷は藤原師尹の讒言によるもの、つまり藤原氏による陰謀とみるのが『大鏡』であり、師尹が左大臣となってその年の内に薨去したのは高明の恨みという。これにたいして、女婿の立太子を外されて失意のうちにあった高明が、為平親王の擁立を狙って事を企てたとするのが『栄花物語』の見解である。これを含め『栄花物語』は一貫して藤原氏擁護の立場を堅持している。

北家の企てる他氏排斥

事件後の経緯をみると、高明以下の人々が身内に及ぶ罪や配流に抵抗することなく素直に応じているように見受けられ、画策があったごとき印象を受けるが、しょせん編纂ものゆえの限界があろう。一般に、この事件は陰謀説との理解が有力であり、そうであるなら事の真相は朧気であってよい。いずれにせよ同時代史料を欠いていることもあって決定は困難である。ただ安和の変の根が冷泉天皇即位に伴う立太子問題にあることは注目されてよいし、この時の藤原氏の不穏な動きがすべてを物語っていよう。その点で、私は『大鏡』説、つまり陰謀説を支持するし、この変の歴史的意義としてよく指摘される、藤原氏による他氏排斥の最後の事件という把握に異論はない。

ここで気になることは、変の一カ月余り前に起きている師尹と兼家の家人同士の乱闘事件である。それを伝える『日本紀略』安和二年二月七日条には次のようにある。

除目、左大臣高明これを行う。この日、右大臣師尹の家人、中納言兼家卿の家人と闘乱す。大臣家の舎人《とねり》一人殺さる。大臣の家人数百人出来し、中納言の家を打ち破る。この間、中納言家の「為」〔人カ〕兵三人、乱髪鉾を取る者四、五人出来し、大臣家の一人を射留める。

この大叔父と甥の抗争が何に根ざしているのか、語る史料はない。思うに廟堂の頂点にあった関白実頼は六十九歳と高齢であったから（二年後には薨去）、病弱の天皇を実質的に補佐するのは蔵人頭の兼家であり、いっぽうで頂点に躍りでようと窺う師尹との間で軋轢が生じた結果ではなかったか。兼家が中納言に昇進したその日ということも気になる。しかし程なく起きた安和の変では、二人は他氏排斥という共通理念で手を組む格好になった。師尹の死は七カ月後のことである。

話の流れからここで初期の摂関について復習しておくと、初代の良房には男子がいなかったので兄の子の基経を養子に迎えて後継者とし、三代目には、嫡男の時平が例の菅原道真の怨霊に取りつかれて三十九歳で他界したため次兄の仲平を抑えて忠平がなった。仲平は、性格穏やかにして官位昇進は弟より遅く、政治家としてよりも風流人としての生涯を送った。極官は左大臣。そして四代目には、忠平の嫡男の実頼がなったが、天皇との血縁が薄かったことは先述の通りである。その実頼は娘の述子を村上天皇の女御に入れていたが、そこに皇子の誕生はなく、義弟の師輔の方には外孫がいたけれど、その即位（冷泉・円融天皇）を待つことなく薨去している。

5　兼通・兼家兄弟の確執

三兄弟の明暗

安和の変の翌年、実頼の薨去にともない摂政を引き継いだのは、円融天皇にとって伯父に当たる師輔の嫡男の伊尹で、東宮の師貞《もろさだ》親王は外孫であったから前途は明るいものであった。兼家からみると伊尹は同母長兄、次兄の兼通も健在であったから、兼家の政権の座など誰も予測できなかった。ところが、摂政となって二年後に伊尹は四十九歳で薨じてしまった。その後継者は次弟の兼通ということになるが、そこに一つの問題があった。それは四歳年下の兼家の方が官位が上席であったことである。そうなると兼家の可能性も出てくるというもので、その辺りの状況は『大鏡』に詳しい（流布本系に見える記事で〈日本古典文学全集本〉中、太政大臣兼通）。

円融院の御母后（安子）、この大臣（兼通）の妹におはしますぞかし。この后、村上の御時、康保元年四月二十九日にうせたまひにしぞかし。この后のいまだおはしましし時に、この大臣いかが思しけむ、「関白は、次第のままにせさせたまへ」と書かせたてまつりて、取りたまひける御文を、守のやうに首にかけて、年頃、持ちたりけり。御弟の東三条殿（兼家）は、冷泉院の御時の蔵人頭にて、この殿よりも先に三位して、中納言にもなりたまひにしに、この殿は、はつかに宰相ばかりにておはせしかば、世の中すさまじがりて、内にもつねにまゐりたまはねば、帝（円融天皇）も、うとく思し召したり。

その時に、兄の一条の摂政（伊尹）、天禄三年十月にうせたまひぬるに、この御文を内に持てまゐりたまひて、御覧ぜさせむと思すほどに、上、鬼の間におはしますほどなりけり。折よしと思し召すに、御舅《をぢ》たちの中に、うとくおはします人なれば、うち御覧じて入らせたまひき。さし寄りて、「奏すべきこと」と申したまへば、立ち帰らせたまへるに、この文を引き出でてまゐらせたまへれば、取りて御覧ずれば、紫の薄様一重に、故宮の御手にて、「関白をば、次第のままにせさせたまへ。ゆめゆめたがへさせたまふな」と書かせたまへる、御覧ずるままに、いとあはれげに思し召したる御けしきにて、「故宮の御手よな」と仰せられ、御文をば取りて入らせたまひにけりとこそは。

その結果、孝養心が深かった円融天皇は、亡母の遺言を尊重して兼通を関白とした、という。天禄三年（九七二）十一月二十七日のことで、時に権中納言であった兼通は大納言を飛びこして内大臣となり、兼家の上席に立った。困難な状況の中で兼通に関白を齎《もたら》せたのは故安子のお墨付きということになるが、如何なものか。

執念の男、兼通

兼通の関白就任を説く『大鏡』の記事について、時に十四歳の天皇が、九年前に崩じた母の意志に従うことの非合理さ、その書付（村上天皇在世中で、しかも長兄の伊尹が参議という状況下で考えにくい）を兼通は、ずっと後生大事に所持していたことに到っては逸話としか言いようがない、『大鏡』のこの話は捏造、といった加納重文説（「『大鏡』兼通伝の周辺」）には説得力がある。そうだとするなら官職で劣る不利な兼通に有利に展開した要因は何であったのか。『扶桑略記』には、兼通の関白内大臣について「忽ちに不次の朝恩を蒙る、これ母后の遺書によるなり」（十一月二十六日条）とあり、まさに『大鏡』を裏付けるようではあるが、後世の編纂ものゆえ確たる傍証史料にはなり得ない。その点では、円融天皇への伊尹の遺言とする平親信の日記『親信《ちかのぶ》卿記《きょうき》』（十一月二十六日条）の信憑性は高い。いずれにせよ頼忠・兼家という上席を差し置いての関白就任を、兼通は実に巧妙に思いついたもの、という『大鏡』の指摘は傾聴に値する。ただ、頼忠は上席の右大臣とはいえ天皇の外伯父であるから大納言兼家とは同一視できない。

関白に在ること五年、兼通は五十三歳で病死するが、その直前に従兄弟の左大臣藤原頼忠《よりただ》を後継者に指名していた。これに関して『大鏡』には、兄弟の確執の凄さというか、兄の鬼のような執念を見る思いの話が見え（『栄花物語』巻第二にも）、危篤状態にあった兼通が、兼家への憎しみの余り兼職の右大将を取りあげて藤原済時《なりとき》（師尹の子）に与え、頼忠を関白に据えるといった人事を強行して程なく他界したという。この最後の除目を行った場所を内裏の清涼殿とするが、実際には桂芳坊《けいほうぼう》（内裏外郭の東北隅に所在）であったようだ。

なお時代は降るが、慈円《じえん》の『愚管抄《ぐかんしょう》』（三）には、『大鏡』と類似の話が見え、故安子の書付や兼通の執念の除目を容認するような書きぶりであるが、摂関家筋の人の筆だけに史実とは別の意味で注目しておいてよい。

この兄弟の確執を扱った短編に谷崎潤一郎の『兄弟』（『中央公論』大正七年二月号に初載）があるが、

兼通の分析には鋭いものがある。
またもや兼家は忍従を強いられることになったが、将来への期待はあった。それは外戚《がいせき》という点で他の誰よりも有力な立場を形づくっていたのである。娘の超子《ちょうし》が安和の変の前年に冷泉天皇に入っており（七年後に居貞《いやさだ》親王〈三条《さんじょう》天皇〉を生む）、その妹の詮子は天元元年（九七八）に円融天皇に入って二年後に懐仁《かねひと》親王を生んでいる。これに対して兼通も頼忠もそれぞれ関白となって数カ月後に娘を円融天皇に入れているが（いずれも詮子より早い）、そこに皇子の誕生は見られず、そもそも円融天皇にとって懐仁親王が唯一の子であり、それが兼家の強みであった。

国母の力

一般に天皇の生母を国母と称するが、文献上の初見は、嵯峨皇女で叔父の淳和天皇の皇后となった正子《しょうし》内親王（三人の皇子を生み、その一人、恒貞親王は皇太子となったが承和の変で廃太子）で九世紀末に遡るが、名実ともに最初の国母と見なせるのは一世紀後の詮子であろう。兼家父子が摂関になれたのは彼女に負うところ大きく、詮子が女院の嚆矢であるのも由なしとしない。史料読みの鋭さで定評のある作家の永井路子氏は、この詮子を核とする摂関の娘たちのことを例挙して次のように分析する。

天皇は政治的発言力を持ち、外祖父である権力者の言うことをきかないことがよくあるのです。つまり拒否権を握っているのです。そんなとき外祖父は娘である国母を使い、とりなしを頼むのです。天皇もお母さまの言うことはきかねばなりませんから、国母はうまく両者のパイプ役を勤めるのです。

つまり権威（天皇）と権力（摂関家）を結びつけたのは女性（天皇に嫁し、皇子を出産）で、なかでも中宮どまりではなく国母に到った女性であるとみる（『美女たちの日本史』中央公論新社、二〇〇二年）。国母の役割はすこぶる大きかった。

兼家、摂関を手中に

花山《かざん》天皇に代わって懐仁親王が七歳で即位して一条天皇となった寛和二年（九八六）六月、頼忠が関白を退き、外祖父の兼家が待望の摂政となった。時に五十八歳。二人の兄よりも長命を保ったことで望みが叶ったというべきか。摂政になったとはいえ右大臣としての兼家の上席には太政大臣頼忠、左大臣源雅信《まさのぶ》がいたが、この重圧を取り除くべく一カ月後には右大臣を辞めてしまう（「七月廿二日、詔〔論く〕奏詔書施行次、列三公之上、但員数之他也、」〈『公卿補任《くぎょうぶにん》』寛和二年「兼家」尻付〉）。

ここに摂関は大臣の兼務という良房以来の形態が崩れ、太政官体系から離れて天皇の後見人としての摂政の権力を結果的には強めることとなった。ちなみに後任の右大臣には義弟の大納言為光《ためみつ》が就任している。

このようにして政権の座についた兼家は、子息たちの廟堂での昇進を鋭意すすめ、とりわけ時姫腹のそれは目覚しかった。嫡男の非参議道隆《みちたか》（三十四歳、「太郎君《たろうぎみ》」）は二週間ほどの間に権中納言ついで権大納言にすすみ、次弟で一条天皇践祚と同時に蔵人頭となっていた道兼（二十六歳、「三郎」）は参議となり、七カ月の間に権中納言ついで権大納言になった。しかし二十一歳であった道長（「五郎君《ごろうぎみ》」）は、この年には公卿には手が届かず、一年待たねばならなかった。

同腹の二人の兄のほかに道長には異腹の兄が二人いた。一人は陸奥守藤原倫寧の娘（『蜻蛉日記』の作者）を母とする道綱《みちつな》（「二郎君……大納言までなりて、右大将かけたまへりき」）、もう一人は勘解由《かげゆ》長官藤原忠幹の娘を母とする道義《みちよし》（「四郎は……治部少輔の君とて、世の痴《し》れ者にて、交《まじ》らひもせで止《や》みたまひぬ」）である。この時点で二人とも公卿にはなっておらず、道義には終生、縁がなかった。この道義について『尊卑分脈《そんぴぶんみゃく》』（第一篇）には「落姪也、出家、日本第一色白也」とあり、色白つまり痴れものであったという。

第二章　若き時代

1　恵まれた家庭

武勇譚

残念なことに誕生から十代半ば頃までの道長の足跡はたどれない。『栄花物語』（巻第三）には、二十歳の頃の道長を評して以下のようにいう。

容姿をはじめ気性などが巧者で男らしく、道心もあり、自分に心を寄せる人には目をかけるなどして庇護し、浮気の性は皆無で、さりとて女に無関心ということではなく、人柄もよく申しぶんない人間で、兄弟の中では抜きんでていた、と。

まさに最高の評価というべきだが、そこには功を成し遂げた時点での付会と、作者自身の道長賛美の姿勢が見てとれ、道長の実人生とは必ずしも一致していないように思う。

その点では永井路子氏が、二十代の道長について、背は高くなくずんぐりとしていて、気さくに瞬《まばた》きをする屈託のない大きな眼をし、才気走ったところがあるわけではなく、優雅な貴公子とは程遠い青年と評した(『この世をば』新潮社、一九八四年)のとは対照的だ。ついでながら道隆は気品ある美男、道兼《みちかね》は醜怪、とは永井氏の見たてである。

ところで流布本系の『大鏡』(第五)には若き道長の豪胆ぶりを伝える話がいくつかみえるので、それらを意訳して紹介してみよう。

あるとき兼家が子供たちを前に、何事にも優れている公任《きんとう》のことを羨み、わが子はその影さえ踏めないのは残念だ、と嘆息すると、二人の兄(道隆・道兼)は恥ずかしそうに黙ってしまったが、当の道長は「影など踏まずに面を踏んでやる」と言った。

史実とするならば、道長は従兄弟の公任と同年であっただけに兄たちよりも力むところがあったか。

梅雨期も過ぎたというのに雨の降る気味悪い夜のこと、手持ちぶさたであったのか、花山天皇が清涼殿の殿上の間にお出ましになって殿上人を相手に他愛ない話に興じていた。やがて話題が昔の恐ろしい話になり、こんな不気味な夜には遠く離れた人気のないところへは一人ではとても行けないだろうと天皇が仰った。みな相づちを打ったが、道長は「どこへなりと参りましょう」と応じたので、けっきょく道長三兄弟が行く羽目になった。豊楽院《ぶらくいん》と仁寿殿《じじゅうでん》に決まった二人の兄は困りはて、しぶしぶ震えながら出かけはしたものの途中で怖くなって引き返してしまった。しかし道長は指示された大極殿まで行って平然として戻ってきた。しかも柱の一部を削り取って証拠として持ち帰るといった周到さである。

花山天皇は十七歳で即位したが異常な行動で知られ、在位三年で譲位している。いかにも肝試しの話を切りだした天皇にふさわしいが、これが事実とすれば道長の二十歳頃のこととなる。

人相見の予見の話も同根だ。曰く、道隆は天下とりになる、道兼は大臣の相、伊周は一時は強い権勢をもつが最後まで全うしない、などと見たてたうえで、彼らに比して道長の相は最高という。伊周と弓射を競った話もある。

関白道隆邸で公卿たちを集めて競射が行われ、道長が伊周に勝ったので、さらに延長して二度の決戦を行うことになった。そこで道長が「わが家から天皇や后が出るならこの矢あたれ」と念じて射ると的のど真ん中に命中した。つづいて伊周が射ると、気おくれしたのか的を遠く外してしまい、見ていた関白は青ざめた。二度目に道長が「将来わたしが摂政・関白になるならこの矢あたれ」と念じると、的を破るほどに射通した。

この話は、道長が左京大夫の官にあり一年ほど不遇であった時としているから、ともに権大納言だった二十九歳の道長が、二十一歳の伊周に追い抜かれて大臣になられてしまった正暦五年（九九四）頃のこととなるが、翌年には道長が頂点に立つことによってすべては解消する。

以上の話はみな確たる傍証史料がなく、すべて道長にとっては一時的な試練の時期にあたり、その後にはよい方向に転じている。したがって、兄より数段勝るというこれらの話は、大成者となった道長を念頭においての付会談にすぎないかもしれない。

公卿までの昇進過程

ここで公卿に到るまでの道長の昇進状況を、同い年であった藤原公任との比較において『公卿補任』の「尻付」を中心に見ておこう。

生年の時点における両家を比較すると、公任の父の頼忠（四十三歳）は公卿となって三年目を迎え、祖父は筆頭公卿の左大臣実頼であり、翌年に実頼は関白となるから、いわば公任は摂関家の嫡流に生を享けたことになる。ちなみに公任の母は醍醐天皇皇子の代明《よりあきら》親王の娘の厳子《げんし》女王で、彼の同腹姉妹に円融天皇中宮の遵子《じゅんし》、花山天皇女御の諟子《しし》がいる。

これに対して道長の父の兼家（三十八歳）は公卿に到っておらず、それに足がかかるのは二年後のことで、公任のほうが優位にあった。

道長の叙爵は十五歳の天元三年（九八〇）正月のことで、冷泉院（従兄弟）の御給によって従五位上に叙せられたが、公任は翌月に正五位下に叙されており、それは円融天皇（義兄）の御前で行われた元服の日のことで、同日に昇殿も聴《ゆる》されている（道長の聴昇殿は二年後のこと）。そもそも叙爵《じょしゃく》とは従五位下に叙されることだから二階級も高い公任が異例であり、侍従となったのも公任のほうが早い。

　このように円融天皇から次の花山天皇にかけては公任が優位に昇進しているが、これはひとえに父の頼忠が関白太政大臣（兼家は右大臣）の現任官であったことによろう。道長が従五位上となったのは一条天皇の践祚直後のことで（二十一歳）、数日後に正五位下、このあと半年ほどの間に従四位下、従四位上と昇叙を重ねる。いっぽう十五歳で正五位下の公任は花山朝ですでに正四位下に到っているが、この優勢も一条天皇の即位によって兼家が頂点に立つと道長と逆転してしまう。

　兼通・兼家兄弟の葛藤による成り行きから関白となった頼忠ではあったが、外戚に恵まれなかったこともあって十年で兼家に取って代わられる。その時点での公任（二十一歳）は正四位下で、一条天皇の即位に伴い昇殿を許されたにすぎないが、道長は翌年には従三位非参議と公卿の仲間入りを果たしている。公任の公卿は道長に遅れること五年、時に道長は権大納言に到っていた。親の威光の恩恵頗る大きい。

　このように誕生の時点では望めた頂点への道も消え失せて以降に公卿界に進出した公任は、権大納言を極官とし、「一条朝の四納言」の一人に挙げられ、「三舟《さんしゅう》の才《さい》」の逸話の持ち主で、文芸万般に秀でた。こうした生きざまが権勢との無縁を印象づけたのか、道長とも親密な関係を保ち、娘の一人が道長の子の教通《のりみち》と結婚している。この結婚を好ましい縁組と悦んだ道長は、公任のことを「いと恥づかしうものしたまふ人なり」（実に気のおける立派な人）と評し、ゆえに身勝手な振る舞いは慎むように、と教通を諭したという（『栄花物語』巻第十）。

上級貴族としての出発点

道長が記録に足跡をとどめるのは十五歳の時で、それは貴族としてのスタートラインに立った天元三年（九八〇）正月七日のことである。それが冷泉院の御給による叙爵（従五位下）であったことは先述の通りで、その四日後に姉の円融天皇女御の詮子が従四位下に叙され（この年に詮子は一条天皇を出産）、さらに四日後には母の時姫が世を去るが、享年はわからない。

そして二年後、道長は円融天皇の昇殿を聴《ゆる》され、寛和二年（九八六）には甥に当たる一条天皇の即位にともなって内の昇殿を聴され、蔵人、少納言、左少将などに任ぜられ、位階も半年ほどの間に従五位上、正五位下、従四位下、従四位上とすすめ、九カ月後の永延元年（九八七）九月には従三位に叙せられて（非参議）公卿の末席に連なった。

2 結婚

宇多源氏の倫子

「この殿は、北の方二所おはします」（『大鏡』）とあるように、道長には正式の妻が二人いた。一人は宇多源氏の倫子で、永延元年、二十二歳の道長は公卿となって三カ月後に二歳年長の彼女と結婚した。結婚にいたる経緯は詳らかではないが、その日が十二月十六日であったことは、後世の藤原頼長《よりなが》の『台記別記《だいきべっき》』に「鷹司殿《たかつかさどの》、御堂に配す」「御堂、鷹司殿に渡御す」とあり、その日付の記載によって知られる（久安四年七月三日、同五年八月三十日条）。ここにいう御堂とは道長のことで、晩年に彼が創建した法成寺を御堂と称したことによる。鷹司殿は邸宅名に因んでの倫子の異称である。

倫子の父の雅信は、宇多天皇を祖父にもち、敦実《あつざね》親王と左大臣藤原時平の娘を両親に延喜二十年（九二〇）に生まれた。時の天皇は、父の同母兄の醍醐天皇である。時平は関白基経の嫡子であったが、例の菅原道真を配流したことが祟って若死し、摂関家は弟の忠平の方に移ってしまっていた。忠平は兼家の祖父である。娘の結婚の時点での雅信は、左大臣歴十年という宇多源氏の嫡流的存在であった。兼家の方は右大臣となって十年、子息道長の結婚の前年に外孫の即位（一条天皇）で摂政になっていたので雅信より上位にあったが、当の道長が嫡男でなかったところに問題があった。

この結婚は道長が積極的に望み、倫子の父母の間では葛藤があったらしい。その状況を『栄花物語』（巻第三）では以下のように説明している。

かかるほどに、三位中将殿、土御門の源氏の左大臣殿の、御女二所《むすめふたところ》、嫡妻腹《むかひばら》に、いみじくかしづきたてまつりて、后がねと思しきこえたまふを、いかなるたよりにか、この三位殿、この姫君をいかでと、心深う思ひきこえたまひて、気色だちきこえたまひけり。されど、大臣《おとど》、「あなもの狂ほし。ことのほかや。誰か、ただ今さやうに口わき黄ばみたるぬしたち、出し入れては見んとする」とて、ゆめに聞しめし入れぬを、母上例の女に似たまはず、いと心かしこくかどかどしくおはして、「などてか、ただこの君を婿にて見ざらん。時々物見などに出でて見るに、この君ただならず見ゆる君なり。ただわれにまかせたまへれかし。このこと悪《あ》しうやありける」と聞えたまへど、殿、すべてあべいことにもあらずと思いたり。

「なんとしても自分の妻に」という道長の申し入れに対して、かねてより后がねとして大切に育ててきた父の左大臣雅信は、「なんとも愚かなこと、もってのほかのことだ。こんな青二才を婿にできるか」と聞く耳もたぬといった反対ぶりである。それを賢明な母の藤原穆子（父は中納言朝忠《あさただ》）が、「時々物見などに出かけて様子を見ているけれど、道長は並の男ではなく将来性がある。私にお任せください」と取りなしたことで、二人の結婚が実現したという。倫子は「北の政所」と呼ばれ、道長の嫡妻であった。

この時点で道長の将来を穆子が見通していたということになるが、どうもあやしい。本人の能力を超えて二人の実兄の存在が摂関への道を阻んでいたし、その点で道長の将来は期待できない、というのが共通の認識であろう。そう考えると『栄花物語』の話は後世の付会の可能性が強そうだ。

賀茂祭での災難

倫子と結婚の年の賀茂祭で道長は失態をした。『小右記』永延元年（九八七）四月十七日条によると、こうである。義兄の道綱（右中将）と同車して見物に出かけた道長（左少将）は、見物中の右大臣藤原為光の車の前を通ったことで、為光の従者たちに石を投げられた。二人は早速に父へ愁申したが、後難を恐れてか為光の家司が詫び状を入れ、為光も夜になってから摂政兼家のところへ赴いたが会ってもらえなかった。翌日には家司や下手人たちが「召名」を下されているが、この「召名」は除目で任官した人の名を列記する歴史名辞に相当するものではなく、犯行に及んだものたちの名を列記したものである。

これは道長側に非がありそうだが、摂政の威を恐れた義弟の為光側が下手に出たものと思われる。この事件の四日前に権大納言道隆は賀茂社に参詣して東遊《あずまあそび》を奉仕したが、その様子は「その芸は極めて猛しと云々、時の人云く、過差甚し」というものであった（『小右記』）。華美を好む道隆の姿が彷彿とする。


父の六十の賀　倫子と結婚直後の翌年の正月、道長は六名の参議を飛び越えて権中納言となった。その二カ月後、摂政兼家の六十歳を祝う祝賀が法性寺において盛大に挙行された（『小右記』永延二年三月十六日条）。

その年の秋には、摂政兼家の二条京極第の新造を祝う饗宴が左大臣源雅信、右大臣藤原為光（兼家の異母弟）をはじめ多くの参会者を得て池にのぞむ釣殿で行われ、詩歌管絃が催された。この日、春宮大進の源頼光が三十頭の馬を兼家に献上し、それが大臣以下の出席者にも配られた。また群集した河陽の遊女たちに四十疋の絹と六十石の米が与えられている。まさに「希代の遊」であった（『日本紀略』永延二年九月十六日条）。

この翌日のこと、摂政兼家は道隆、道兼、道長、それに彼らとは異腹の道綱ら五、六人の公卿を引きつれて洛西の大井川へ繰り出して川辺で和歌会を催しているが、「事は極めて軽忽」で、みなが側目したという（『小右記』永延二年九月十七日条）。大井川での遊興は翌月にも行われ、兼家父子では道長と道綱が参会している。屋根を紅葉や檜葉や蘆花で葺いた船を繰りだし、大檜の破子《わりご》（弁当）などの食べ物が供され、黄昏にのぞんで和歌会が催された（同、十月六日条）。翌月には新造邸で道隆主催による兼家六十の算賀が行われている（十一月七日条）。

勘当される

このように永延二年は兼家一家にとって慶事が続いたが、道長には不名誉なこともあった。年も押しつまった十二月のこと、道長は父から勘当された。それを『小右記』は次のように伝えている。

> 四日、……新中納言、勇堪の従者らを放ち式部少輔淑信《よしのぶ》を捕搦す。車に乗せずに歩行、将に彼の家に向うと云々。これ甘南備永資《かんなびのながすけ》の試事と云々。天下の人、嘆くところなり。
> 五日、今日、臨時祭試楽なり。中時事始め、酉時舞了んぬ。御物忌により摂政参入せられず。……式部少輔淑信朝臣の事により、摂政殿、新中納言を勘当せらる。

事情は明らかでないけれど賀茂臨時祭での試楽の奉仕者を搦《から》めたことで道長が父から勘当されたのである。試楽とは本来、本番に備えての舞楽の予行演習のことであるが、賀茂社や石清水社などの臨時祭の二日前に清涼殿の前庭で神楽と東遊を天覧に供する試演を指す場合が多い。ここもその例で、二日後に賀茂臨時祭が挙行されている。

還暦を迎えた兼家ではあったが、その年、子息のみならず他の官人に対してもきびしく対処していた。「倩、事情を思うに、或は朝恩を蒙り、或は子孫の間また朝恩あり。而にその勤めなし。自今以後、一月のうち十日見仕せよ。また弁、結政に着かず、或は上卿の参入を待たず、早く以て罷り出ず」と兼家は、公卿には月に十日の勤務を義務づけ、政務を怠る弁官へ訓戒を与えている。年末に勘当を解かれた権左中弁藤原忠輔《ただすけ》もその一人であった（『小右記』三月二十一日、十二月十七日条）。このように兼家は老境に入っても摂政としての責務を遂行していたのである。

醍醐源氏の明子　不徳の致すところであった道長にとって、この年の朗報は倫子に長女彰子が誕生したことであり、さらにはもう一人の妻を得たことである。

妻の名は源明子《あきらけいこ》。先に述べた安和の変で失脚した左大臣源高明の娘である。生年が明らかではないが、道長とそれほど歳が違わなかったようだ。明子の卒去が永承四年（一〇四九）であるから、かりに道長と同年としても享年が八十四歳となり、五年後に他界の倫子は卒寿、と妻たちは破格な長命であった。道長が六十二歳で薨じてからの二十年余り、彼女たちは高位に到った子女たちに見守られながらの静かな余生であったかと思う。

ところで幼少期に父の左遷に遭遇した明子は、父の同母弟にあたる盛明《もりあきら》親王に娘がいなかったこともあって養女として育まれ、親王と死別した年に一条天皇の即位で皇太后となった詮子に引き取られた。時に二十歳ぐらいであった明子は、詮子の東三条殿の東の対で女房や家司などに傅《かしず》かれながらなに不自由なく暮らしていた。この明子に道隆兄弟が懸想文を送って求婚してきたが、姉の詮子はこの二人をたしなめて贔屓の道長に通うことを許したのである。明子が道長の妻になった経緯は『大道長にとって正妻というか嫡妻が倫子であったことは、『小右記』で倫子と明子を「北方幷高松殿」と記し、明子のことを「高松殿左府妾妻、陽明門、」と注記していることからもわかり（寛仁二年十二月十六日、長和元年六月二十九日条）、さらには子女たちの官職・地位の歴然たる差異が物語っている。

そもそも高松殿《たかまつどの》とは明子が父から伝領した邸宅を指し、『御堂関白記』にも明子のことを「高松殿」とか「近衛御門」と記載されている。近衛御門大路は大内裏に突き当たる門名に因んで陽明門大路とも称したが、この街路のいずれかに邸宅があったのであろう。

たしかに明子は、倫子のように道長の妻として公的な場に顔をだすことは生涯を通じてなかったが、夫の愛情は途切れることなく安定した生活を送ったようだ。

二人の妻と賜姓皇族

二人の妻は、結婚時における父の立場が現役と流罪人というぐあいに大きな差があり、そのことは子女たちに影響を及ぼした。倫子腹の子息たちが正五位下からスタートし、最後は摂関になっているのに対して明子腹は従五位上からで、誰も摂関になっていない。娘について言えば、前者はいずれも中宮（一人だけは東宮妃となって皇子を出産直後に他界）となったが後者はそこに到っていない。

しかし、二人とも父が位人臣を極めた左大臣とあっては申しぶんなく、いずれも賜姓源氏であったことは注目すべきで、道長が賜姓皇族の尊貴性に目をつけて結婚を積極的にすすめたのであろう。倫子の母の先見の明ではないが、道長は凡人ではなかった。

ところで倫子も明子も源姓であり、藤原道長と結婚しても藤原姓にはならない。しかし、その間に生まれた子女たちは藤原頼通、藤原彰子というように父親の姓を称した。こんにち夫婦別姓が取り沙汰されているが、平安時代にはそれが通例であった。そればかりではない、墓も父親と同所であった。このことについては後に触れることもあろう。つまり当時の女性は生家と深い関係を維持し続けたのである。この現象には招婿婚という当時の婚姻形態が背景にあるように思う。

3　道長の妾妻――紫式部にふれて

道長と紫式部

如上の二人とは比すべくもなく、妻の地位にも到らないけれども道長と関わりをもった女性として紫式部の名が挙がる。なにしろ『源氏物語』の作者であり、この作品の土壌を提供したのが道長であったから、ここで少し踏みこんで述べておこう。

二人の関係を匂わすのが『紫式部日記』に所載の次の贈答歌である。

渡殿に寝たる夜、戸をたたく人ありと聞けど、おそろしさに、音もせで明かしたるつとめて、

　夜もすがら水鶏《くひな》よりけになくなくぞ
　　まきの戸口にたたきわびつる

返し、

ただならじとばかりたたく水鶏ゆゑ
　あけてはいかにくやしからまし

ある夜、寝ているとしきりに戸を叩く人がいたが、怖くて返事もせずに明かした翌朝、その人から歌が届いた。「あなたがあけてくれないので、一晩中水鶏にもまして泣く泣く、槇の戸口をたたきあぐねたことです」と。これへの彼女の返歌は「あなたの訪れに心おだやかでいられはしません。ほんのすこしばかり戸をたたいただけの水鶏——あなたのために開けたならばどんなに悔しいことになったでしょう」である（歌意は池田亀鑑・秋山虔校注『紫式部日記』〈『日本古典文学大系』十九、岩波書店、一九五八年〉によった）。

水鶏は水辺の草原にすむ夜行性の渡り鳥で、鳴き声が戸を叩く音に似ているところから「鳴くこと」を「たたく」と表現される鳥で、夏の夜に鳴くことが多い。京都の鴨川にはこの水鶏がたくさん飛来してきたようで、京都市南区の上鳥羽辺りを流れる鴨川に架かる橋を「水鶏橋」と呼び、これに因んでこの橋から百メートルほど東に所在の京都市営地下鉄烏丸線の駅を「くいな橋」としている。「水鶏橋」の架橋は大正年間のようなので、その時点ではこの辺りの鴨川には水鶏が飛来していたのであろう。

ところで戸を叩いた人が誰であるかは明記されてないが、それが道長であることは、藤原定家《さだいえ》撰の『新勅撰集《しんちょくせんしゅう》』を俟つまでもなく自明のことであろう。そして二人の関係を暗示するのがこの贈答歌ぐらいであるから、すべては歌意に委ねられる。
この場面は寛弘五年（一〇〇八）夏のころと推定されており（六年説もある）、そうだとすれば道長としては、間もなく生まれてくる外孫への期待を大きくしている折であり、式部にとっては、唯一の結婚といわれる藤原宣孝《のぶたか》とのそれが二年余りで終わって六、七年が過ぎ、宮仕えにあがって二年前後という時である。

心中の探りあい

いかような憶測も可能な贈答歌であるが、実はこの歌のすぐ前に、二人が交わした意味深の歌が据えられている。

源氏の物語、御前にあるを、殿の御覧じて、例のすずろ言《ごと》ども出できたるついでに、梅の下に敷かれたる紙に書かせたまへる、
すきものと名にし立てれば見る人の
　　をらで過ぐるはあらじとぞ思ふ
たまはせたれば、
人にまだをられぬものを誰かこの
　　すきものぞとは口ならしけむ
めざましう、と聞こゆ。

中宮彰子の前にあった『源氏物語』をご覧になった道長が、例によって冗談など言いだしたついでに梅の実の下に敷いてあった紙に一首を認《したた》めた。それは「あなたが浮気者だと評判になっているのだから、見る人が見逃しておくことはあるまいと思う」という内容のもの。これに応えて紫式部は、「まだ人に折られなびいたこともないのに誰方が私を浮気者だといいならわしたのでしょう」心外なこと、とやりかえした（歌意は前掲書による）。

酸っぱい梅の実も熟せば手折らずにおくことはあるまい、つまり熟した好き者のあなたに誘いをかけない人はおるまい、と食指を動かす道長。対する彼女は、人から口説かれたこともない酸い私を浮気者だなんてとんでもない、と言わんばかり。式部のこの歌を「恋人がいないという事実を答えたのは、むしろ道長の申し出でを受け入れる自由な立場にあることを相手に知らせたもので、……その打診に続く夜の訪れを期待する気持が無かったといえば、全くの嘘になろう」という説（萩谷朴『源氏物語全注釈』下巻、角川書店、一九七三年）に魅力を覚える。

紫式部と男性

ここで、道長との関係を詮索する前に、それ以前にみられる紫式部の男関係について一瞥しておこう（今井源衛『紫式部』、清水好子『紫式部』ほか）。

才女であることが災いしたということではなかろうが（清少納言・和泉式部たちは若くで結婚している）、紫式部は年ごろになっても男性に恵まれなかった。その彼女が、二十代半ばごろに父の任地の越前国での生活を一年余りで切り上げ単身帰京して、又従兄妹《またいとこ》の藤原宣孝と結婚したのは、長徳四年（九九八）晩秋か冬のことであった。すでに数人の妻と多くの子がいる、父親ほど年齢差のある男とである。

そして一年後には娘の賢子《けんし》が生まれるが、それから一年ほどで夫が他界したことで寡婦となる。

そもそも紫式部は、この男からの執拗な求婚に嫌気がさし、逃避するかのように父の越前国赴任に同行したという経緯がある。しかし、いざ生活してみると雪国独特の暗い空、田舎の侘しさと単純な生活に退屈し、宣孝が知らせてくる都の暮らし向きから窺い知れる文化の香りなどが懐かしくなって結婚を決意したのである。ところが、結ばれてみると夜離れる日が多かったりであまり満足のいく結婚ではなかったようだ。これが彼女にとって生涯で結婚と呼べる唯一のものだった。

夫の死後、一時はその追慕に明け暮れる式部であったが、しばらくすると求婚者があらわれた。その男は西国の受領のようだが、彼女は拒み通した。里での静かな寡居暮らしも長くなると（物語の執筆開始はこの時という）、鬱積と退屈の心晴れない日常に辟易していたのではないか。そこへ宮仕え話がきて、やや躊躇はしたものの承けることになった。

その宮仕え前に式部には愛人がいたようで、今井源衛氏は次のように分析する（前掲書）。


以前から式部に言い寄っていた男が、式部が宮仕えに出たのを機に夜中にその局でも訪れて遂にその思いを達した。そのために、式部は不慣れと疲れを口実に早々にして実家に退出してきた。（中略）且つは自分の年齢や相手の熱心さにも心が動かされ、さらには忘れかけていた女のよろこびがにわかに呼びさまされるのを感じて、式部はそれに応え相手を受け入れた。しかし結局それは相手の一時の気まぐれにすぎなかったか、あるいは何か障碍が起こったか、「憂きこと」と観ずるほかない交渉に終り、やがて二人の中は絶えてしまった。

この相手の男性を藤原保昌《やすまさ》と推定する角田文衞説（「紫式部と藤原保昌」）に疑問を提する今井氏は、式部が出仕の数日後に退出し家に三カ月も籠ったのを、この愛人のことによると見るのである。

式部には宣孝との前に結婚生活があったという説がある。ここでは上原作和氏の近業（「ある紫式部伝――本名・藤原香子説再評価のために」）から結論的なことだけを簡単に紹介しておく。

式部の初婚

紫式部の最初の結婚は、妻に先立たれていたかなり年長の紀時文《ときぶみ》とであり、式部の曽祖父藤原兼輔《かねすけ》、祖父雅正《まさただ》と時文の父、貫之の交友が仲立ちになったと推察する。そして『権記』長徳三年八月十九日条の諸国申請雑事を述べたくだりの「故大膳大夫時文後家香子中事」の記事を、

この時期は宣孝との結婚を目前にしていた時期であったから〈交際中でもあったか〉、……彼女が再婚を前にして前夫（紀時文）の残した遺産問題の解決を急いだ記事として解しておくのが妥当であろう。

と財産に関する申し立てとみる。果たしてそこまで読みとることが妥当であろうか。さらには四十から五十という二人の年齢差も引っかかる。さらに言う。

長徳二年の夏には紀時文を失い、喪に服した香子《こうし》は、翌三年、時文相伝の土地などの問題を、権左中弁藤原行成《ゆきなり》を介して、八月、左大臣道長に委ね、「陣定」による決済を経た後（前掲の『権記』）、父の赴任先、越前に旅立つ。

ここで問題なのは、式部の越前下向が、長徳二年夏から秋という通説から一年ほど遅れる点である。長徳二年六月での時文の生存は確認できるので通説だと齟齬が生じてしまう。そこで上原氏は、「秋の末」とする今井説を支持しつつも翌、長徳三年出立説を想定している。果たして容認され得るのか、いずれも検討を要することである。

興味をひく上原説ではあるが、最大の難点は紫式部の本名が藤原香子とする角田説（「紫式部の本名」）を前提として展開されていることで、本名それ自体への疑問が多く提出されている現状では、砂上の楼閣の危険なきにしもあらずである。

道長と紫式部　——「戸を叩く」をめぐって

上述のことをふまえて再び道長と式部との関係を考えてみよう。

昭和四十年に入って紫式部に関する研究を精力的に世に問うた角田文衞氏は以下のように分析する（「道長と紫式部」）。

明らかに道長が妾妻としたのは、大納言と呼ばれた女性（源廉子《れんし》と推定、式部と仲よし）、それに藤原為光の四女と五女、大納言源重光《しげみつ》の娘（「大納言の君」）の四人に限られるという。四女は藤原儼子《げんし》といい、花山法皇の愛人であったが寛弘五年の法皇の崩御により、倫子の勧めで土御門殿に出仕して妍子《けんし》に仕え、寛弘七年ごろ道長の寵愛を受け、妾妻として厚遇されて道長の胤を宿したが、それが原因で長和五年正月に児を生まないまま没した。いっぽう五女は穠子《じょうし》といい、長保四年に夫と死別後は里で寡婦生活をしていたが、いつの頃からか道長の妾妻となり、やがて妍子所生の禎子《ていし》内親王に仕えた。「大納言の君」は倫子や道長と又従兄弟の関係にあり、夫と別れて寡婦生活をしていた寛弘末年頃に道長の妾妻になった。道長は彼女を三条天皇皇后、藤原娍子《せいし》のもとへ目付け役として送り込んだ(御匣殿《みくしげどの》と呼ばれた)。道長との間に長信を生んでいる。

これら四人の妾妻の共通点は、道長一家といずれも血縁的に近く、夫もしくは愛人と死別ないし生別した寡婦で、道長の娘か娘腹の皇子女付きの筆頭の官女であり、官女たちを統率し得る中年の女性であった。つまり道長は、政略上の要となる娘(后)や孫(天皇)に仕える官女の長に妾妻を配するのを常套手段としたのである。そして紫式部も、これらの条件を満たし、加えて道長に好意を寄せていたから、

道長が紫式部を妾妻とし、その上で彼女を新皇子につける腹心の官女にしようと意図したとみるのは、極めて自然で無理のない推測とさるべきである。従って道長が紫式部の曹司の戸を叩いたのは、浮気心から出たのではなく、立案された計画のもとに、彼女を妾妻とするための行動であったとされよう。道長は、賢女であれ、悪女であれ、ひとたび肌を許せば相手に忠実となり、なんでも話したがる女性の本能を知悉し、この女性本能を巧みに政治に利用した人物であった。

と結論づける。二人の関係は寛弘六年七月頃に生じたとみる。

断片的な史料に鋭い洞察を加えて谷間をうめるといった角田氏一流の手法で導きだされた説であるが、女性を一元的に見すぎているきらいがあり、道長がそこまでプレイボーイで計算ずくであったとも思えない。

ところで今井氏は、式部は道長の求愛を拒みきれない立場にあったとしながらも、道長の妾妻であったことは否定している。しかし式部の道長観について、

宮仕え以後、式部の日々に目にする道長の姿は、堂々として美々しく、磊落で家族を愛し、風雅文筆に心篤く、また女房たちにも心を配る惚れぼれするような男性である。

と絶賛の立場にあり、そうであるから式部が靡いたと見なすこともできるのではなかろうか。また清水好子氏は戸を叩く歌を次のように見る（「藤原道長」）。

……これをもって、道長と式部の間に恋愛関係というか、情人関係があったように見るのは早計であろう。尊卑分脈が紫式部の名のもとに、「御堂関白道長妾云々」と記すのは、新勅撰集以後の伝承に由来するかと思われる。道長あたりが娘付きの女房のもとに一夜訪れるのは、浮気というより、

むしろ主人と侍女の間における如く日常的な振舞いで、召使いに対する心遣いの気味さえあったと見てよいのではないか。翌日の歌も、だからまともに怨んでいるのではなくて、社交の手続きを完了したものにすぎないのであろう。式部の返歌もそのような事情を呑み込んで、宮廷風に締め括りをつけたものである。もっとも、実際に関係ができれば、日常生活の細々とした面で同僚などとの間に波風が立ち、式部一家にも影響があるだろうが、そのような、生きている毎日のために意味のあることはなかなか文字に現れにくい。式部が道長の寵を受けなかったとは、この一組の贈答では言えないし、歌集にそれらしい歌がなくても、やはり実際のところはわからない。ただ、そのことによって、道長正室の倫子との間が拙くなったり、中宮の不興を蒙るようなことはなかったであろう。紫式部の局の戸を道長が叩いたぐらいで、倫子の身分や地位に何の影響もないし、夫のどのような心遣いであれ、中宮の女房の確保に役立てば、正室であり中宮の母である倫子はよしとしたであろうから。

長い引用になったが、読みの深さで定評のある清水氏らしい、後宮の精神性にまで踏み込んだ見解といえよう。

また注釈書としては最も詳細を誇る前掲の萩谷氏は、「現在の恋人の有無を打診した道長、現在の恋人はいないと告げて、道長の誘いの手を待つかのような紫式部」との前段の贈答歌を受けての水鶏の歌は、「……まず最初の一晩は拒否し通した紫式部、その翌朝早々、昨夜の訪問者は実は自分であると名乗り出た道長、それがほんの出来心だから真にうけては後悔するでしょうと軽くあしらった紫式部、肉体的交渉が成立するまでは、男性が下手に出て追い求め、女性はお高くとまって相手をじらす、これはお定まりの恋の駈け引きである。」「むしろ道長ほどの人物から求愛されたということは、誇るべき事実として、どこかに記録しておきたい気持ちが抑えきれなかったのであろう」と読みとり、その時期を寛弘五年の五月末から六月初めにかけてとみる。

ここで作家の意見にも耳を傾けておこう。「谷崎源氏」のあと女性として『源氏物語』の口語訳を行った円地文子氏は『源氏物語私見』（新潮社、一九七四年）の中で「光源氏のモデル」として道長を挙げ、

道長がその後、式部の局に通って来た時逢わずに返したことが日記に見え、和歌の贈答もある。この辺りの記事から、後世の紫式部貞女説が生まれるのであるが、道徳律の尺度の違っている後の封建時代から見て、紫式部が道長を避け通したことにしているのはいい気なものだと思う。栄華を極める中年期の光源氏に、道長の影の漾泳しているのは争えないように思われる。

と述べ、二人の関係を容認する立場である。同じく女性で、『源氏物語』を市民レベルでも理解できるよう現代的な視点で口語訳を果たした瀬戸内寂聴氏も肯定説だ。それは、このたび『輝く日の宮』（講談社、二〇〇三年）を刊行して注目された丸谷才一氏との対談の中で語っている。丸谷氏自身も本

の中で二対の贈答歌について次のように記している。

〈前者――「すきものと」〉これは明らかに道長が言ひ寄つてゐるので、何なら一つ自分が折りませうかといふ歌なのに、今までの注釈はさう見ていない。どうかしてゐる。一つには、懐妊した娘の周囲を自分の勢力下の者で固めたい、そのためにはしつかり者の女中に手をつけておくに限る、といふ策略があつた。それにもう一つ、評判の物語の作者は道長の召人（妻妾に準ずる同居者）だとしきりに取り沙汰されてゐる様子なのに何もしないのでは男の沽券にかかはる、といふ気持ちもあつた。そんなあれやこれやでかういふことになつたと思ふ。

〈後者――「夜もすがら」〉道長と紫式部の仲がはじまるのは、歌に水鶏があしらつてあるのを見ると、夏至のあとと見当がつく。（中略）求愛されたら一応は拒むといふ型に従つたまでのこと。それがあのころの風俗だし、作法として確立してゐた気配がある。じらすことで色情の趣を深くするのだつた。後世、さまざまの説が生じたなんて聞いたら、きつとびつくりしたにちがひない、紫式部も、道長も。どうしてこんなこと、わからないのだらうなんて。それで翌日の夜、今度は戸を開けて招じ入れる。寝物語になって、……

いかにも古典に通暁した作家の観点である。そして二人の対談では、

丸谷　道長は摂関家の息子で、将来、大物になるに決まっているような男ですから、女性関係も派手だったに違いない。紫式部は、そういう派手な道長が位人臣を極めたときの愛人なわけですね。そういう人が天下の才女と関係する。そうするとこれは、今までに付き合ったことのないタイプの女だったんじゃないでしょうか。

瀬戸内　おもしろかったのでしょうね、道長にとっても。

丸谷　で、その道長が、寝物語にいろいろ今までの女性関係の体験をしゃべるでしょう。光源氏の若い頃の女性遍歴の物語に使うのにもってこいのものが、いっぱいあったと思う。例えば夕顔の話なんか、あれ、道長だったと考えてもちっともおかしくない。

瀬戸内　そうですね、あの話はとてもリアリティがありますよ。

という具合になる（『十人十色源氏はおもしろい／寂聴対談』小学館、一九九三年）。さらに丸谷氏の『輝く日の宮』発刊直後の対談では、

瀬戸内　（道長は理想的なパトロン）だって、生活の保障はしてくれる。書斎をくれて、原稿用紙は高い高い紙を幾らでもくれて、あの本がほしいと言えばそろえてくれて、硯も筆も墨も舶来でしょう。それに小説に使える経験談までしてくれる。それは書けますよね。それで、ほとほとと戸をたたいて夜這いに来たら、断ったなんて日記に書いてあるけど、二回目か三回目には入れてますよね。

丸谷　ぼくも二回目に必ず入れたと思う。

となる（『すばる』第二十五巻第九号、集英社、二〇〇三年）。

限られた土俵内での仕事を余儀なくされる私たち歴史研究者にとって、広い土俵が許される作家はときとして羨ましく思う。余談になるが、この土俵論を耳にしたのは、かれこれ三十年はさかのぼろうか。近くに住まいする好で三品彰英先生から声をかけていただき顔を出していた日本書紀研究会でのある時のこと、梅原猛氏が講演された後、満を持したように直木孝次郎氏が質問された。講演や質問の内容はほとんど忘れてしまったが、かなり突っ込んだやり取りがあったように記憶している。どのように収拾するのだろうかと見守っていると、三品先生は「直木君は一定の土俵内で相撲をとらねばならないが、梅原さんの土俵は宇宙だ、歴史学者も時には土俵の外に目をやって大きな考えを養わないといけない」というようなことを言われた。梅原氏が『隠された十字架——法隆寺論』（新潮社、一九七二年）を世に問うた直後ではなかったかと思う。

以上、長々とみてきたが、どちらかといえば二人の男女関係を認める意見が強そうである。ただ、ほんの一時で終わったのか、妾妻といえる間柄を保持したのかは何ともいえない。瀬戸内氏は、式部は道長に捨てられたとみている。

いっぽう『源氏物語』研究の泰斗、秋山虔氏は「紫式部と道長とは関係があったと思われるが、妻妾の列にははいらないで道長の情欲をとげさせただけであったろう。空蟬が源氏にいい寄られても許そうとしないのは魂を売り渡さないという、紫式部の体験にもとづく気概によるのだ〈国語通信・東大秋山虔助教授〉」との見解である（京都新聞社編〈執筆は杉田博明報道部記者〉『源氏物語を歩く』光風社書店、一九七三年〈秋山先生に原典をお尋ねしたが失念されたとのことゆえ孫引用〉）。

私見では、戸を叩く話は出来心がかなりの部分を占めていたのではないか。そして式部がこの時点で受け入れたか否かはともかく、その先では道長になびいたと思う。夫と死別し、男離れの生活が続いた中で、この期に及んで頂点にいた道長からの誘いを拒む手はない。むしろ受け入れることで、父や兄弟の猟官に及ぼす効果は計り知れない。

十四世紀後半に左大臣洞院公定《とういんきみさだ》の編纂で成った諸氏家系図の集大成である『尊卑分脈』の紫式部のところの註記（第二篇）に「御堂関白道長妾云々」とある。なにに基づく記載か判明できないゆえに、式部日記に引きずられてのものと推断して認定できないとするものもあるが、火のないところに煙はたたないの喩えに従っておきたい。

紫式部のことに拘泥しすぎた感があるが、王朝文学の最高峰に耀く物語の作者とそのパトロンとの関わりをあぶり出したかったという理由もあってのことである。彼女が道長とめぐりあっていなかったら『源氏物語』は生まれなかった。この物語の内容形成に道長が深く関わっていることは多くの指摘するところである。

なお、道長の妾妻に関しては四十代以降のことであり、本来なら第四章あたりで取りあげるべきであるが、結婚との関連で便宜上ここで扱った。

4　父との別れ

岳父の死

倫子の父、雅信は病のため十六年間つとめた左大臣を辞して出家し、三日後に七十四歳で他界した。雅信は一の人として円融・花山・一条の三天皇を補佐し、朝廷から重んじられ、彼の死を耳にした「洛陽の士女」つまり京民はみな恋慕したという（『権記』正暦四年七月二十九日条）。

雅信は「親王《みこ》たちのなかで育ったので世間のことは知らず、頼る人もいなかったので、朝廷の政務や儀式の折には人よりも先に参内し、それが終わっても居残って誰よりも最後に退出するようにして見習った」と言っているように、政務に余念がなく、あまりに端正であった。信仰心も厚く、兼家の摂関賀茂詣にはよく同行し、賀茂臨時祭へ向う一行に加わっていた彼は風俗歌を口ずさんだが、すこぶる上品であったという。これらは『大鏡』（巻第六）の伝える話である。たしかに雅信は笛・琵琶・和琴に通じており、こうした音曲の才能は父親譲りで、これは子の済政の系統に受け継がれていく（『尊卑分脈』第三篇、『體源抄《たいげんしょう》』ほか）。

宇多源氏の墓所

雅信の墓所は後述するように仁和寺近くにあった。父の敦実親王は出家して仁和寺に住み、「仁和寺の親王《みこ》」と呼ばれたが、散骨だったようで葬送地の記載はない（『大鏡』第六、『栄花物語』巻第三、『小右記』寛仁二年六月十六日条）。そもそもこの係累が仁和寺の裏山を墓所とするようになったのは宇多天皇にさかのぼる。

いうまでもなく光孝天皇の発願に始まり、意志を継いだ子の宇多天皇によって仁和四年（八八八）に創建されたのが仁和寺である。現在、仁和寺の西南に小松山陵《こまつさんりょう》、後田邑陵《のちのたむらりょう》と呼ばれる光孝天皇陵があるが、これは明治期の治定であり、仁和寺北の大内山の中腹の「御室《おむろ》陵墓参考地」の方がその可能性が高い。それは宇多天皇の大内山陵が至近にあることとも関わると思う。

譲位後の宇多上皇は、仁和寺の一郭に御所、仁和寺御室を造営し、二十七年後の崩御はここにおいてであった。享年六十五歳。天皇の遺骸は仁和寺奥の池尾山で荼毘に付され、のち大内山に改葬されたという説と荼毘所を大内山とする説などがあって錯綜している（『日本紀略』『貞信公記抄』『吏部王記《りほうおうき》』〈史料纂集本〉承平元年七月十九・二十日、九月五・六日条、『扶桑略記』『帝王編年記《ていおうへんねんき》』八月五日条ほか）。

ところで雅信の遺骸はその日のうちに仁和寺に移され（『本朝世紀《ほんちょうせいき》』正暦四年七月二十九日条）おそらく近辺で荼毘に付され埋葬されたものと思う。その墓所は娘の倫子の墓所との関わりを述べた『中《ちゅう》外抄《がいしょう》』の以下の文によって知られる（『新日本古典文学大系』三十二『江談抄・中外抄・富家語』岩波書店、一九九七年による）。この史料は摂関藤原忠実《ただざね》（一〇七八～一一六二）の談話を大外記中原師元《なかはらのもろもと》が筆録したものである。

我、先年故殿《ことの》の御共に法輪寺《ほうりんじ》に参りし時、小松の有りしに、馬を打ち寄せて手を懸けむとせしかば、故殿の仰せて云はく、「あれは鷹司殿の御葬所なり。そもそも墓所には御骨を置く所なり。所放なり。葬所は烏呼事なり。また骨をば先祖の骨を置く所に置けば、子孫の繁昌するなり。鷹司殿の骨をば雅信大臣の骨の所に置きて後、繁昌す」と云々。

この語りは康治二年(一一四三)九月二十五日とあり、故殿とは祖父の師実(一〇四二〜一一〇一)を指す。忠実は師実のお供で法輪寺へ行った時、鷹司殿こと倫子の葬送の地を祖父から教示されている。倫子の荼毘所が広隆寺の北であったこと、埋骨所が仁和寺の北であったことは、死から埋骨までの一連のことを記載した『定家朝臣記《さだいえあそんき》』(天喜元年六月条)に詳しい。そして雅信・倫子父娘の墓所が同所であったことを知る。

受領の罷免事件

なにかと出来事の多かった永延二年、社会的に大きな事件が起きている。

在任三年に及んだ尾張守藤原元命《もとなが》が、その間に行った横暴の数々を三十一カ条に書き立てられて在国の郡司・百姓たちから朝廷に訴えられた。その理由となった具体的なことは十一月八日付の訴状である「尾張国郡司百姓等解《おわりのくにぐんじひゃくしょうらのげ》」が教えてくれる。これを携えて尾張国の郡司らが国守の交替を要求して上訴してきたのは三カ月後のことであった(『日本紀略』永祚元年二月五日条)。

これが聞きとどけられて元命の解任と新国守の任命が行われたのは二カ月後の除目においてであった。新任となった藤原文信《ふみのぶ》は、一カ月前に金峯山《きんぷせん》詣でからの帰途、斬りつけられて傷を負ったが命には別状なかったらしい。加害者の安部正国《あべのまさくに》なるものが伊賀国の追捕使《ついぶし》に逮捕され、検非違使《けびいし》に引き渡され、左右の手首を切られ、足を折られている。惨い仕打ちを受けたものだが、もとはといえば鎮西《ちんぜい》において父母をはじめ兄弟姉妹が文信に殺されたことに対する報復という。そうとすれば、正国は気の毒の一語に尽きる(『小右記』永祚元年四月五・六日条)。新任の守にも問題をはらむ尾張国である。

この尾張国の上訴事件は、摂関期に続発した受領の非法に対して、国人たちが命がけで朝廷に愁訴した実状を伝える一例である。罷免された元命は、その後も中央官人として活動しているから将来の政治生命まで奪われたわけではなかった。

父の死

正暦元年(九九〇)五月初旬、摂政五年目の兼家は病を得て出家し、京極大路の東で二条末路の北、つまり京とは至近の東に構えていた二条京極第を仏寺に改めた。法興院《ほうこういん》がそれであり、『日本紀略』などは積善寺《しゃくぜんじ》とする(正暦元年五月十日条)が誤解であろう。この積善寺は、兼家が京の洛東吉田野に建立していたが怪異が頻発したので、兼家薨去後に道隆によって法興院の傍らに移築されたものである。なお『小右記』では兼家の七七忌を挙行したところとして法興寺とするが(正暦元年八月十二日条)、この初出以外は法興院となっている。

兼家は摂政から転じた関白を三日後に退き、さらに二カ月後に六十二歳の生涯を閉じた。その場所を法興院とする『大鏡』(第四)に対して『栄花物語』(巻第三)は東三条院とする。後者によれば、二条院(二条京極第)は物の怪が恐ろしいところなので子息たちが転宅をすすめたが、兼家は気に入っていて動こうとしない。しかし病悩は増すばかりなので東三条院に移り、ここで出家し、二条院を法興院に改めた。兼家の崩後、東三条院の回廊や渡殿《わたどの》の板敷きを取り外して土間にし、詮子や道隆兄弟らが籠ったという。この土間に参籠するという作法は当時の皇族・貴族の葬送を考える際に注目される。

このようにみてくると、近親の参籠のことなどから兼家の薨去所は『栄花物語』の方が史実に近いように思う。

ついでながら兼家の遺骸は鳥辺野《とりべの》で荼毘に付され、木幡《こはた》の墓地に埋骨された（『本朝世紀』正暦元年七月条、『御堂関白記』寛弘二年十月十九日条）。

長兄、道隆の登場

兼家の出家により関白と氏長者を譲られたのは嫡男で内大臣の道隆（三十八歳）であった。道隆は就任直後に関白から摂政に代わり二年後に関白となっている。道長にとってひと回り以上歳の離れた長兄の体制がここに始まった。当の道長は、父の死の時点で権中納言であったが、翌年の正暦二年には四人を越えて権大納言に昇進した。二十六歳のことであるが、以降の数年間というもの道長に変化はみられない。

道隆が政権の頂点に立って五カ月後、年初に入内して翌月に一条天皇（十一歳）の女御となっていた娘の定子（十五歳）の立后《りつこう》が行われ、権中納言右衛門督の道長は、この姪の中宮大夫に任ぜられた。この人事は兄の取り決めによるものであるが、道長は「おもしろくない」と中宮のもとへは寄りつかなかったという（『栄花物語』巻第三）。

道隆は摂政となって一年ほどで内大臣を辞めたが、これは父の方策を踏襲したものといえる。後任の内大臣に権大納言道兼がなり、三年後には右大臣に昇進している。道隆は空席となった内大臣に嫡男の伊周（二十一歳）を滑りこませた。伊周の早い昇進は親の七光りといってよい。

伊周は父の摂政就任の二カ月後、十七歳という若さで蔵人頭に抜擢されているが、右近衛中将との兼官であった。もう一人の蔵人頭は前年に任じられた藤原公任（二十五歳）で本官は左近衛中将である。ゆえに二人とも頭中将であり、弁官（大弁か中弁）と近衛府の次将（中将）の兼官が慣例というのから外れるが、この前後にはそれが多い。翌年の正月には伊周は参議になっているから、わずか四カ月ほどの蔵人頭であった。蔵人頭は公卿への登竜門の意味あいが強いが、伊周は在任の短い例である。参議となって一年ほどで伊周は権中納言ついで権大納言に昇進し、二年後の正暦五年には内大臣となって叔父の道長を超えてしまった。すべては親の威光によるものであるが、『枕草子』に描かれる華やぐ中関白家（道隆家の呼称）の姿は、この時期の世界である。

伊周の任内大臣は、道長の将来に、また一つの暗雲を漂わせることになった。

女院の嚆矢

正暦二年（九九一）の秋、道長が権大納言に昇進した直後に姉の皇太后詮子（三十歳）が出家して東三条院を号した。嚆矢となった女院号は、詮子が父と過ごした邸宅名に因むもので、父の死から一年後のことである。

詮子の出家の理由を御悩とするが、実のところは八カ月前の夫、三十三歳の円融上皇の崩御に伴うものであろう。女院となってからの詮子の十年の後半生が、実は道長にとってはありがたい存在となるのである。

正暦三年から一年余の間に倫子と明子に男児、頼通と頼宗《よりむね》が誕生し、同五年にも妍子と顕信《あきのぶ》が相ついで生まれており、明子は翌年にも能信《よしのぶ》を出産している。まるで二人の妻は競い合っているかのようであるが、この間の道長は動きの少ない時期でもあり、家庭をかえりみるゆとりがあったのであろう。そこには嵐の前の静けさの感があった。

怪異と立ち向かう道長

祇園祭の月の暑い朝（二〇〇五年七月某日）、新聞に目を通していて広告欄の平岩弓枝『道長の冒険――平安妖異伝』（新潮社、二〇〇四年六月刊）が目にとびこんできた。さっそく求めて読んでみたら、次のようなあらすじである。

ある年の正月の踏歌節会（宮廷の年中行事）の日、家で日記を認めながら道長は少年楽師の秦真比呂《はたのまひろ》に思いを馳せていた。道長は彼の超能力に助けられて多くの怪異と立ち向かってきた。その彼が姿を消して一年、都では異変が起こり、人も物もみな凍りついて春が来ない。道長の土御門第や隣の源雅信邸の井戸はそうではないが、多くの貴族の屋敷や寺社の井戸などは使えないと。そこで道長は真比呂を救いだす旅に出る。海を渡り根《ね》の国までの旅、変身する白馬に乗り、寅麿《とらまろ》という猫の化身を伴って……。行く先々で妖怪と対決しながらついに真比呂を救い出す。

他愛ないストーリーだが、作者の道長論が興味をひく。

別に大胆なわけではない、と道長は内心で苦笑した。子供の時から胆が太いとか胆力があるとかいわれて来たが、道長にしてみれば、ただ何事によらず全力を尽してぶつかって行くだけで、それは生まれついた性格だと思っている。物事をいい加減で片付けてしまうのが嫌いで、親からはもう少し小器用に立ち回れと叱られたこともある。けれども、道長自身は兄達のように高い官位へ進むために、いろいろと策動をしたり、根廻しをするのが苦が手であった。何故か、そうしたことにあまり意欲が湧かない。（中略）同母に二人も兄がいるのでは、なかなか出番が廻って来ない。第一、のんびり順番の来るのを待っている間に、兄の子供達が次々と道長を越えて上の官位につくのが実情であった。家とは、そういうものだと道長は割り切っていた。別に兄達に楯突くこともしないし、官位を上げてくれと運動するわけでもない。逆にそれが兄達の心証をよくしているらしく、除目の時はそれなりの配慮をしてくれる。（中略）なんにしても、道長はあまり気にしていなかった。むしろ、自分は幸運だと思っている。

平岩氏の道長像は几帳面で時流に逆らわない男ということになろうか。道長を権大納言としているから史実にはめ込むならば二十代後半ということになり、兄たちが生存中のその時期は確かにそういう解釈が成り立つ。その彼が大きく変わるのは、三十になって政権の頂点に立って以降のことである。

この本の末尾の広告で前作に『平安妖異伝』のあることを知って読んでみた。道長は中納言で摂政は藤原道隆とあるから、正暦元年から二年にかけての道長二十代半ばという設定。道長は、秦真比呂という超能力の持ち主で少年楽士の助力を得てさまざまな形で前に現れる妖怪を打ち負かしていく。妖異は権力者への階段を昇る道長に課せられた試練とでもいえようか。モーツアルトの歌劇『魔笛』を連想させる。

作者が扱った二十代の道長に政界の頂点への保証はなく、この時期での道長の生き様の一面を偲ばせるものだ。

第三章　政界のトップに躍り出る

1　三十歳で迎えた正念場

五年を残して十世紀が終わろうという時、世相は不穏な空気につつまれた。その様子を『大鏡』では次のように述べている。

長徳元年の廟堂

その年の祭の前より、世の中きはめて騒がしきに、またの年、いとどいみじくなり立ちにしぞかし。まづは大臣・公卿多く亡せたまへりしに、まして四位・五位のほどは、数やは知りし。まづその年亡せたまへる殿原《とのばら》の御数、閑院《かんいん》の大納言（朝光）、三月二十八日。中関白殿（道隆）、四月十日。これは世の疫《え》にはおはしまさず、ただ同じ折の差し合はせたりし事なり。小一条左大将済時卿は、四月二十三日。六条左大臣殿（源重信《しげのぶ》）・粟田右大臣殿（道兼）・桃園中納言保光卿、この三人は五月八日一度に亡せたまふ。山井の大納言殿（道頼《みちより》）、六月十一日ぞかし。またあらじ。上りての世にも、斯く大臣・公卿七八人、二三月の中に掻き払ひたまふ事、希有なりしわざなり。それも、ただこの入道殿の御幸ひの、上を極めたまふにこそ侍ンめれ。かの殿原、次第のままに久しく保ちたまはましかば、いと斯くしもやはおはしまさまし。まづは、帥殿の御心用ゐのさまざましくおはしまさば、父大臣の御病ひのほど、天下執行の宣旨下りたまへりしままに、おのづからさてもやおはしまさまし。それにまた、大臣亡せたまひにしかば、「いかでか、嬰児のやうなる殿の、世の政事したまはむ」とて、粟田殿に渡りにしぞかし。さるべき御次第にて、それまたあるべき事なり。あさましく、夢などのやうに、取り敢へずならせたまひにし。これはあるべき事かはな。この今の入道殿、その折、大納言・中宮大夫と申して、御年いと若く、行末待ちつけさせたまふべき御齢のほどに、三十にて、五月十一日に、関白の宣旨承けたまはりたまうて、栄え初《そ》めさせたまひにしままに、また外《ほか》ざまへもわかれずなりにしぞかし。今々も、さこそは侍るべかンめれ。

そもそも正暦六年が長徳元年（九九五）に改元されたのは二月二十二日のことであるが、その理由は疫病と天変によるものであった。しかし道長にとっての長徳元年は生涯で最大といってもよい転機が訪れた年であり、時に三十歳であった。まさに『論語』の「三十而立」を地で行くようなものであった。

年明け直後の恒例の叙位の議は、上卿の立場にある左大臣源重信（七十四歳）から招集がかかったが、当の重信は障りのためか顔を見せなかったので、代わって右大臣藤原道兼が遂行しており、関白道隆は簾中に候していた。その理由として実資は、

　悩むところ堪え難きによるか、時々かくの如きことあり、奇と為す。

と日記に記している（『小右記』正月五日条）。この時期、道隆は病んでいたようだ。

この四日後の昼のこと、実資は南方に火の手があがっているのを目撃し、内大臣の家という知らせを聞いて車で駆けつけた。小野宮からだと南へ百数十メートル、そこで伊周邸（「内府住家之南家関白家新造所」）と冷泉上皇御在所の鴨院《かもいん》の焼失を知ったのである。

ここにいう伊周の家とは二条大路南、室町小路西に所在した二条第のことで、その南隣に鴨院があった。『拾芥抄』などで鴨院を南北二町とするが、これは後に北の二条第を併設して以降の状態を示すものである。なお『小右記』の割注からも察せられるように二条第は道隆の所有で南北に分割されていて、北家は一時期、中宮定子の里第《りてい》に充てられ、南家は新造して伊周が住んでいたのである（角田文衞「皇后定子の二条の宮」）。

実資はその足で関白道隆と東宮大夫藤原公季《きんすえ》の家を訪ねているが、「最も近きによるなり」とあるから見舞ったのであろう。被災した冷泉上皇は東三条第に遷御された。

この火事は中関白家の暗転を予兆するかのようであった。

いよいよ道隆の病が重くなったのか、三月には「巨細雑事」は内大臣に触れてから奉行せよ、との内覧の宣旨が下された。しかし、ここに到るまでに一条天皇と道隆・伊周父子との思惑に齟齬があった。その間の複雑な事情を藤原実資が日記に書き付けている。

頭弁（源俊賢《としかた》）示し送りて云く、今日、内大臣、雨を冒して官奏に候す、といえり。また頭中将斉信、勅を奉り陣を出で、内大臣に仰せて云く、関白煩病の間、雑文書・宣旨等先ず関白に触れ、次いで内大臣に触れて奏聞を経るべし、といえり。内大臣云く、勅を伝うるの旨頗る以て相違す。関白煩病の間、専ら内大臣に委ねるの由すでに承るところあり。而るに先ず関白に触れ、相続いて文書を見せしむべきの仰せあるは如何、といえり。仍ちこの旨を以て奏聞を経る。仰せて云く、須くこの趣を以て関白に仰せ、彼の申す旨に随って事の由を仰す、といえり。頭中将、関白家へ馳せ向かうと云々。この事はなはだ奇異の極みなり。必ず事の敗ある歟。往古未だかくの如き事を聞かず。（『小右記』三月八日条）

関白が病の間、まず関白に触れてから内大臣にとあった勅に対して、伊周は専ら自分が関わると聞いていたと異議を申したのである。この解釈を敷衍すれば、あくまでも病の間の代行者なのか、将来を見通してのそれかの差があろう。こんな話は聞いたことがない、必ずや伊周の強引さが挫かれるであろう、とは実資らしい見解である。

伊周に内覧《ないらん》（関白に準ずる職）の宣旨が下ったのは翌日のことであるが、伊周の母方のおじたちは「関白病間」を「関白病替」とすべきだなどと大外記に詰め寄ったりしているところをみると、伊周の母方の高階氏が強力に動いていることを知る。彼らはひとえに伊周に対して関白の詔を望んだが、天皇は許さなかった。強引な高階氏への「謀計の甚だしきこと何人かこれに勝らん」という実資の非難は痛烈だ（同、三月十日条）。

この件に関しての道長の動きは知られないが、黙して語らずといったところか。

伊周への内覧宣旨の数日後に関白を辞した道隆であるが、彼の出家から薨去まではわずか一週間と早かった。道隆の命を奪ったのは、この年に流行した疫病ではなく深酒による糖尿病であったらしい。

転機到来

四十三歳の道隆の死は、中関白家（中継ぎの関白の意か）にとって闇に突き落とされたようなもので、これで将来の芽は摘まれたといってよい。せっかく中宮定子に第一皇子の敦康親王が誕生しても、それが父の死から四年目とあっては皇位への期待は無きに等しいものであった。この時代における後見人の有無が及ぼす影響が甚大であったことは多くの例証が教えてくれる。

後継の関白には次弟の右大臣道兼がなり、伊周の内覧は停止された。上席の左大臣源重信（故雅信の実弟、道兼と同日に薨去する）は高齢に加えて外戚関係がないので論外として、内大臣伊周に関白の線がなかったわけではない。しかし、上述のような伊周側の強引さが天皇の心情を損ねたのであろう、道兼の関白就任となったのである。

道兼といえば、父の意をうけて花山天皇を出家に誘い込み退位へと導いた功績で知られるが、花山天皇の蔵人を務めていたから反逆もよいところだ。なかなかの辣腕者であったようだ。花山天皇の出家によって一条天皇の出現をみたのであり、践祚の日に道兼は蔵人頭（頭中将）となり、一カ月後には参議に進んだ。彼の蔵人頭は完全に公卿へのワンステップにほかならない。道兼、二十六歳のことである。

二人の実兄の相次ぐ死

道兼が関白となったのは九年後のこと、まだ三十五歳と若く、この時点での道長の将来に期待はもてなかった。

ところが関白となって十日ほどで道兼は他界してしまう。七日関白と言われるゆえんだが、おりから蔓延していた疫病に罹っての死である。この年、三月の大納言藤原朝光《あさてる》（四十五歳）を皮切りに六月の大納言藤原道頼《みちより》（二十五歳）まで現役の公卿が八人も薨じている。それは公卿全体の三分の一にも及んでおり、多くは疫病によるものであった。

元気な兄二人が死んで病弱な道長が疫病を免れたのは強運としか言いようがない。道兼の死によって右大臣に滑りこんだ道長は政界の最上席に躍りでたのである。しかし政権が、道兼から道長へ、とスムーズにはいかなかった。一条天皇の気持ちは揺れており、そのあたりの事情を『大鏡』の語りを敷衍すると以下のようになる。

強力な助っ人、姉詮子

東三条院（詮子）は兄弟の中で道長を特別に可愛がっていた。そのこともあってか伊周は女院にはよそよそしく接し、妹の中宮定子が天皇の深い寵愛を得ていた関係で、いつも御前に伺候しては道長や女院を中傷するようなことを天皇に吹聴していた。そんなことから天皇は道長に政権を渡すことを渋っていた。そこで女院は、天皇に対して「関白の宣旨を道兼に下しておきながら道長に下さないのは本人に気の毒というよりも、帝にとってまことに不都合なことですよ」と強い言葉で奏上するものだから、天皇はうっとうしく思ったのか、母の方へはお渡りにならなくなった。それならばと、女院は天皇の寝所である夜の御殿にまで出向いて泣き落とし戦術にでたのである。隣室でどきどきしながら控えていた道長に向かって、「やっと宣旨が下りました」と申した女院の顔は涙で濡れていたが、口もとには笑みをうかべていた。

ここで想起されるのは、東三条院の石山寺参詣への随行に関しての話である（『小右記』長徳元年二月二十八日条）。この御幸には権大納言兼中宮大夫の道長（三十歳）、甥の内大臣伊周と権大納言道頼（伊周の異母兄。時に二十五歳であったが三カ月余後に病死）、異母兄の参議道綱（四十一歳）らが同道したが、伊周は粟田口《あわたぐち》の辺で車を降りて引き返してしまった。この行動に道長は反目したという。この一件も女院をして甥の伊周に悪印象を与える一因になったにちがいない。道長に内覧の宣旨が下りる二カ月余り前のことだけにその念を強くする。

まさに詮子は道長にとって幸運の女神である。姉の恩義を十二分に痛感していた道長は、生前に尽くしたことはいうまでもなく、死後の仏事も心を込めてつとめている。この姉が六年後の長保三年（一〇〇一）閏十二月二十二日に四十歳で崩御するが、二日後に詮子の遺骸は降りしきる雪の中を鳥辺野で荼毘に付され、翌朝、遺骨は木幡へ運ばれた。『栄花物語』（巻七）は遺骨を首に懸けて行ったのは道長としており、そうみたいところだが、近親者は荼毘までという当時の慣例に鑑みて、『権記』長保三年閏十二月二十五日条が記すように遺骨云々は兵部大輔藤原兼隆《かねたか》とみるべきである。その後の忌日の法要など道長は几帳面に心を込めて行っているが、姉の存在の大きさを物語るものであろう。

実際に一条天皇から道長に下りたのは関白ではなく内覧の宣旨であった。それは五月十一日のことであり、道兼の死から三日後である。『大鏡』の泣き落としの話が史実とすれば、その間のこととなる。ところで詮子が伊周を排して道長を推したのは、『大鏡』のいう寵愛した弟ということもさることながら、伊周になると母方の高階氏が乗りだしてくるのを懸念してのこと、という永井路子氏の視点（前掲書）は説得力があって再考を促すものである。

また、元木泰雄氏は本シリーズの『源満仲・頼光』（二〇〇四年）のなかで「詮子が道長を選んだ背景には、おそらく伊周が若年で未熟であったこと、それに道長が天皇の外叔父という外戚であるのに対し、伊周は天皇の従兄弟に過ぎないことなどが関係していたのではないだろうか。当時は、まだ官職を父子相承するというイエの論理は定着していなかったのである」と述べる。傾聴すべき見解であろう。

トップの座
——内覧と関白

道長が政権の座に躍り出た背景について『小右記』長徳元年五月十一日条には次のようにある。因みに天皇の宣旨を伝えた源俊賢は蔵人頭であり（頭弁、三カ月後に参議）、顕光は伊周、道長につぐ地位にいた人物である。

大納言道長卿、関白の詔を蒙るの由と云々。仍って案内を取るに頭弁（源俊賢）示し送りて云う、関白の詔にあらず、官中の雑事は堀川大臣（藤原兼通）の例に准じて行うべきなり、といえり。

実資は当初、道長が関白となったと聞いたが、確認したところ誤伝であり、内覧の宣旨であった。その書式は『朝野群載《ちょうやぐんさい》』巻第七「摂籙家《せつろくけ》」に所載されていて以下の通りである。

内覧宣旨（入道殿、大殿、大将殿、）

権左中弁源朝臣俊賢伝宣す。権大納言藤原顕光《あきみつ》宣す。勅を奉るに、宮中の雑事、宜しく権大納言藤原朝臣道長に触れて奉行せしむべし、といえり。

長徳元年五月十一日　　左大史小槻宿祢奉

これに続いて大将殿こと藤原師実（承保二年九月二十六日）と大殿こと藤原忠実（康和元年八月二十八日）の内覧宣旨が例挙してある。ところで忠実の子の関白忠通の在任中に前関白忠実および左大臣頼長（忠通の弟）が内覧となっているが、これは政情不安からくるもので、関白と内覧の並存は平安時代においては異例のことであった。ここで関白と内覧についての忠実の見解を『中外抄』で見てみよう（人名は補っている）。

また、仰せて云はく（頼長）、「内覧の人と関白と何《いか》なる差別ありや」と。予（師元）の申して云はく、「内覧は宣旨なり。太政官の申すところの文、先づその人に触るべき由なり。関白は詔なり。巨細の雑事をその人に関白す。しかりといへども、別に差別なきか」と。仰せて云はく（頼長）、「御堂（道長）などは、内覧の時、ただ関白のごとし。我（頼長）、不審なるによりて、入道殿（忠実）に問ひ奉るに、仰せて云はく、「分明ならざるなり」と。但し、案ずるは、一同たるべからざるなり。内覧の人は、官中に申すところの文許（ばか）りを許り申すべきなり。細書に申す文は知らざるなり。また、巨細も太政官の申すところにあらざれば知るべからざるなり。関白は巨細に関白すべしと説あり。よりて、諸司より申上ぐ文皆見るべく、皆沙汰すべきなり」と。

内覧は宣旨、関白は詔勅による任命の違いがあり、前者は太政官と天皇間とを往復する文書のみであるのに対して、後者はすべての文書に目を通すことができたが、内覧であった道長は関白のようなことをしていたという。

道長は左大臣になっても一条・三条天皇代を通じて内覧で通した（その理由は後に触れる）。このことが内覧の地位を高め、内覧は摂関と並ぶ地位となり、後世に道長の内覧に関して「内覧と関白とは万機すでに同事たり」（『中右記』大治四年七月十七日条）と言わしめることになる。因みに道長は外孫の即位の時に一年余りの摂政を経験するが、関白にはなっていない。

道長は内覧となった翌月に亡兄が帯びていた右大臣・氏長者となった。そしてその翌月、道長と伊周とが陣の座において口論をしており、それが闘乱のように激しく、壁の後ろで聞いていた官人や随身たちは異常を嘆いたという。

その三日後に道長と隆家の従者同士が七条大路において乱闘騒ぎを起こしている。その場所へは検非違使（左右衛門府の志・府生クラス）が派遣され、彼らは道長、隆家の命をうけてそれぞれに記録をとっているが（「依㆓右府命㆒日記《うふのめいによりにっきす》」「依㆓中納言命㆒又日記《ちゅうなごんのめいによりまたにっきす》」）、こういう事件のおりには恒例であった。この一件は、どうやら隆家の従者から仕掛け、道長家の従者を殺害してしまったようだ。その結果、下手人を差し出さなければ隆家の参内を聴さないという綸旨が下された。政権を担った道長の最初の行動であるが、自家のことだけに力が入っている。

一連のことを日記に記した実資は「濫吹《らんすい》の事多し、皇憲《こうけん》なきに似たり」と憂いている（『小右記』七月二十四・二十七、八月三日条）。ちなみに『小右記』の長徳元年条は略本しか伝わらず七・八月はここに挙げた三日分しかなく、いずれも中関白家と道長家との争いに関するものである。もってその異常さを知るべきか。

隆家は伊周の弟である。政権は道長に移ったけれど、中関白家の抵抗はくすぶっていた。隆家への処分が出た直後のこと、伊周の外祖父、高階成忠《なりただ》（出家して高二位）が陰陽師をして道長を呪詛したことが発覚し、伊周の仕業という（『百錬抄』長徳元年八月十日条）。いっぽう『栄花物語』（巻第四）によると、道長も道兼の七日関白のように短命で終わらないか、と伊周や母方の叔父たちは期待し、高二位は祈禱に余念がなかったという。諦めきれない中関白家の執念を感じるし、道長も気が抜けなかったことであろう。しかし、迂闊に動くことをせずその時期がくるのを待った。

変動の大きかった長徳元年を「長徳《ちょうとく》の政変」と捉えるむきもあるが、三十歳の道長にとっては幸運をもたらした、波乱に満ちた一年でもあった。

唐人の漂着と越前国

この年に起きた国外の問題のことも述べておかねばなるまい。

道長が政権の座に就いて数カ月後のこと、若狭国から、朱仁聡《しゅじんそう》に率いられた七十人ほどの宋の人が漂着したと報告してきた。そこで道長らは、外国人の受け入れ窓口のある越前国へ移すように命じた（『日本紀略』長徳元年九月六日条、『権記』九月二十四日条）。彼らは交易を願い出ているようである。紫式部の父の藤原為時《ためとき》が越前守に任ぜられたのは四カ月後のことであるが、それも曰く付きであった。

長徳二年春の除目で越前守には源國盛《くにもり》（従四位上）が決まっており、為時（従五位下）は淡路守となった（「長徳二年大間書」〔『続群書類従《ぞくぐんしょるいじゅう》』巻第二百六十七〕）。当時の日本は六十八カ国から成り、それらの国は大国が十三、上国が三十五、中国が十一、下国が九というように四段階に分けられていたから、ひとくちに国守（受領）と言ってもランクによって社会的地位や経済的な面で大きな開きがあった。因みに越前は大国であるが、淡路をはじめ島国はみな下国であった。下国の守に不満な為時は、そのことを漢詩に託して一条天皇に訴えた。けっきょく天皇の意向をくんで道長が乳母子の國盛に替えて為時を越前守とした（『日本紀略』長徳二年正月二十八日条、『今昔物語集』巻第二十四、第三十話、『今鏡』第九「唐歌」)。気の毒なのは國盛のほうで、彼はショックのあまり病に臥せり、その年の秋には大国の播磨守の切符を手にしたが、赴任を見ずに他界する(『古事談』第二)、といった悲しい後日談がある。

為時が娘の紫式部(二十代半ば前後)を伴って京を離れたのはその年の夏のことであった。しつこく言い寄る男(藤原宣孝)から逃れるための越前行きであったが、いざ行ってみると、文化度が低く、雪に閉ざされることの多いどんよりと暗い雪国の暮らしに退屈した。そして馴染めずに一年余りで京に戻り、宣孝と結婚する。越前国が宣孝に味方した形になった。父ほどに歳の離れた結婚も宣孝の死によって数年で終わり、ひとり娘を抱えて里の生活をしていたところへ出仕の話がきて、中宮彰子のもとへあがった、といったことは前に述べた。

京に住まいする貴族たちの物見遊山を目的とする遠出は大和・近江・摂津あたりの近隣諸国で、それが女性となると行動半径はぐっと狭くなり、長谷寺や石山寺詣でがせいぜいといったところであろう。今日では考えられないほどに隔世の感があった。そういう状況下での越前での生活は彼女の作品に幅を与えたであろうし、『源氏物語』にみられる地方描写は越前国が下地になっているとみてよい。清少納言にとっての地方は、国守となった父清原元輔《もとすけ》に伴われて十歳の時から四年間をすごした周防国である。当時の女流作家のほとんどが受領層と関わりが強いというのも頷ける。

うがった考えかもしれないが、位階の上でも大国の守にはいささか難しい為時が任ぜられた背景に宋人漂着事件が介在していたのではないか。道長の脳裏には為時を交渉に当たらせるといった心積もりがあったとみたい。なにはさておき言葉が通じなければ話にならないが、その点で彼は最適任者であった。現に赴任した翌年の春、為時は宋人と詩の唱和を行っている（清水好子『紫式部』）。

秘めたる事件

年が明けて間もなくのこと、法皇を巻き込んだとんでもない事件が起きた。花山法皇と伊周・隆家兄弟が故藤原為光《ためみつ》邸（一条第〈院〉）で遭遇し、闘乱となり院側の二人の童子が殺害されてその首が持ち去られたという。このことを道長から消息で知らされた権中納言藤原実資《さねすけ》が日記に書き付けている。時に実資は検非違使別当を兼務しており、事件を捜査する最高責任者であったから道長は捜索を指示する意味もあって知らせたのであろう。

これだけでは今ひとつ判然としないが、後日の記事によって、伊周は多くの兵を養っていたこと、家司《けいし》たちがその兵を使って事を起こしたこと、下手人の逮捕を目的に検非違使が家司宅などを捜索したこと、七、八人の兵が逃走したこと、京内や近辺の山々を捜検するようにとの命が下ったこと、などが明らかである（『小右記』長徳二年正月十六日、二月五日条）。なお後世の編纂ものである『百錬抄《ひゃくれんしょう》』（正月十六日条）には、伊周・隆家が一条第の花山院の御在所に矢を射て童子二人を殺害したとある。

そもそもの原因は為光の娘たち――道長の従兄妹になるが――にあった。それを語るのは『栄花物語』（巻四）である。三女に伊周、四女には花山法皇が通っていたが、それを法皇も三女に通っていると勘違いした伊周は弟に相談した。そこで隆家は手兵をつれて、為光邸から帰途の馬上の法皇を威嚇したが、射た矢が法皇の衣の袖を射通してしまった。法皇側は不徳のことと秘していたが、多くの知るところとなり、一カ月もせずに伊周・隆家の罪名勘申が行われている（『小右記』同、二月十一日条）。

ところで『栄花物語』では為光の娘たちが住んでいた場所を鷹司殿としているが、時期的に見てこれは一条殿（院）の誤りである。この一条院は、一条大宮の東南に所在した後に一条天皇の今内裏となる有名な一条院で、この後もよく登場することであろうからここで伝領の概略を述べておこう。『拾芥抄』中「諸名所部」の「一条院」の項に「一条の南、大宮の東二町、謙徳公の家、また法住寺大臣為光の家と為すなり」とあって、謙徳公こと摂政藤原伊尹から義弟の為光へということであるが、その経緯は藤原為光（極官は太政大臣）が伊尹の女婿ということによるものであろう。その後に「一条の太政大臣の家をば女院領ぜさせたまひて、いみじう造らせたまひて、帝の後院に思しめすなるべし」（『栄花物語』巻第四）と、一条院が東三条院詮子の所有になっているが、その経緯は『権記』長徳四年十月二十九日条が教えてくれる。

その日の夜遅くに東三条院は道長の一条第から一条院へ遷御した。その際に新宅の作法をとっているが、この邸は佐伯公行《きみゆき》が姫君（為光の三女か）から八千石で買得し、女院に献上したという次第である。やがて一条院は一条天皇の今内裏となるが、その初例は翌年の長保元年（九九九）の内裏焼亡による使用であった（杉崎重遠「里内裏としての一条院」、黒板伸夫「藤原道長の一条第」）。その界隈を歩いても往時の面影を求めることは叶わない。

花山法皇は在位中に女御の藤原忯子《しし》を溺愛し、彼女が死産で他界すると悲嘆に明け暮れ、これにつけこんだ兼家一家の策略によって出家に追い込まれ、一条天皇の出現をみたという経緯がある。忯子は為光の一女であったから、十年後に法皇はその妹に手を出したことになる。なお、『尊卑分脈』（第一篇、為光公孫）や『大鏡』（第三）から推察すると、三女は鷹司殿の上と称して鷹司左大臣こと源雅信の室であったこと、四女は御堂殿こと道長の妾となり、ほかに隆家室などもいたらしく、まことに複雑だ。道長の妾となった女性は、どうやら夫の源兼資《かねすけ》と死別後に中宮妍子の女房となり（倫子に仕えたとも）、その後に道長と結ばれたようである。娘の中宮の女房を選ぶさいに道長は人物をよく吟味した、と唱える学者がいるが、そうとするならこの女性もそうして選ばれた一人か。中宮彰子に仕えた大納言の君もそうであったらしい（『栄花物語』巻第八）。

中関白家の失墜

罪命勧申の二カ月余り後には、「花山法皇を射た事、女院を呪詛した事〈寝殿床下に厭物あり〉、私に大元帥法《だいげんのほう》を行った事〈宮中のみに聴される密教の秘法〉」の理由により、伊周が大宰権帥、隆家が出雲権守、母方の叔父たちにも配流の宣命が下った（『小右記』長徳二年四月二十四日条）。配所への下向を促されても伊周たちは病を理由になかなか配所に赴かず、中宮定子の御所に入り込んだりして一カ月ほどぐずぐずしていた。そして伊周が大宰府に着いたのは十二月であった。それから三カ月後の長徳三年（九九七）三月には東三条院の病気平癒を祈願しての大赦が行われ（『日本紀略』三月二十五日条）、伊周・隆家兄弟の赦免について論議があり、けっきょく召還されることになったが、それについては道長の配慮があったようだ（『小右記』四月五日条）。当面の競争相手には対抗意識を強くする道長も、落ちた相手には鷹揚に振る舞うといった一面があった。

帰京した伊周兄弟は母、高階貴子の墓参をして涙にくれているが、降りしきる雪が哀れを助長していた。この母は彼らが配流中に亡くなったようで、「例のさまにはあらで」霊屋を作って遺骸を納めているので、当時に多かった火葬ではなしに土葬であった。その場所は桜本とあるので（『栄花物語』巻第五）、今日の京都市左京区吉田山の東麓一帯で、そこには冷泉天皇桜本陵がある。因みに数年後に他界する定子も鳥辺野で土葬された。

墓参ということでは、配流の宣旨が下った直後に伊周は木幡の亡父の墓前に詣でている。木幡山の近くで馬を下りて徒歩で向ったが、月明かりをさえぎるばかりに覆い繁った木を分け入りながら進み、月明かりをたよりに父の墓に辿りついている。柵で囲まれたなかに墓標の卒塔婆が立っていた。父のそれは亡後、一年ほどしか経過していなかったので見つけることができたというから（『栄花物語』巻第五）、数年も経つとわからなくなってしまうようだ。

名実ともに頂点に

中心となっていた伊周兄弟、それに母方の叔父（高階家）たちの左遷によって中関白家は完全に打ちのめされたといっても過言ではなく、このあと浮上してくるということはなかった。彼らの処分はすべて天皇の命によるものではあるが、実行面で責任者として取り仕切ったのは道長であった。チャンスを待っての道長の動きは、機を見るに敏なるの譬えそのものといってよい。焦らず、着実に、という彼の心情は生涯の重要な局面でよく見られるところである。

宿敵が朝廷から追放されて三カ月後の長徳二年七月に公卿の上層部の昇任人事があった。すでにトップの座にいた右大臣道長は、一年余り空席となっていた左大臣に昇進し、これで名実ともに頂点に立ったのである。なお、大納言に任じられる人は実資、と一条天皇が仰っていたということを内々に伝え聞いた本人は、「超越の心なきか、この度のこと思いかけざるところなり、ただ天道に任す」と奏上している（『小右記』六月二十九日条）。内心では期待していたのであろうが、蓋をあければ大納言には上席の源時中《ときなか》が就任している。

道長の日記の書き出しが二年後なので本人の悦びをじかに知ることはできないが、『小右記』長徳二年（九九六）七月二十日の記事からその日の「任大臣」の様子を垣間見ておこう。

この日は陣の物忌であったため着陣せずに陣の後方や南殿の辺りで行われたようだ。まず内弁《ないべん》の源時中が宣命草（下書き）を奏上した。内弁とは承明門《しょうめいもん》内（つまり紫宸殿の南庭）で事に当たったところからの称で、儀式などを取りしきる主席の公卿を指し、通常では左右大臣がこれに当たるが、ここでは儀の対象ゆえに中納言時中（この人事で大納言に昇進）がその任となった。因みに承明門外で事に当たった次席の公卿を外弁《げべん》と称した。草案には、左大臣正二位道長（従二位から昇叙）、右大臣従二位顕光、大納言時中、中納言実資、権中納言平惟仲《これなか》、参議藤原忠輔《ただすけ》の名が記されており、問題なしということで清書にまわされた。公卿の任命ゆえいずれも宣命の形をとっている。

中納言の藤原懐忠《かねただ》と実資のほか七名の参議が敷政門《ふせいもん》（紫宸殿東側の門）から出て外弁の座に着き、しばらくして承明門が開き、少納言が参入し、懐忠以下がそれぞれの席に着いた（列立か）。そこで内弁が公任を召し（その声は甚だ高く先例に似ず、とある）、これに応えて公任は軒廊《こんろう》（紫宸殿南庭の回廊）東二間より参上し、宣命を受け取って退いた。いっぽう内弁は軒廊東二間より出て列に加わった。ついで宣命使が席について宣命を読み上げた。そのとき内弁の時中と実資、惟仲は昇任者であったので拝さず、他の公卿たちは再拝した。宣命使が席に戻り、任人以外は退出、任人は昇任後の席――「中納言標」「大納言標」という――に着き、大納言（時中）以下の任人は拝舞して退出している。その後、右大臣らは射場殿《いばどの》で慶賀を奏上している。内の物忌であったので一条天皇の出御はなかったし、道長も直廬《じきろ》にいて顔は見せていない。

夕刻になって道長第で任大臣大饗が行われた。その邸は道長の自邸ではなしに二条東洞院に所在の播磨守源相方宅であった。「因縁により行うところ」とあるが、相方は妻の倫子と従兄妹の関係にあったのである。公卿の座は南庇に設けられ、階下では管絃の演奏があったりして宴が果てたのは夜も遅い子の刻であった。

2　外戚の実現

父に似る兄弟関係

ところで道長の生まれた境遇はどことなく父兼家に似ている。嫡男でなく同母兄弟の三男であったこと、兄たちの先死などがそれである。兼家の場合、四十九歳で他界した長兄の後を継いだ次兄に冷や飯を食わされ、臨終には関白を従兄弟に渡すと遺言するほどに邪魔された。しかし兼家はあきらめなかった。自分にのみ恵まれた外孫に最後の望みを託し、チャンスを窺って即位にこぎつけ、頂点に立った。

道長は若い時に父の生きざま――慌てず時期を待ち、機運をつかんで行動に出る――をじっくりと脳裏にたたき込んだことであろう。ただ道長の兄たちは四十代はじめまでに他界しているが、兼家の兄たちは五十代前後と十年ほど長生きであったから、そのぶん父のほうが精神的な抑圧が強かったにちがいない。それと兼家の場合、最後の時点では自ら積極的な行動にでたが、道長は姉の力に負うところが頗る大きかった。

いずれにせよ殊のほか短期政権に終わった兄たちの後をうけた道長は、実際には兼家の後継者といえる。頂点に立った道長が、まっ先に取りかからねばならぬことは政権の長期保持、つまり摂関体制の確立であり、そのための行動は天皇家との外戚の構築であった。父の行動から学んだことである。そこで長女の入内となるわけだが、道長はその前年に大病を患っている。

病と除目のはざまで

長徳三年（九九七）の夏に道長は病に臥し、勅使として藤原行成が道長を見舞うということがあった。しかし一カ月後の小除目で道長は上卿をつとめているので長期の患いではなかったようだ。

この除目の直前にあった公卿の昇任人事に関して、藤原実資は主宰した道長を痛烈に批判しているが、面と向かってではなく日記に書き付けるだけである。このように実資は、時として強烈な憤りを道長に浴びせるが、その多くは日記と対峙した時であり、もし道長が知ったら許さぬであろう罵倒にちかい言葉も見うけられる。そのままぶつけていたら道長政権下で順調に昇進することは叶わなかったであろう。除目についての実資の言い分は理に適っている（『小右記』長徳三年六月二十五日、七月五・九日条）。

大納言兼左大将の藤原公季が内大臣に、中納言兼民部卿の藤原懐忠を大納言に、ということはなんら問題ないが、中納言兼右大将の藤原道綱を権大納言にするについては意義ありという。自分よりも一年下﨟《げろう》であることが先ずもって問題。早速、先例を調べるところなどいかにも実資らしいが、その結果、下﨟でありながら大将で先任者を越えた者は藤原忠平のみだが、これは故あることで例にはならないし、醍醐天皇の外舅《がいきゅう》（右大将藤原定国《さだくに》）でもそれをしていない。実資が延喜・天暦の例を挙げていることが注目される。

しかし、いざ蓋をあけてみると、懐忠は権大納言で道綱が大納言となった。道綱は一条天皇の外舅と右大将が抽任の理由かと推量する実資、そもそも道綱は当初は予定になかったらしく、義弟の道長が押し込んだらしい。しかも道長は、前例として康保四年（九六七）の権中納言藤原伊尹が上﨟《じょうろう》の藤原師氏《もろうじ》を越任したことを例として挙げ、これが村上天皇つまり天暦のことと強調した。これに対して実資は、除目があったのは十二月のことで村上天皇は五カ月前に崩御しており、村上朝の年号ではあるが、除目は冷泉天皇代のこととみるが、彼の見解は正しい。

道長のごり押しといったところか。「牢籠《ろうろう》の詞、万事推量するに、賢を用いるの世、貴賤研精す。而るに近臣頻りに国柄を執り、母后（東三条院）また専朝の事、無縁の身何すれぞ處せんや」と諦観の念を深くする実資の矛先は「僅かに名字を書き、一、二を知らざるの者」という言をもって道綱に向けられる。名前しか書けないというのは余りだが、たしかに道綱は凡庸さにおいて平安公卿の中でも一、二を争うのではなかろうか。現代ならさしずめ窓際族にもなれないかもしれず、家柄の有無が幅を利かせた時代のしからしむるところである。

地方官の除目でも不条理があったことを実資は吐露している。伯耆守から民部少輔に転じた大江清《きよ》通《みち》は、伯耆国がすでに亡弊しているので国守を辞して京官を申請したのであり、道長の奉行によるものであると語る。新たに伯耆守に任じられた源政職《まさもと》はどうなるのか。また摂津守に新任の藤原理兼《まさかね》は一年前に尾張守に任じられたのに不利を理由に摂津国を申請したのであり、「豈これ聖務や」と皮肉っている。そして尾張守となった藤原知光は摂津守からの転任で、「近代の除目ただ人心にあり」と道長を批判する実資である。これらはすべて道長の差配するところであって「天下貴賤いよいよ以て歎悲す、大臣召この度の除目に及んでは乱世の政なり」と彼特有の諦観の言辞となる。

蔵人頭の行成も公卿人事や除目について『権記』に記載しているが、淡々とした書きぶりで、実資が問題にしたことには触れていない（長徳三年六月八日、七月九日条）。道長贔屓の現われか。

道長は、この除目の二十日後に再び病み、「初め瘧病の如し、煩い給うこと甚だ重し」（『権記』七月二十六日条）という状態であった。しかし、そんなに長引くものではなかったらしく、自邸で作文会を行ったり、長谷寺参詣をしている。この参詣について、最高位の人が庶人の着る布衣姿で京外へ赴くなんて聞いたことがなく、「事、軽忽」とうそぶく実資である（『小右記』九月二・二十日条）。

詮子の法華八講

この年の十月十八日のこと東三条院は、白檀の釈迦如来・阿弥陀如来像を造作、諸経を書写し、五カ日を限って法華八講を行っているが、その目的は、夫の円融天皇、両親の兼家・時姫、三人の兄弟（道隆・道兼・道義）たちの菩提を弔うためであり、実資をはじめ公卿たちも参列している。なお実資は、これに参列する二日前に男児が生まれた道長のところへ立ち寄って祝いを述べている。生母は「北方」とあるから倫子ということになるが、倫子所生では正暦三年（九九二）の頼通と長徳二年（九九六）の教通しか知られないので、長徳三年に誕生した子は誰なのか不詳である（『小右記』十月十七・十八・二十二日条）。

出家心と一条天皇の慰留

年が明けて長徳四年（九九八）の春、道長は大病に陥った。道長が俄かに煩っていると聞いて行成は道長邸に車で駆けつけた。病状を尋ねると腰病ということで、それは邪気（物怪か）の所為ということであった。道長は「年来出家の本意あり、この時遂げんとす」の素意をもっており、天皇への奏上を伝えてきた。そこで蔵人頭行成は、丑の一刻つまり夜中の二時ごろ夜御殿に参上して典侍を介して奏上した。夜御殿の南妻戸から入って御帳のもとへ召された行成に対して天皇は、道長の病気は邪気のためで道心を堅固にしていれば必ず癒える、病魔を取り払い命ながらえるために度者《どしゃ》八十人を賜おう、と申されて上表は許されなかった。行成は道長邸を訪れてこの綸旨を伝えたが、それに対する道長の奉答は以下のようなことであった。

勅旨敬奉、遁れ申すべからず。但し出家のこと、年来の宿念により遂ぐべきなり。不肖の身をもって不次の恩を蒙り、すでに官爵を極め、現世に望みなし。今病みすでに危急、存命すべからず。この時に本意を遂げずして、遺恨さらに何の益あらんや。たとえ出家すといえども、もし身命を保たば、晦跡を山林にすべきにあらず、ただ後世の善縁を結ぶなり。また大朝恩を奉らんがために、天長地久の事を祈り奉るべし。生前無涯の恩徳を蒙り、向後また無涯の恩を蒙らんとす。生前の本意、病中に遂げんとす。最後の朝恩、允許を賜わん……。

早く戻って、このことを天皇に奏上してほしい、と行成に頼んでいる。道長の出家の気持ちは固い。言われるままに行成は帰参して頭中将藤原正光《まさみつ》を介して奏上しているが、それが丑の四刻というから、わずか一時間余の間に天皇（内裏）と道長（土御門殿か）の間を往き来している。頭弁であるにもかかわらず行成が天皇のもとへ直接赴かずに人を介しているのは、天皇が御物忌だからである。天皇は次のような意味のことを語った。

道長の言い分もわかる。しかし外戚で朝家の重臣である道長は天下を治める宰相として私を輔導する立場にある。道長なくして誰がいるのか。今は病悩で篤疾と聞くが、邪気のしからしむるところであり、出家をすることはなかろう、よく考えてほしい。

この再度の慰留の勅を聞いた道長は、「勅命極めて貴し、遁れ申すべからず、ただし煩うところ倍す、これより本意を遂げるべきの由、重ねて奏せしむべし」との意向を示した。道長は三度の上表を提出しているので、儀式的な意味あいが強いが、それを超えて真意で出家を望んでいた可能性が高い。最終的には出家の勅許はなかったが、要望の内覧と随身の停止は許されている（『権記』長徳四年三月三・五・十二日条）。内覧と随身は一年後に復帰しているので（『御堂関白記』長保元年三月十六日条）病の間の処遇であったことがわかる。なお、長徳四年三月十二日付の上表（大江匡衡《まさひら》の作）と勅答（紀斉名《ただな》の作）は『本朝文粋』に所収されている（巻第五「表下」、巻第二「勅答」）。その年の冬には政をこなしているので、病から立ち直ったようだ。

ところで現存の『御堂関白記』は長徳四年下（七月以降）から始まり、自筆本の第一巻目として存在するが、七月の五日から五日間だけの記述しかなく、病に触れた記事はない。

道長は生涯を通じて病と対峙することが多かったが、長徳四年、三十三歳の道長にとっては最大の危機の年であったといってよい。道長の弱音を実資はどう受けとめていたのか、知りたいところだが、残念なことにこの年の『小右記』が欠巻となっているのでそれは叶わない。

道長と一条・三条天皇

ところで、道長と甥の一条天皇および次代の三条天皇との関わりについて、前者とはしっくりいったが、後者とはそりが合わなかったということがよくいわれる。前者は円融天皇と東三条院詮子、後者は冷泉天皇と超子を両親に誕生しており、生母の姉と道長との関わりが影響しているであろうことは否めない。長姉の超子とのことはほとんど知りえないが、次姉の詮子は上述の通りで、道長の政権掌握に大きな力となった女性である。そのほかに道長と甥の天皇たちとの相性も関係があろう。しかし考慮しなければならぬことは、天皇として在位していた時の道長のおかれていた立場の相違である。

一条天皇は天元三年（九八〇）に生まれ、四年後の花山天皇の即位で立太子、そして二年後の譲位にともない即位し（七歳）、三十二歳で病没するまでの二十五年間、帝位にあった。いっぽう貞元元年（九七六）生まれの三条天皇（居貞親王）は一条天皇の即位で皇太子となり、天皇の崩御の年に即位している。四半世紀の東宮時代をおくり、即位したときには三十六歳になっていた。

これを道長の年令でみてみると、一条天皇代は二十一歳から四十代半ばまでで、一条天皇崩御の三年前に道長にとって初の外孫が誕生している。いうなれば道長の政治家としてのスタートから頂点に立って位人臣を極め、娘の入内を果たし、外孫の誕生により外戚関係を強固にする方向へ踏みだした時期といえる。これに対して三条天皇の代は立太子した外孫（敦成《ありひら》親王）の即位を窺う時期となり、そのために天皇を圧迫して譲位を促す行動にでたのであろう。そして五年後の退位と九歳の外孫の即位を迎えることになる。

彰子の入内の年

年あらたまってすぐに長徳五年は長保元年（九九九）に改元されたが、その理由は災異水旱によるものであった。病を脱した道長は外戚形成への一歩を踏みだすことになる。長女彰子の入内であるが、大病がそれに拍車を掛けたといえなくもない。

入内の十カ月前の改元直後の二月九日、成人式の証である彰子の裳着《もぎ》が生まれ育った土御門殿で行われた。彰子のもとへ東三条院詮子からは装束、中宮定子からは香壺筥《こうつぼばこ》、東宮の居貞親王から馬の贈り物があり、その使者たちに道長は掛と袴を与えている。夕刻になって右大臣・内大臣をはじめ諸卿たちの来訪があった。この裳着が『御堂関白記』長保元年の初記事となっているが、それほどにうれしかったのであろう。二日後に勅使として土御門殿を訪れた行成から「従三位に叙す」という天皇の命と女装束を賜っている。

その月末、道長は妻の倫子をはじめ五、六名の公卿と舞人・楽人らをともなって春日社への参詣を行った。二泊三日で宇治に立ち寄って夜遅くに帰京している（『御堂関白記』二月二十七～二十九日条）。この春日詣では、彰子の叙位への報謝と、来る入内に対する願いごとを目途したものであったかと思う。

そうして迎えた入内であるが、その時点で一条天皇の後宮には定子、義子《ぎし》（弘徽殿《こきでん》）、元子《もとこ》（承香《しょうきょう》殿《でん》）、尊子《そんし》（いずれも藤原姓）が入っていた。すでに中宮定子の父の関白藤原道隆と御匣殿別当尊子の父の関白道兼は他界しているが、女御義子の父は内大臣公季（四十三歳）、女御元子の父は右大臣顕光《あきみつ》（五十六歳）といずれも現役の大臣であり、頂点にいるとはいえ道長としても気が抜けない。ただ救いは、どの女性にも皇子の誕生がないことである。

そんな矢先のこと、中宮定子が出産を控えて前但馬守の平生昌《なりまさ》邸へ遷御している。その行啓の日の払暁、道長は卿相たちを引き連れて宇治の別業へ遊興に赴いてしまった。そのために上卿はじめ供奉する者もほとんどいない状況で戌刻に行啓が行われたのである（『権記』『小右記』長保元年八月九日条）。道長の行動は、実資も指摘するように行啓への妨害であり、嫌がらせであったが、『御堂関白記』にはこれに関する記事がないので道長の心中を知ることはできない。

嵯峨へ紅葉狩り

宇治行きの一カ月後、道長は洛西の嵯峨に紅葉狩りに出かけた。九月十二日のことであるが、『御堂関白記』長保元年の後半は自筆本第二巻目で「西山辺へ出て、紅葉を見る、返〈帰〉りに院へ参る、馬場殿で和哥事《わかのこと》あり」と記事は簡潔だ。嵯峨から帰京した道長は東三条院詮子を訪ねたあと馬場殿で和歌の披露を行っている。詮子は夏に弟の土御門第に遷御して以降、動いた形跡がないので（『権記』七月一日、八月二十九日条）、道長は自邸に住まいする姉を見舞ったあと馬場殿に移動したのである。肝心の紅葉狩りの様子を同道した藤原行成の『権記』によって見てみよう。

早朝、中将〈藤原斉信《ただのぶ》〉と同車して左府〈道長〉に詣ず。左府、野望す。一昨、左・右金吾〈左衛門督藤原誠信《さねのぶ》・右衛門督藤原公任〉・源〈俊賢〉三相公幷びに予・右中丞〈右中弁源道方《みちかた》〉、相約し、この事あり。各、餌袋・破子〈弁当〉を調え、先ず大覚寺・滝殿《たきどの》・栖霞観《せいか》に到る。次いで丞相、騎馬し、以下これに従い、大堰川の畔に到る。式部権大輔〈大江匡衡〉、丞相の命により和哥の題を上る。云く、處ゝに紅葉を尋ぬ。次いで相府の馬場に帰り、和哥を読む。初め滝殿に到り、右金吾、詠みて云う、滝音能絶弖久成奴礼東名社流弖猶聞計礼〈滝の音の絶えてひさしくなりぬれどなこそながれてなおきこえけれ〉。

道長一行が平安京東端の土御門第から京内のどの街路を西進したのかは解らないが、北極の一条大路の可能性が高い。それは仁和寺の南に通じており、ここを通って大沢の池を眺めながら大覚寺へ向ったのであろう。そして滝殿ついで栖〈棲〉霞観を訪ねた。

そもそも洛西の嵯峨の地が大宮人の遊興の場となった契機は、地名に由来する天皇名が示すように九世紀初頭に嵯峨天皇の離宮、嵯峨院が営まれて以降で、天皇の崩後に寺院化したのが大覚寺である。その西にあった棲霞観は、九世紀後半に天皇の皇子で賜姓皇族の左大臣源融が営んだ山荘で、死後に棲霞寺となり、さらに釈迦堂、清涼寺へと発展したのである。すでに寺院化しているのに行成は何故か棲霞観と記している。

この記事で注目されるのは百人一首にも採られている公任の歌である。

滝の音は絶えて久しくなりぬれど
　名こそ流れてなほ聞えけれ

『拾遺和歌集』（巻八、雑上）に所収のこの歌の詞書に、「大覚寺に人々あまたまかりたりけるに、ふるき滝をよみ侍りける　右衛門督公任」とあり、公任の右衛門督は長徳二年から長保二年までの六年間であり、長保元年と矛盾しない。いっぽう「大納言公任集《だいなごんきんとうしゅう》」の詞書には「大殿のまた所々におはせし時、人々ぐしてもみじ見にありき給ひしに、嵯峨の滝殿にて」とあって、道長に随伴しての行動であることが知られる。公任のこの歌の初出は『権記』ということになる。十世紀末には水流が絶えて久しくなっていた名古曽の滝は、嵯峨院の庭内にあった。今から二十年ほど前の発掘調査によって、苑池の大沢の池の北から石組みや流路の跡などが見つかっている。

ところで道長主催の嵯峨の紅葉狩りに実資は行っていない。その日の早朝、道長から消息で「山辺の紅葉を見るために伴うところなり」と誘いをうけた実資は、物忌みを理由に断っている（『小右記』十二日条）。実は二日前に実資は、右兵衛督（非参議）源憲定《のりさだ》をはじめ十人ほどで嵯峨への遊興を楽しんだばかりである。それは「休慰心情」が目的で、大井川の辺で食事をし、和歌会をして月夜のなかを帰宅している。道長も行成も日記にその記載がなく、実資みずから日記に「密〻」と記している（『小右記』九月十日条）。

道長の遊興の様子を源俊賢から聞いた実資は、左右の衛門督が追従し、右大弁（蔵人頭行成）と外記が同車するなど今まで聞いたことがない、と難じている。道長の受けがよく、親交を深めつつある行成と公任に対する実資のやっかみともとれる言葉だ。なお馬場殿での和歌の披露の前に競馬の観覧があったことが知られる（『小右記』十三日条）。

病から立ち直ったとはいえ二カ月前の官奏を奉仕している最中に「心神宜しからず退出す、前後不覚に悩む」（『御堂関白記』五月二十日条）の状態に陥った道長、それだけに嵯峨行きは心和むひと時であったかと思う。

この一週間後の十九日の『御堂関白記』の記事は不可解だ。「内に宿候するの間、丑時ばかり家より書あり、開き見るに、只今産あり、といえり」とあって、出産があったことを宿直の道長に伝えてきた。この時点で妻の倫子は妊娠中で年末に威子を生んでいるから、道長の子とすれば母親は別の女性であるが、その辺りのことは詳らかでない。

入内にむけて

彰子の入内は長保元年（九九九）十一月一日のことで、それに備えて諸々のことが進められているが、『御堂関白記』を中心に追ってみよう。九月二十五日に入内定めのことがあり、十月十九日の日暮れ頃に実資は道長を訪ねている。実資は入内の件についてしばらく話しこんだ後、帰る時分に武蔵守藤原寧親が献上した馬六疋を道長から披露され、その一疋を給わった。その様子を実資は、「馬一疋葦毛を志す。余（実資）綱末を執り、小拝す。主人（道長）地下に下り立つ」と『小右記』同日条に記している。因みに九月に入って道長への馬の献上が四件ほどあるが、多くは入内に関わってのことであろう。

道長は十月二十一日に然るべき諸卿たちに四尺の屏風歌の詠進を依頼し、六日後には各人が和歌を西の京の某邸に滞在していた道長のもとへ持参している。入内前日に道長のところへ参上した行成は、倭絵が画かれている四尺屏風（故飛鳥部常則《あすかべのつねのり》の手になる）の色紙形に各人の詠歌を執筆している（『権記』十月三十日条）。

この和歌詠進について実資は一貫して批判的であり、参議源俊賢を介して道長から詠歌を求められたのに対して「上達部の役、荷汲に及ぶか」、つまり公卿たるもの雑役に手を染めてよいものか、と訝《いぶか》る。臣下の娘の入内に公卿たるものの詠進は異常という常識論が背景にあってのことか。それなのに花山法皇をはじめ数人の参議、それに道長自身の和歌があり、いまだ聞いたことがない、と憤る。自らは詠進を辞退したことはいうまでもないが、従兄弟の公任が応じたことに対し、「凡人に異ならず。近来の気色、なお追従に似たり。一家の風、豈かくの如きか。ああ痛ましいかな」と嘆く。そして屏風の色紙形に名を連ねた人々は後代の面目を失う、と手きびしい。

道長からの再三の依頼にもかかわらず応じなかった実資ではあるが、入内前日に参上したおりに道長が自分に対して和顔であったと記すあたり、道長の顔色を窺う小心者の一面を覗かせている。日記と対峙している時には強気だが、当事者と対面すると引いてしまう実資の性格が彷彿としている（『小右記』十月二十三・二十八〜三十日条）。

入内を六日後に控えた彰子は方違えをした。『御堂関白記』十月二十五日条を道長の記載のままに掲げると、

以戌時(×右カ)西京大蔵属〔録〕泰〔秦カ〕連理(太秦連雅カ)宅渡、

となり、意味をとりながら読み下すと「戌の時を以て西京の大蔵属秦連理の宅に渡る」となる。道長の日記は誤字、脱字が多いことで知られるが（自筆が残っているゆえとやかく言われて気の毒）、こんなに短い文なのに誤字や書き直しがみられる。道長の日記の書き足りない部分を『小右記』と『権記』によって訂正補足すると、入内当日の吉方ということで彰子は左京の京極大路西に所在の土御門第から西京の大蔵録太秦連理《はたのつらまさ》〔雅〕宅へ移った、道長も同道した、となる。日を追って公卿たちの西の京詣でもあわただしい。

出家まで思いたった病みあがりの道長にとって最大の朗報は長女の入内であった。当日の十一月一日の『御堂関白記』には、

彰子入内す

酉の時を以て入内す。上達部・殿上人ら多く来る。家人十八、九参る。右中弁道方朝臣、御書持ち来る。参り着し了りて内輦車の宣旨、蔵人泰通仰す。上達部共に多し。道方朝臣に被物あり。

とあり、道長の記述はいたって簡略であるが、気が急いていたことによるか。この日の行成は、内裏から西京の道長のところへ行き、道方が天皇の使いとしてやって来たのは夜の八時頃、入内は十時頃であったことなどを『権記』に記す。いっぽう『小右記』の当日条には、自邸である小野宮第の東西の門が完成し、関わった大工たちに禄を与えたこと、太皇太后昌子《まさこ》内親王（冷泉天皇皇后）の重悩の知らせをうけ馳参したことなどの記載はみられるが、入内の記事は翌日に伝聞の形で記されているにすぎない。入内には二人の大臣および中納言の実資を除く公卿全員が顔を見せており、実資は「末代の公卿、凡人に異ならず」と嘆く（『小右記』十一月一・二日条）。

入内の時に彰子に従った女性は、四十人の女房のほか童女《わらわ》（若い召使）と下仕《しもづかえ》（雑用担当）が各六人で、器量や人柄などを厳選し、気品があって育ちの立派な女性ばかりであった。紫式部がその一人に加わるのは五、六年先のことである。彰子は身の丈に五、六寸も余る黒髪で美人であったらしく、十二歳には見えないほどに落ち着き払っていたという（『栄花物語』巻第六）。実は、この女房たちは道

長が用意した私的なものであり、彼はこのような女房をはじめとして、居所の藤壺のしつらいを豪華にするなど、彰子の周辺を華やかにして将来に備えたのである。

一条院内裏

ところで内裏は、六月十四日の夜遅くの「修理職《しゅりしき》内造木屋」からの出火で「悉く以て焼亡」とあるから全焼したようだ（『本朝世紀《ほんちょうせいき》』同日条）。修理職は、『拾芥抄』（中）によれば「近衛南、大宮東」の一町に所在し、宮外で内裏とはかなり隔たっており、出火場所はここではなかろう。それは「修理ノ内ノ候所在西南外廊隅」、つまり内裏西南隅に所在の「作物所《つくもどころ》」（『拾芥抄』附図）の方で、これだと清涼殿とも至近であり、火災記事の文言もそれを暗示している。

出火から二時間ほどして天皇は腰輿《ようよ》で東の建春門を出て職御曹司に幸した。騎馬でかけつけた道長は、天皇の御所で下馬し、この場所へも火が迫ってくる恐れがあるので大極殿の方へ避難されるように、と奏上している。そこで天皇は南西の朝堂院へ向かい、その正殿である大極殿の北の小安殿に逗留の後、輿で朝堂院の東廊を南行し、太政官（朝所）に落ち着いた。やがて東宮の居貞親王（後の三条天皇）も避難してきた。避難径路から考えて火の手は西風に煽られて東北方へと進み、やがて建春門に迫ったようで、左衛門陣近くの詰所や雑舎にあった文書や諸物を運び出したりしているが、風向きが東に変わったため助かった建物もあった。

天皇の仮のご在所と決まった太政官の装束が急いで行われ、この東門の左右の掖《えき》に五丈の幄を二宇立てて左衛門・左兵衛等の陣、西門外の両掖に二丈の幄を立てて右衛門・右兵衛等の陣とし、朝所の西門の左右に各一丈の幄を立てて左右近衛陣とするなど、仮とはいえ内裏に倣った警衛体制をとっている。女官たちは勝手がわからず右往左往したという。しかし、天皇がここに滞在したのはわずか二日で、十六日には一条院に遷御している（『本朝世紀』六月十六日条）。

夜の八時頃に太政官の東門を出発した天皇の行列は、大内裏を陽明門から出て大宮大路を北行、一条院には西門から入り、「御印鈴鎰《ごいんれいやく》」が天皇のもとへ移されている。一キロ余りの道程を道長以下ほとんどの公卿が供奉した。これが一条院内裏の嚆矢である。

そもそもこの邸は、十世紀の中頃に藤原師輔から嫡子の伊尹、そして異母弟で女婿の為光へと伝領され、それを佐伯公行が買い取って東三条院（詮子）に献上した。詮子は、これを一条天皇の後院とする目的で修造し、しばらく住んだあと長保元年六月に今内裏となった次第である。そのことが念頭にあったのか、『本朝世紀』では「一条女院」としている。これ以降、一条天皇はこの邸をよく利用しており、ゆえに一条院内裏の名もあり、天皇名もこれに因むことになったのである。

摂関家の明暗

入内の二日後に母の倫子が輦車を聴されたが、道長からの働きかけで天皇の勅許によるものである（『権記』十一月三日条）。そして入内から一週間目に彰子は女御になった。蔵人頭行成は、一条院内裏の道長の詰所の東北の対へ赴いてこのことを申し上げ、藤氏出身の諸卿へは消息で伝えられた。昼頃には藤氏出身の上達部（公卿）や侍臣らが参内して来て、二時間ほどして道長とともに御所南廊の西庇に列立して蔵人頭藤原正光を介して慶賀を奏上した。その後、道長と道綱は御所に参上している。天皇は道長の意向により十二歳の新女御、彰子の直廬（部屋）へ渡御された。この日、女御の直廬では慶賀に参内してきた公卿らを招いて宴が持たれた。何回となく盃が巡ってみな「淵酔」つまり深酔いし、唱歌・朗詠・賀茂祭調楽などがあった。

道長は藤原宣孝（後年に紫式部と結婚）をして実資に盃を勧め、舞の披露があったが、「若しくは何故や」と、実資は訝しがる。夜八時ごろには天皇が南殿に還御され、道長は実資の手を取って直廬に招き入れ、女御の装束を見せている。実資に媚びているように見受けられるが、彰子の叙位・入内について批判的な態度をとり、中宮側に立った実資の機嫌をとるつもりであったか、それほどに道長は嬉しかったのであろう。道長の性格の一面がにじみでているようである。他姓の人の参会（大納言源時中、中納言平惟仲、参議源俊賢ら）を特記する道長でもあったが（『小右記』『権記』『御堂関白記』十一月七日条）、家意識が人一倍強かった現われか。

同じ日の朝、中宮定子は平生昌邸で皇子を出産した。敦康親王の誕生に天皇は悦ばれ、行成に七夜のことなどを仰せられた。この親王は一条天皇の第一皇子であったが、すでに後見もなく帝位への期待は薄いといわざるを得ない。道長はこの出産のことをひとことも日記に記していないが、この皇子の七夜の御産養を奉仕し、「筋は絶ゆまじきことにこそありけれとのみぞ。九条殿の御族よりほかのことはありなむやと思ふものから、そのなかにもなほこの一筋は心ことなりかし」と語ったと『栄花物語』（巻第五）にある。九条家が連綿として外戚を確保してきたことを云々するうえで中関白家をも包みこんでいるが、内心は穏やかではなかったにちがいない。将来において自分の所に外孫の誕生がないことを予測して、その場合にはこの第一皇子の後見人となって……、ということを見越しての行動、いやこれは深読みにすぎるか。とにかく道長としては一にも二にも外孫の誕生を願うばかりであった。

蔵人頭行成への謝意

彰子の入内および次に望まれる立后について骨身を惜しまず働いてくれる行成に対して道長は最大の感謝を表している。その道長は十一月半ばから年末まで日記をつけておらず、行成の日記によって知ることができる（『権記』十二月七日条）。彰子の立后についての東三条院の御書を天皇に奏覧したあと夜になって持参して来て、天皇の言葉も伝えた行成に対し、道長は病がちだったので簾中で会い、次のように語った。

この事（立后）指したる期日を承わずと雖も、一定の由を承わる、汝の恩の至りなり。大都（およそ）顧問（蔵人頭を指すか）に候するの後、事に触れて芳意の深きを見ると雖も、その悦を示す能わず。今この時にあって、いよいよ厚恩を知る。汝の一身の事に於ては思う所なし。我に数子の幼稚あり。汝また数子あり。もし天命ありてかくの如き事あるの時、必ずこの恩に報いるべく、また兄弟の如く相思うべきの由、仰せ含むべしと。

もし行成の子孫のうえにこのような事体が生じた時には報恩を忘れない、と子孫の代までもの親交を誓うなど、道長がこれほどの懇詞を述べたのをほかに知らない。栄華形成の入り口にあって、天皇への行成の働きかけがよほど嬉しかったとみえる。そして行成との蜜月は終生変わらず、これに応えんばかりに行成は道長の薨日に合わせるかのように相前後して薨じている。道長より六歳若い五十六歳であった。そこまでせずともよかろうに、つきあいのよい男だ。

長保への改元の年は、道長にとって外戚への階段を昇りはじめた時であって、将来を左右する一年といってよいが、そうしたなかにあっても病める姿がちらつく。彰子の女御就任に悦んだ十日後、道長は明け方から急に悩みだし、訪ねた実資に「今の間、頗る宜し。初め躰を悩む霍乱の如し」と伝えている(『小右記』十一月十七日条)。しかし年末になって道長家には倫子腹の三女、威子が誕生しており(『権記』『小右記』十二月二十三日条)、この女性が後年の道長に「この世をば」を詠わせる契機となるのである。

来たる長保二年、西暦一〇〇〇年は道長家がさらに大きく歩を進めることになる。

3 長女、後宮のトップへ

立后の年明け

諒闇《りょうあん》(冷泉天皇妃の太皇太后昌子内親王が一カ月前に崩御)で明けた長保二年の正月、叙位や節会が停止されたことはいうまでもないが、早々に不吉なことが起きた。女院(詮子)のいる東三条院では元旦の拝礼があり、修正会が始まって五日後の九日の夜明け前のこと、その西の対に何者かが放火したのである。さいわい擧任(姓は不詳)なる男が見つけて消し止めたので大事には到らなかった。翌朝には大雪が降り三十センチ余りの積雪があったが、そうしたなかで修正会の結願を迎えた(『御堂関白記』『権記』)。

道長は元日の記事として、冒頭に十字ほどで節会の停止を記したあと自家にかかわることを一日の空白に書ききれず、下段の余白を使って三日のところまではみだして記している。初期の道長の日記が朝廷での重要事よりも自家に関することに筆を費やす傾向がとりわけ顕著であるゆえんだ。この年の前半部は自筆本（第三巻）が遺っているので本人の感情の起伏が知られる（なお『御堂関白記』だけでは意味不鮮明な箇所があるので『権記』で補った）。

訪ねてきた右大臣以下の卿相および殿上人を列記し、拝礼はなかったが右大臣藤原顕光と内大臣藤原公季に引き出物として馬を一疋ずつ与え、その後に道長は、皆を引き連れて女院への拝礼のために東三条院へ赴いている。ついで参内（一条院内裏）した道長は小朝拝（清涼殿の東庭において大臣以下の殿上人による天皇への新年の拝賀）のことを奏上したが、「節会すでに停む、何ぞ拝賀あらんや」との天皇の仰せであった。右大臣と内大臣は女御彰子の局（東北の対）を訪ね酒肴にあずかっている。その後で道長以下が着陣し、見参を奏上している間に右大臣、内大臣ら多くの公卿が退出してしまった。このことについて「これ公事を知らざるか、若しくは行人その人に非ざるか、奇と為す奇と為す」とは道長の弁。行人とは、廟堂の頂点にある自分か次席の顕光を指称しているのであろうし、前者なら自らの不徳を嘆き、後者なら不行き届きを責めたことになる。蔵人頭藤原行成もこの事態を「甚だ違例のこと」と述べている。道長は、三日には訪ねてきた蔵人頭以下を引き連れて東宮（居貞親王、後の三条天皇）、冷泉院、東三条院、内裏へ赴き、そこで候宿している。

正月から慌しく動き回っている道長であるが、十三日には「犬の産あるにより穢に触れ、簡を立つ。

夕暮れに院に参り、立ちながら候し、夜に入り出る。月明り鏡のごとし」と記している。この日の道長は触穢《しょくえ》のため、夕刻に東三条院に姉を訪ねたけれど着座せず、暗くなって退出し、帰途に仰ぎみた月に感激している。道長という人は格別の佳事の前後における晴れやかな気分を月に託すことが強いように思う。そして、この時には皓々と照る月を見ながら彰子の立后を心に描いていたのではなかろうか。その立后は一カ月余り後に迫っていたのである。

正月の後半は恒例の陣定《じんのさだめ》（仗儀とも呼ばれ、左近衛陣で政務を審議する公卿会議）や叙位および除目（正月は県召《あがためし》除目〈地方官の任命〉を恒例とする）が行われ、道長も責任者として出席している。なお十五日に予定されていた受領功過定《ずりょうこうかさだめ》を道長の触穢のために一日延ばしているので件の犬産による触穢は三日間であったことがわかる。

東宮御所での御遊

立后の月の三日の記事として道長は、宇佐使《うさづかい》となって二カ月ほど前に下向して帰京した藤原宣孝（紫式部と結婚中）に馬二疋を献じたこと、東宮御所で弓射と蹴鞠の御遊びがあったことを記載しているが、蹴鞠については「蹴鞠の戯れあり」で始まる『権記』に詳細な記事が見える。

鞠庭には東宮の居貞親王（三条天皇）と実弟の為尊《ためたか》・敦道《あつみち》親王（母は道長姉の超子）はじめ大臣らが侍り、行成以下が供奉していた。遊戯もたけなわをすぎた頃に道長は退出した。その際に殿舎前の梅の南の枝の花が開き始めたのを見て、東宮が「花の色新たに開けば、空しく過ぐべからず」と言うと、道長は跪いて花の下に進み出て一枝を折って献じた。そこで東宮が、「君折れば匂ひ勝れり梅の花」

蹴鞠の図（『年中行事絵巻』田中家蔵）

(あなたが折ってくれた梅の花は一段と芳しい）と歌いかけると、道長が「思ふ心のあればなるべし」(東宮のことを思えばこそ）と継ぐ。道長の連歌はめずらしい。さらに道長は「栽え置きし昔の人の詞にも君がためとや花に告げけむ」と詠んだ。道長のこうした即興の詠歌は余り知られていないのではなかろうか。

後に譲位をめぐって三条天皇と道長は確執を生じるが、道長政権の初期においては、このような穏やかな交誼もみられたのである。

私の蹴鞠体験

蹴鞠といえば、四十年ほど前に蹴鞠保存会に所属して練習に励んだことがある。かねがね平安時代のことを勉強するからには遊興のひとつぐらいは経験してみてもという気持があった。そんな矢先のこと、たまたま新聞に蹴鞠保存会の活動が載り、軽い気持ちで門を叩いたのである。当時、保存会は持明院基邦《じみょういんもとくに》氏（故人）を会長として運営され、会員は例外的に一両人の女性の姿があるぐらいで男性ばかりであった。もともと男子の遊戯であったのである。その場所は高野川東べりの泉川町にあった会長宅で、はじめの半年ほどは軒先から麻紐で吊るした鞠を一人で蹴る動作の日々であった。空気を抜いたような鞠ゆえにつま先や脛にあたると変形したり前方へ飛んだりで思うように上がらない。仲間に加わるようになっても、落ちてくる鞠を地面すれすれで足の甲にあて、美しく回転させながら相手に渡すなんて至難の技である。しかも腰や膝を曲げずに摺り足で動き、足裏を見せないように蹴らねばならない。私の蹴鞠体験は三年余り、七級（下から二番目、十段を最高として十六階級ある）で終わり、「大宮人の遊び——王朝期の蹴鞠」という小論が残った。

近年では正月四日の午後、糺《ただす》の森の下鴨神社に行けば「アリヤーアリ」という軽快な声とともに狩衣姿の人たちが鞠を高く蹴り上げる光景を目にすることができる。蹴鞠保存会によるこの催しは年中行事となってすでに久しい。

そもそも蹴鞠は仏教とともに中国から伝来したとされ、皇族や貴族の遊戯であったが、やがて飛鳥井家が堂上の鞠を独占するようになり家職とした。それが明治に到って一時期途絶えていたのを天皇の命で蹴鞠保存会が結成されたのである。

立后前夜

二月下旬の彰子立后にむけて、正月末には勅使が彰子の部屋を訪れ、道長に立后日を定めるようにとの一条天皇の言葉を伝えた。これを受けて道長は陰陽師の安倍晴明をして、立后宣命の日時、彰子が内裏（一条院）から土御門殿へ遷る日、土御門殿から内裏へ入る日などを勘申させている（『御堂関白記』『権記』正月二十八日条）。

ところで彰子の立后には大きな問題があった。それは定子がすでに中宮として存在していることであり、一人の天皇に中宮と皇后が並び立つ一帝二后という異常事態については後述するが、これに関して行成は、藤氏出身の皇太后遵子・皇后詮子・中宮定子がみな出家していて氏の祀りに奉仕しないと述懐し、次のように述べている。

我朝は神国なり、神事を以て先と為すべし。中宮正妃たりと雖も、すでに出家入道せらる。随って神事を勤めず。殊に私の恩あるによりて、職号を止めるなし。全く封戸を納めるなり。重ねて妃を立て后と為し、氏の祭を掌《つかさど》らしむは宜しかるべきか。

定子は出家をしており神事（氏祭）を務めることができないのに一条天皇の強い希望で中宮に留まっている事情などが背景にあることが読みとれる言葉だが、神事の催行を前面にだし、これを大義名分に立后を説く行成の意見は、道長にとってまさに天の声にも値するものであったろう。勅使に女装束を与えた道長は、参内してまず天皇に慶賀を奏上し、ついで女院詮子の直廬を訪ねて慶びを申し上げている。宿所（後述）に戻った道長のところを行成が訪ねて立后の諸事を定めている。

二月十日の夜十時頃に女御彰子は一条院内裏を退出したが、行き先は源奉職《ともつね》の二条邸で、この邸には道長が滞在していた。この前後、土御門殿は立后に備えてなにかと普請をしているので（『御堂関白記』正月十九・三十日条ほか）、道長は親しい関係にあった奉職の二条邸を居所としていたことが『権記』から知られる（同日条）。『栄花物語』には「土御門殿いみじう払ひ、いとど修理し加へみかがかせたまふ」とある。なお、彰子退出の翌日に中宮定子が内裏に参入している。それも『栄花物語』によれば、脩子《しゅうし》内親王と敦康親王（親王宣下は二カ月後）を伴っての参内で、一条天皇は言うに及ばず詮子や道長との対面もあり、道長は生後二カ月の皇子を抱いたとある（巻第六）。しかし『御堂関白記』『権記』ともに中宮の参内のみを書きとどめているが、皇子女のことには触れていない。

彰子、一条天皇の中宮に

そして迎えた二月二十五日。立后の当日の動きを道長の日記を中心に『権記』で補いながら見ていこう。

寅の時というから日付が変わって間もなくのこと、女御は奉職の二条邸から土御門殿へ渡御、西門から入っている。久しぶりの自邸であるが、前日までかかって室礼《しつらい》をしたというから、この時の土御門殿はいつにも増して磨きぬかれていたことであろう。そして八時間ほど滞在して午の時に参内している。土御門殿から内裏までは一、五キロほどの距離、行路の明記はないが、土御門大路を西行、大宮大路を北行して内裏の西門から入御したものと思われ、華麗な行粧であったに相違ない。

宣命の儀は内裏の紫宸殿に准じて装束された一条院内裏の南殿において挙行され、その刻限は酉の二刻（午後の六時半頃）であった。これに先んじて蔵人頭の藤原行成が昼御座《ひのおまし》に呼ばれて一条天皇から「皇后（藤原遵子《じゅんし》）を以て皇太后と為し、女御従三位藤原朝臣彰子を以て皇后と為すべきのよし仰すべし」との言葉を賜り、右大臣藤原顕光に伝えた。本来なら一の人である道長の執行であろうが、対象が娘ということで右大臣にお鉢が回ってきたのであろう。大内記菅原宣義《のぶよし》が作成した草（下書き、実は道長の命ですでに用意してあった）は、右大臣の閲覧を経て行成をして天皇に奏上し、「草に依れ」のお言葉を賜って清書とあいなった。それを天皇にお目にかけた後いよいよ南殿において天皇、左大臣道長以下の公卿の出席のもと施行となる。

宣命使の中納言平惟仲は、公卿列を離れ斜行して南殿西南の渡殿から昇殿して右大臣の左方に立ち、大臣から宣命を受け取り右回りで下殿し、大臣のそれを待って列にもどった。その後に宣命の席に着いて宣命文を読み上げ、諸卿が再拝、これを二度行って右回りでもとの席に着き、しばらくして公卿らが退出した。この日の宣命使の行動（殿上での右回りほか）について参議左中将の藤原斉信《ただのぶ》は疑義を唱えている。右でも左でも大差はないではないか、というのは現代感覚であって当時には通用しない。儀式の際にルールを逸脱して物笑いとなり、昇進に響いた人もいたほどである。まさにこの時代には政《まつりごと》＝儀式と言われる所以である。宣命のことが済むと中宮職の官人の除目が天皇出御のもと大納言右大将藤原道綱の奉仕で行われ、中宮大夫に大納言源時中、権大夫に藤原斉信をはじめ亮《すけ》以下が任命された。

その後、土御門殿に移って本宮の儀が挙行された。新中宮が寝殿に出御され、東の対の母屋の南北行に東西に向い合う形で座を設け、錦端畳を敷いた東座に親王、高麗端の畳を敷いた西座に公卿が坐し（北上に並ぶ）、南廂に両面端の畳を敷いて四位侍従の座、南廊に紫端の畳を敷いて五位侍従の座とし、各々の席にはご馳走が用意されていた。また東孫廂には殿上人の座が設けられていた。やがて為《ため》尊《たか》・敦道《あつみち》親王兄弟や公卿たちが西中門から邸内に入り、そのことを中宮亮藤原正光が中宮に報告、拝賀があって着座した。そして管絃が流れるなか遊宴があり、終わってから皆に禄が与えられた。

ところで管絃のことについて記す『権記』の「于時鸚吻頻飛、鳳管数鳴、万春之楽未央、一夜漏将曙」の一文は難しい。本シリーズの趣旨に従って読み下すならば「時に鸚吻《おうふん》頻りに飛び、鳳管《ほうかん》数《しばしば》鳴り、万春の楽未だ央《つき》ず、一夜の漏将《まさ》に曙《あけ》んとす」となろうか。意味も漠然とは解るが、逐語訳となると私の手には負えない。そこで漢詩文に精通している同僚の本間洋一氏に助力を乞い、漢詩の例示とともに教示を得ることができた。

管絃の遊び

鸚は鸚鵡のことであるが、参考となるのは『本朝文粋』巻第十に所収の後江相公こと大江朝綱《あさつな》（八八六〜九五七、文章博士、参議、正四位下）の「紅桜花下の作、太上法皇の製に応ず」と題する漢詩の中の「火を把りて樹枝を照し、灯を挑げて詩興を催す。人の情夜を迎えて、頻りに鸚鵡之盃を傾ける。鳥の音春を調べて、暗に鳳凰之管に諧《かな》う。感の身に逼《せま》る……」の文言であり、これに倣えば鳥ではなしに盃ということになる。鳳管とは笙のことであり、藤原公任撰の『和漢朗詠集』（巻下）「管絃」の項に「一声の鳳管、秋秦嶺の雲を驚かす」と見える（秦嶺は長安の南にある山脈）。その場合には頻りに酒を酌み交わし、傍らでは管絃の音が響くという意味になる。

いっぽう『本朝文粋《ほんちょうもんずい》』巻第十一に所収の菅原三品こと菅原文時《ふみとき》（八九九〜九八一、道真の孫、文章博士、非参議、従三位）の漢詩に「仲春の内宴に仁寿殿に侍りて、同じく鳥声は管絃に韻《ひび》くということを賦して、製に応ず」との題で「時に妓は粧楼に舞い、鳥は禁樹に謌う。嬌声は花柳の露に出で、妙韻は管絃の風に入る。離鴻は去雁の春の囀に応ず。異気に会して終に混ず。龍吟は熊躍の暁の啼に伴う」の文が見え、管絃の美しい音を鳥の声に比喩している。この解釈に立つならば、鶯は挽《うぐいす》の誤記とみて、鶯の鳴くが如くに管絃が響きあっているということになる。季節からみて鶯も捨て難い。

いずれに解釈するにせよ美しい管絃が流れるなか、時の経つのも忘れて春の一夜を明け方まで宴は続いた。なお、菅原文時の漢詩は『日本紀略』によって醍醐天皇の延喜十六（九一六）年九月九日と知られる。行成のように教養ある人の日記には時にこのような難解な文が混じるのである。

一帝二后

一帝に二人の后が並び立つという先例のない難題を前にして講じられた策は、彰子を中宮とし、定子を皇后に押しあげる、ということであった。『栄花物語』（巻第六）に「藤壺（女御彰子）后に立たせたまふべき宣旨下りぬ。中宮と聞えさす。このさぶらはせたまふ（中宮定子）をば皇后宮と聞えさす」とある。最終の判断は天皇の意志によるが、定子に心をくだく天皇に翻意を促すには道長の執拗な説得があったことは充分に予想される。かくして一帝二后という異常な形態が出現したのである。史上にも稀なこの異例を道長の娘でもう一度見ることになる。

そもそも中宮は皇后の別称であったから同時に並列ということはなかった。それが正暦元年（九九〇）十月に一条天皇は、女御の藤原定子を皇后とするために前々帝（父の円融上皇、翌年に三十三歳で崩御）の皇后藤原遵子の中宮職を皇后宮職に改め、定子に中宮職を付置して中宮の呼称を用いた。これが初例となって以降は新たに立后した人を中宮と称し、皇后と中宮が並立する形が生まれた。しかし長保二年の場合はこれとは事情が異なり、対象が一人の天皇であるから異常というほかない。道長の強引さが窺われる。

二日後には勧学院《かんがくいん》の職員や学生《がくしょう》たちが慶賀のために土御門殿を訪れている。東の対の南廊に座が設けられ、学生たちは馬場殿の辺に徘徊していた。土御門殿については角田文衞（「土御門殿と紫式部」）・池浩三（「藤原道長の土御門殿」）両氏の推定復元図が知られ、南の部分に大きな違いが見られるものの北部はほぼ一致している。つまり東の対の東に馬場殿があるから学生が徘徊していた場所が慶賀の行われる場所に近いことがわかる。拝礼のあと饗饌が振るまわれ、朗詠があった後に禄が与えられた（『権記』二月二十七日条）。

ところで勧学院とは大学寮で学ぶ藤原氏出身の学生のための寄宿舎兼学問所で、その財源は藤氏出身の大臣・皇后・中宮の寄進によるところが大きく、藤氏長者（時に道長）の管理下にあった。そして藤氏関係の任大臣や立后といった慶事には、勧学院関係者がその邸へ参上して慶賀を述べるのが慣例となっていたのである。そのことを「勧学院歩」と言ったが、この日の道長も日記にそのように記載している。

平安京内の勧学院の所在地は、大内裏の南辺で三条大路の北、神泉苑《しんせんえん》の西に一町の広さ（約一二〇メートル四方）を有し、一町隔てた北には大学寮があった。

娘の立后でそれへの対応と気配りなどで、とりわけ年初から慌しかった道長ではあったが、三月三日には公卿らと花見を催し、翌日には中宮が諸社奉幣を行っているが、立后が成ったことへの報謝が目的であろう。

一帝二后の実現には東三条院の絶大な後援と行成の骨身を惜しまぬ働きがなければ叶わなかったことは確かだ。それを誰よりも認識していたのは当の道長であり、この両人に対する彼の接し方がそのことを物語っていよう。

東三条院の遠出

長保二年（一〇〇〇）の春も終わろうかという時、東三条院詮子は石清水社・住吉社・四天王寺への参詣の旅に出た（『御堂関白記』長保二年三月二十～二十五日条）。この行啓に道長が同道したことはいうまでもない。あるいは彰子の立后に際して、女院による天皇への働きかけがあったかも知れない。そうだとしたら、道長はこの姉にますます頭があがらなくなったし、この行啓には心を尽くして従ったことであろう。立后も無事に済んで、道長にとって心やすらぐ旅となったにちがいない。

三月二十日に土御門殿を出立、鳥羽の辺り賀茂川尻から船で石清水社へ向い、ここで一泊している。この日は昼すぎから雨になり、夜通し降り続き翌日も雨。二十三日に住吉社と四天王寺に参詣し、音楽や法華経の供養をしている。二十五日には帰途に着いたが、道長は日記に「院に還る。子の時、この日遊女らに被物《かずけもの》を給う。米これに同じ」と記した。『日本紀略』にも「今日、東三条院、淀河を還御の間、遊女群参し、米百石を給う。殿上人及び女房、纒頭の事あり。また左大臣、米五十石を給う」とある（二十六日条であるが、『権記』は二十五日条）。淀川を京に向って上っている時に遊女《あそび》の船が寄って来て歌舞などを演じたので、女院や道長から米、殿上人や女房からは衣類などが与えられた。

これに関して、時代は降るが白河天皇の近臣で学者公卿の大江匡房《まさふさ》（一〇四一～一一一一）の『遊女《ゆうじょ》記《き》』〈日本思想大系8〉『古代政治社会思想』〈岩波書店、一九七九年〉所収の大曾根章介校注による）に「長保年中、東三条院は住吉の社・天王寺に参詣したまひき。この時に禅定大相国は小観音を寵《あい》せられき。長元年中、上東門院また御行《みゆき》ましましき。この時に宇治大相国は中君を賞《もてあそ》ばれき」とある。つまり長保二年三月の船での帰途の時、道長は小観音と称する遊女を寵愛したというのである。この小観音に関して『古事談《こじだん》』（第二、臣節）の「道長遊女を召す事」に、

御堂、遊女小観童観童が弟なりを召す。御出家の後、七大寺に参らるの時、帰洛に河尻を経る。その間、小観童参入す。入道殿、これを聞き頗る赭面《しゃめん》し、御衣を給い、返し遣わさると云々。

とある。観童（音か）の妹という小観童（音か）は『遊女記』から江口《えぐち》系統の遊女と思われる。江口とは神崎川が淀川の本流から分岐する辺りの地名であり、交通の要衝であったから遊女がたむろした河港であり、今日の大阪市東淀川区の北東の端に位置する。二十年近く前にその場所を訪ねたことがあるが、川辺は護岸工事が施されていて往時の雰囲気など皆無で、堤防の下の一郭に建つ江口の君堂（正しくは寂光寺）や境内の遊女の供養塔にかろうじてそのようすがを偲ぶことができた。

ところで『古事談』は道長の出家後のこととするが、それは寛仁三年（一〇一九）であるから女院に同道した時よりも少なくとも二十年以降となる。因みに史料を探ってみると治安三年（一〇二三）十月の高野山金剛峰寺への参詣が目にとまった。道長の出家後のことではあるが、話の流れからここ

に挟みこむことにする。

出家後の道長の高野山詣で

この参詣は二カ月ほど前に予定されていたが、妻倫子の六十歳の賀のために延引して（『小右記』九月十四日条）、十月半ばの出立となった。当初は嫡男の関白・左大臣頼通が随行する予定であったが、道長の命で弟の内大臣教通に交替している。これは一の人が長期間に亘って京を留守にすることはまずいという道長の考えによるものであった。金剛峰寺つまり弘法大師の廟堂の参詣が目的であるが、ついでに七大寺をはじめとする路次の有名な寺院にも詣るというもので、教通（倫子腹、二十八歳）・能信（明子腹、権大納言、二十九歳）兄弟をはじめとする三名の公卿と九名の官人、それに四名の権少僧都らが随伴した。官人のうち三名は警護役の検非違使であり、僧侶は馴染みのものばかりである。子息を除けば公卿は前権大納言源俊賢（六十四歳）のみで、これまでの道長の扈従としてはお粗末というほかないが、出家後であり、信仰上からの他行ということが影響していよう。高野山に到る様子を『小右記』と『扶桑略記』をもとに辿ってみることにしよう。

十七日に京を発った一行は「緇素《しそ》轡を並べ共に以て前駆す」とあるから、馬を用いての旅であったようで僧俗が前駆をつとめ、昼前には別業の宇治殿（後に頼通によって平等院に）に入って食事をとり、その日は東大寺に宿泊した。翌日の早朝に大仏を拝礼し、寺内を巡礼したあと大門のところで僧正に馬一疋を与えている。その後、興福寺の北円堂と南円堂、元興寺、大安寺と回って午後には法蓮寺を見て回り、山田寺に着く頃には夜になっていた。そこで前常陸介平維時《これとき》が来て大僧都扶公らと食事の世話をしている。

一夜明けて山田寺の堂塔を見学、その荘厳な見事さに言葉もないといった感じで、去りぎわに扶公に馬一疋を遣わした。そのあと本元興寺（飛鳥寺）に向かい宝倉を開けてもらって観覧、次いで橘寺でも宝物を見たが、日が暮れてきたため少ししか見れなかったのを愁いている。次に龍門寺に到り、日没頃で雲が深くたなびき、滝は勢いよく水しぶきをあげ、その勝絶な光景を眺めていると帰るのを忘れるほどであったという。仏を拝礼してから「上房」に宿したが、そこでの感慨は、「霜鐘（冬の夜明けの鐘の音）の声にしばしば驚き、露枕の夢は結び難し。昔宇多法皇、三十一字を仙室に詠み、今禅定相国（道長）、五千燈を仏台に挑ぐ」というものであった。この龍門寺は滝を中心に山腹の傾斜を削って平地にしたところに造られた寺院で、奈良時代前期の創立と考えられ、九世紀後半には名刹として知られていた。昌泰元年（八九八）十月二十五日、宇多上皇は宮滝御幸の帰途、龍門寺へ詣でている（『扶桑略記』）。

一日おいた二十一日、吉野川の下流を船で渡って昼には「高野政所」に着き、食事など小休止して三時すぎには山中の仮屋の御宿を目ざして登りはじめた。前例は騎馬であったが、この時ばかりは道長は藁履を着けて徒歩で登り、同行の僧俗もこれに従った。そして翌日は雨のなかの早出となり、もちろん徒歩であるが、午後三時ごろには目的の金剛峰寺に到着した。旅装を解いて一夜明けた早暁、道長は五キロほど隔たった廟堂に参詣しているが、雨があがって山窟の雲が切れ天の川の空がのぞめたという。そうした日に心誉《しんよ》を講師として経供養が行われたのであり、道長は心のなかで出家を実感したことであろう。

早くも翌朝には政所の宿を目ざして山を下りはじめ、中腹の仮屋で食事をとって再び徒歩で下山しはじめたら途中で雨が降りだし、宿に着いたのは真夜中になっていた。翌日は往きに食事の接待を受けた平維時宅に宿し、その翌朝の出発に際して維時に馬を与え、法隆寺へと向った。まず聖徳太子の斑鳩宮《いかるがのみや》跡に建つ夢殿内の宝物を観覧し、「王《おうきみ》の御名をば聞けど又も見ぬ夢殿までに如何で来にけん」の一首を詠んでいる。この詠歌について「古今の秀歌ありと雖もその右に出るべからず」と『扶桑略記』の撰者は手ばなしで賞賛しているが、それほどとも思えない。

翌日は河内国へ向けて出立、亀の瀬の竜田川（今日の大和川）を下っているが、紅葉は散り急ぎ、竜田川の白浪は寒をよそおい、山中に仮の座を設け、枯れ紅葉を焼いて酒を煖して寒風を凌いでいる。日没頃に河内国の道明寺に辿り着き、国守の菅原為職《ためもと》が食堂を壮麗な装束で飾り、朝夕に豊膳《ほうてん》の膳を施した。翌日には摂津国に入り、四天王寺に昼頃に着いて別当定基のところで供膳があり、仏舎利などを覧て「国府の大渡下」にて乗船とある。大渡《おおわたり》は摂津国衙の膝もとの要津である渡辺津《わたなべのつ》を指し、平安貴族たちが四天王寺・高野・熊野参詣の際にここで船を利用することが多かった。

翌日は風がなく波も静かな中を進み、田蓑嶋をすぎる辺りは雲海が茫々とし、昼すぎには道長の一行は江口にさしかかった。すると遊女の船が寄って来て歌曲を披露したので、それに応えて讃岐守（源頼国《よりくに》か）に命じて米百石を与えた。そして翌日の夕刻には山崎の岸辺で船を下りて関外院《せきどのいん》に入った。そこでは院預の前肥後守藤原公則《きみのり》が寝所を荘厳に飾り、庭中を掃き清め、螺鈿の懸盤や銀器の器などを用いての饗膳を奉仕した。「善を尽くし美を尽くす」接待に道長たちは、入京前夜の寛いだひと時を過ごしたことであろう。

一行が下船した山崎津《やまざきのつ》は、摂津・山城両国の国境に位置する交通の要衝の山崎に所在の淀川の港津で、繁栄したのは平安初期から中期ぐらいまでで以降は淀津に取って代わられる。そして関外院は関戸院《せきどのいん》ともいい、国境に置かれた関の付属施設で宿泊にも当てられた。

翌日の十一月一日は「丑の刻に京華に入御」とあり、桂川の辺りで夜が明けたとある。心も弾んで眠れなかったのであろう。霧が周囲に立ちこめ霜が衣を濡らす寒い朝であったという。七条川原を北上して法成寺の御堂に旅装を解いている。半月を要した参詣の旅であった。この旅の記は、道長の命を受けた同道者の修理権大夫源長経が記したものである。

帰京から十日ほどして呼びだしをうけて土御門殿を訪ねた藤原実資に道長は参詣の様子を語って聞かせた(『小右記』治安三年十一月十日条)。話は道すじの寺々や河内の智識寺《ちしきでら》にも及んだが、中心は高野山のことであった。すなわち心誉《しんよ》を講師として法華経一部と理趣経《りしゅきょう》三十巻の供養をし、三十人の僧を要して理趣三昧を挙行したが、供養の間に弘法大師廟堂の戸の棒立が外れて仏具机と三昧僧の礼盤の中間に倒れた。そこで大僧正済信《せいしん》に、進み寄って礼拝をと促された道長は、つつしんで礼盤に立って堂内を見渡したところ、白土が塗られた高さ二尺ほどの墳墓のようなものが目に入った。いま考えてみると三尺余りは堀土で合わせると六尺ほどになろうか。初めは廟の上に塔を造ったが野火により延焼したので、堂を造ったという。その日は好天に恵まれたが、退下の途中、夕刻あたりから雨となったので樹の下でしのぎ、夜の十時頃に上がったので行動をおこし、午前二時頃に政所に帰りついた。

大僧正は輿、上達部らは騎馬で道長よりも先に退下したという。

次に『遊女記』の後段の頼通の話もここで見ておくことにする。

頼通と遊女　先に見たように藤原頼通は実姉の上東門院《じょうとうもんいん》の御幸に同道したとき中君なる遊女を贔屓にしたというが、『遊女記』には長元年中としかでない。しかし『小右記』や『左《さ》経記《けいき》』によって長元四年（一〇三一）九月二十五日であることが解る。女院は八幡・住吉社と天王寺に参詣し、「多く遊楽となす歟。万人経営す。世以て奇となす」という状況であった。扈従の装束は華美を極め、随身に到っては「憲法を憚らず」とあり、「王威を忽《ゆるが》せにするに似たり。天下の人、上下愁嘆す」と嘆く。用いる船には唐錦などを張り、まるで狂乱の極まりといい、その行粧を実資は娘の千古とともに中御門室町の辻で見物している。昼すぎのことであるが、その場所は実資邸を北へ二町のところである。関白左大臣頼通・内大臣教通（同母弟）・権大納言頼宗・長家《ながいえ》（異母弟）以下多くの人たちが扈従した。

遊女のことに実資はふれてないが、『栄花物語』（巻第三十一）にはその行程や遊女の話が見える。扈従として上記の兄弟のほかに四名の上達部、七名の殿上人、それに十数名の院司の名が明記されている。院別当の讃岐守源頼国が女院の車を用意しているが、父の頼光が道長家への奉仕に余念がなかったことが思い合わされる。女院の車には十人の召次《めしつぎ》（院司で雑事を務める下官）がつき、これに尼車（四人が乗る）一輌、女房の車二輌（計八人が乗る）が続いた。頼通・教通兄弟はそれぞれに唐車（『小右記』では網代車）を用いたという。

一行は鳥羽の賀茂河尻から船に乗って夜遅く山崎（山城・摂津両国の国境にあり、今日の京都府乙訓郡大山崎町辺り）に到り、食事を摂ったあと鳥居のところから車に乗り換えて石清水社に赴き、祓いを済ませて幣物を奉納した。そこでは舞楽があったが、楽器の音色が格別に聞えたといい、明け方になって経供養があり、その後で船に戻っている。さらに淀川を漕ぎ下って三島江《みしまえ》をすぎた辺りで船を止めて食事をしている。この三島江は今日の大阪府摂津・高槻・茨木の三市にかかる淀川沿いの地で歌枕としても知られ、住吉社や四天王寺参詣のおりには停泊することが多かった。三島江の景色のよさは帰途に催した歌会での詠歌にも表われている。

さらに下って江口に到った。そこでは遊女《あそび》たちが、月を描きその柄には螺鈿や蒔絵を施した傘を持つなど競いあって船を寄せてきた。その朗々とした歌い声、それに蘆辺に打ちよせる浪の音が呼応して言葉では表現できないほどであったという。

住吉社に着いたのは二十八日の早朝とあるが、『小右記』の二十七日が正しい。祓いのあと紀伊守源良宗が用意した仮屋で幣物を奉納して住吉社を離れ天王寺へ向った。

都を離れて人目も憚らない華美な服装をした馬上の一行が、波うちぎわを通るのを地元の人たちが隙間のないほどに集まって見物したという。土地の人を「国の人々」と表現しているのは興味ぶかい。「岸のまにまに並み立てる松も……」と、住吉社から四天王寺まで海岸が迫っていた往時の情景は今日では想像だにしない。夕刻頃に四天王寺の西門に車を止めて水平線の彼方へと陽が沈むのを伏し拝み、経供養を行った。この難波の海の彼方に極楽があり、四天王寺の西門が極楽の東門と考えられていたのである。平安京に住まいする人々にとって海を見たその快感は、言葉にならないほどの胸の高まりを覚えたことであろう。

帰途も船で淀川をのぼり、「天《あま》の河《がわ》」（今日の大阪府枚方市禁野あたり）というところで留まり、遊女たちを召して人々は身に着けていたものを被物《かずけもの》として与えた。なお、この参詣で経供養などを奉仕する講師・別当をはじめ神人、遊女らへの被物は故東三条院《ひがしさんじょういん》の例に倣って用意したという（『左経記』九月二十四日条）。そして夕刻にかけて「住吉の道に述懐」という題で歌会を催し、その序を源師《もろ》房《ふさ》が執筆している（『日本紀略』九月二十五日条参照）。そのなかに「蓋し四海の無為を属《たの》み、多年の旧思を展《の》ぶるなり。時に秋の暮れたり。日漸く斜なり。難波に向いて帰るを忘れ……」、つまり世の中

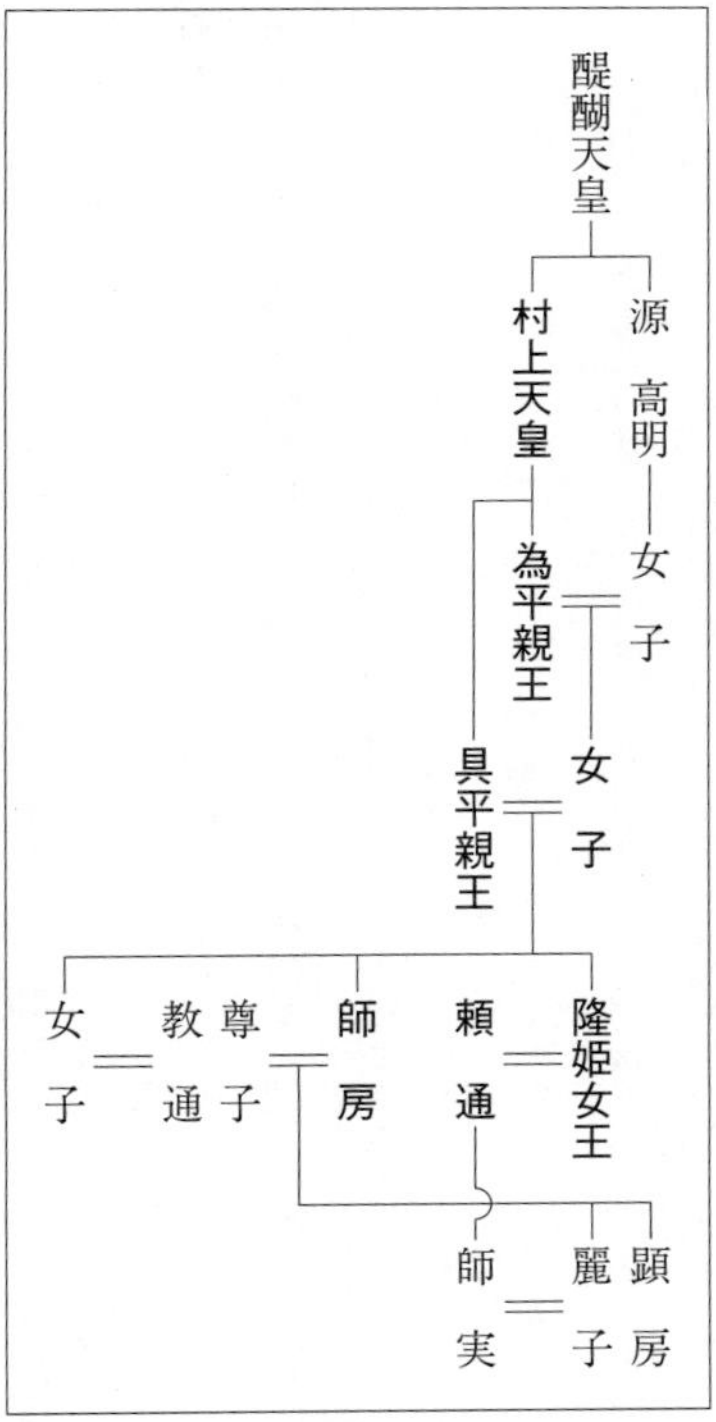

系図（村上源氏）

がよく治まり年来の宿願を果たしたとあるが、師房はこの讃美を吐きだすに相応しい立場にいたのである。

師房は村上天皇皇子、具平《ともひら》親王を父に、その異母兄の為平《ためひら》親王の娘を母にもち、姉の隆姫《たかひめ》女王が妻となった関係から藤原頼通の養子となり、元服して師房と命名、賜姓源氏となった。そして頼通の異母妹を妻とし、そこに生まれた麗子《れいし》を頼通の嫡男の師実《もろざね》に嫁した。つまり摂関家とは格別に深いつながりがあり、村上源氏発展の礎となった。

一行は翌日の早暁二時ごろに賀茂河尻で下船して夜明け頃に還御した（『左経記』の十月三日条に「早旦女院還御」とある）。思いのほか早い到着だったと見え、家人のなかには寝起きの顔や夜衣を裏返しに着た者もいたという。一週間に及ぶ参詣の旅であった。

なお、遊女ということで想起されるのは、藤原兼家が二条京極第の新造お披露目で公卿らを招いた宴席に「河陽《かや》の遊女」を呼んで奉仕させ、絹や米を与えていることである（『日本紀略』永延二年九月十六日条）。河陽とは山城・摂津・河内三国が接する所で交通の要衝として賑わった場所であった。今日の大山崎周辺の一帯である。

後年の話に迷いこんでしまったようなので本題に戻すことにしよう。

中宮としての初参内

一週間ほどを要し、姉に随伴しての住吉社・四天王寺参詣から帰京した道長を待っていたのは、中宮としての彰子の初参内であった。それを控えて皇后定子は平生昌《なりまさ》の三条第に行啓しているが（『日本紀略』長保二年三月二十七日条）、懐妊の兆しによる退出であった（『栄花物語』巻第六）。なお定子は、この邸で九カ月後に一条天皇の第三子、媄子《びし》内親王を出産し直後に亡くなる。長保二年の暮れのことで、葬送は雪の降る寒い日だったという。遺言によって鳥辺野に土葬された。享年二十四歳。

彰子の初参内は長保二年四月七日のことであるが、道長はその日の記事に、午後に夕立があり、雷が豊楽院に落ちて一堂が焼失し、その後に大雨、と天候の異常を記しているが、その後は「戌の時、天晴れて月明なり、亥の時、宮入り給う」と、夜遅い参内が吉祥と言わんばかりだ（『御堂関白記』同日条）。この内裏はいうまでもなく一条院内裏である。初参内の後に加階のことがあり、母の倫子や乳母らは当然として、「一家の兄」という理由での藤原道綱の切望は先例がないけれど、けっきょく加階に預かっている（『権記』）。なお、八日後の賀茂祭（還立）を道長は妻とともに物見車から見物しているが、格別な思いで見たことであろう。

病める道長

娘の立后後に道長は体調を崩しており、重要事の後にはそういうことが多いように思うが、気遣いの人であったようだ。四月中旬の賀茂祭を妻と見物して十日後に「内に候する間に悩気あり」と不調を訴え、一週間後にはそのために観修《かんしゅう》僧正らが修善を挙行しており（四月二十三・二十九日条）、翌日から三日間だけ天皇・東宮から連絡があったということを記すのみで五月、六月と記事がない。そして長保二年の後半から寛弘元年までの四年半の間の『御堂関白記』は欠巻となっている。『小右記』も長保二年から寛弘元年の間が欠けている。『権記』はその間を書きついでいるので、外戚への弛みない努力を続ける数年間の道長の動きをこの日記を中心に追うことになる。

四月二十五日に土御門第で競馬《くらべうま》が十番行われて引き分けだったが、「主人の御気色宜しからず」と道長の体調のすぐれないことを書きとめている。二日後に道長邸を訪れた時にも体調は悪く、政務に顔を出せないため種々のことを指示しており、挙句の果てには「鶴君のこと見聞に随って必ず意を用いるべし」と。頼通の幼名は田鶴《たづ》であり、子息の将来を託すほどに弱気になっていた。その夜に参内した行成は、道長が使者をして一条天皇に辞表（初度の上表）を提出したことを知るのである。

五月に入っても病は癒えず、朝廷と道長邸との行成の往来が激しさを増し、道長邸に宿すこともあった。そうこうするうちに土御門第から厭物《えんぶつ》が見つかり（『小記目録』長保二年五月九日条）、原因が「厭魅《えんみ》・咒詛《じゅそ》」によるものであったことが判明した（十一・十四日条）。権力者がもっとも恐れるものだ。

重病に陥った道長は二度目の上表を提出し、政務を右大臣に託することになった。さらに四日後、道長の病は深刻な状況に陥り三度目の上表を提出、天皇の命で病気消除を期して百人の度者が道長に与えられ、上表は御所に留め置かれた（五月十八日条）。つまり左大臣の辞職が勅許されたわけで、平癒の後に復職している（『公卿補任』長保二年条）。一時的とはいえ道長が辞職したということは大きな衝撃であったろうし、彼の生涯で最大の危機といっても過言ではない。こういう情況に追い込まれた時に発揮される道長の精神力は並みのものではない。この時にも病を乗り越えて現状に復帰する道長であった。

上表文は道長のお抱え学者であった大江匡衡の手になり、初度を除く全文が『本朝文粋』（巻第四）

に納められている。第二度では「病膏肓《こうこう》に入り、命旦暮《たんぼ》にあり」、第三度のそれでは「任危く以て命すでに危し」「五、六年官を曠《むな》しくするの譏《そし》り、憂《うれ》い以て堪え難し。二十日命を追う病」、政権の頂点に立って五年、務めを疎かにするのは堪え難く、病重くなって二十日余り、などと述べている。そもそも上表は三度提出し、そのつど慰留されるというのが慣例であったが、この時の道長は行成に「重病となって回復は期待できないので官職を辞退したい」（五月十四日条）と漏らしており、本心から辞職の気持があったようだ。

土御門第においては病退散を祈請する勧学院主催の興福寺僧による大般若経の不断の諷経などを行ったりしているが効き目は現れず、二日後には父の身を案じて中宮彰子も行啓している（五月二十八日条）。

霊の託宣と邪気

第三度の上表を提出した翌十九日のこと、天皇のところから土御門第へ赴いた行成は、今は亡き兄道兼の霊託が道長にあったことを聞かされた。その内容は、強大を誇った中国の呉王が敗れたこと、道長の容顔は病中でも鮮やかなこと、道兼邸の粟田山荘を寺院となすべきことなど多岐にわたっていた。

さらに数日後、見舞った行成は病の道長をして邪気の詞を告げられた。それは藤原伊周を本位本官に復したならば病は癒えるであろう、というものであった。さらに「竊《ひそ》かに人の気色を見るべし」と本心から言ったという。行成は早速に女院と天皇のもとへ赴いてこのことを伝えている。しかし一条天皇は、正常な時であっても理のないことゆえ承引できないが、まして病中のことで、と撥ねつけている。これを聞いた道長は「目を怒らせ口を張る。忿怒非常なり」と邪気が乗りうつった相をしたという。あの恐ろしい憤怒の形相だ。これに対して行成は以下のような感懐を述べている（五月二十五日条）。

藤氏長者にして壮年を奉り、すでに人位を極む。皇帝（一条）・太子（居貞親王）の親舅、皇后（彰子）の親父、国母（詮子）の弟なり。その栄幸を論ずるに、天下に比ぶるなし。而して今、霧露（病気）相侵し、心神亡きがごとし。邪霊領得し、平生にあらざるに似る。死は士の常なり。生きて何の益あらんや。事の理を謂うに、これ世の無常なり。愁うべし愁うべし。悲しむべし悲しむべし。

この行成の言葉に天皇は心を和らげたという。そもそも邪気の詞は、道長の登場で失脚して失意の日を送っていた甥の伊周のことが気にかかっていたことの現われである。当時にあって権力者がもっとも恐れたのは怨霊がもたらす邪気であった。この時期、伊周および親族の霊が東三条院や道長にとり付くといったことが集中し、彼らの病悩の根はそこにあった。さすがの道長もまいってしまった。

姉詮子とともに病を脱す

道長と歩をあわせるかのように姉の東三条院も病に悩まされていた（『権記』五月八日条ほか）。一時は極めて重くなり、邪気が取り入って身体が冷たくなったというから危険な状態に陥り（十七日条）、翌日には病気退散を願って度者千人を賜い、御修法を行っている。

道長が、苦しみぬいた病のトンネルを抜けたのは二カ月後のことで、道長邸を訪れた行成は、「仏力によって平癒した、随喜すること甚だ深し」と記している（六月二十七日条）。いっぽうの東三条院も中宮彰子と七夕の贈答歌を交わしているから（『栄花物語』巻第六）回復していたようだ。内裏と左大臣邸と女院邸を頻繁に往き来した行成も少しほっとしたに違いない。

蔓延する疫病

道長が病に苦しんでいる時期に疫病が流行して死者が出ているが、こうした災いがここ数年来、絶えることなく続き、世間では像法《ぞうほう》・末法《まっぽう》に及ぶので理に適っていると評しているが、自分はそのようには思わない、とは行成の弁。中国の例を引用しながら、去る四月に豊楽院招俊堂が雷火で焼失し、その後に応天門が壊れたが、これは怪異の極みであり、有識者は所見があろうが、わが一条天皇は「寛仁の君」であって村上天皇以降「好文賢皇」で、ひたすら叡慮をめぐらせて澄清を期しているのであり、それを願うものであって、「愚暗の人は理運の災いを知らない」と手厳しい（『権記』長保二年六月二十日条）。立場上からも天皇擁護論は当然であろう。

さらに年末には九州から疫病が大流行して東進し、冬には京都へ侵入して多くの疫死者がでた（『日本紀略』十二月条）。年が替わっても「近日、天下静かならず。病死の輩、京中に遍《あまね》く満つ。ただ偏に災事を修攘せしめ給うべきの比なり。……抑《そもそも》天下の病患、増すことありて減ることなし」（『権記』長保三年二月九日条）と猛威をふるっていた。これに対して朝廷では大極殿において仁王経や「金剛寿命経」一千巻の書写と転読を行い（三月十八・二十八日、五月十九日条など）、諸社奉幣なども行ったが効果が現れず、五月には紫野の今宮社で疫神を祭って御霊会を挙行するに到っている。神殿や瑞垣などは木工寮と修理職、神輿は内匠寮が造作に関わり、当日は身分を問わず京中の大勢の者が社に集会したという（『日本紀略』五月九日条）。これが今宮御霊会の嚆矢である。なお、この年の賀茂祭は疫病のため見物の車も少なかったという（『権記』四月二十日条）。

「去冬より始まり、今年七月に至るも、天下の疫死大いに盛んにして、道路の死骸その数を知らず。況んや歛葬《れんそう》（死者を埋葬すること）の輩においては幾万人たるを知らず」という惨状であった（『日本紀略』長保三年閏十二月条）。医療がままならぬ当時にあっては大パニックで死を待つばかり、ひたすら神仏にすがるしかなかったのである。

洪水の被害

病から脱してほっとしたのも束の間、今度は洪水に見舞われた。その様相を行成は以下のように記している（『権記』長保二年八月十六日条）。

夜来の大雨、鴨川の堤絶え、河水洛に入る。京極以西の人の宅、多く以て流損す。就中、左相府の庭池を別せず、汎溢すること海の如し。参入の人々、束帯の輩、履襪《りべつ》を解き脱ぎ、布衣・布袴の者、上を括りて往還すと云々。卿相、或は馬に騎り、或は人に負わると云々。

降り続く秋雨によるものであるが、堤防が崩れて川水が京内に流れ込み、鴨川に近い左京東北部の高級住宅街が被災した。道長の土御門第も庭と池の見分けがつかないほどで、履を脱いだり袴の裾を括ったりして人に負われて避難している。一瞬のうちの流入であったようだ。さっそく丹生《にゅう》・貴布祢《きぶね》社に止雨使《しうし》が遣わされている。護岸工事がしっかりしている今の鴨川は洪水とは縁がなさそうだ。

ついでながら鴨川にまつわる話をひとつ。白川寺へ詣でて叔父の藤原義懐《よしちか》（出家しており法名は寂真）に会い、その子で従兄弟にあたる成房の病気を見舞った藤原行成は、暗くなって帰る途中、土御門大路末の鴨川原で盗人に矢を射かけられた。さいわいにも同道の検非違使らが防いでくれたので行成は難を免れたが、雑色と小舎人らが矢に中って怪我をした（九月十日条）。当時の鴨川には橋がなかったので徒歩渡りであるが、洪水から二十日ほど経過しており、流れは平常に戻っていたことであろう。

立后の年の暮れと養子の出家

東三条院は方違え行啓以来、平惟仲の三条第に居住していたが、ここが焼亡したことで土御門第に移ってきた（『権記』長保二年十二月十五日条、八日後には天皇のいる一条院に移御）。そして先に触れたように皇后定子が皇女を出産して崩御したのは翌日のことで、一条天皇の悲嘆は大きく、加えて東三条院が重い病に陥ったのである。

悲喜交々の世紀末となったが、道長にとっては外戚を築くための大きな第一歩を踏みだした年であった。

疫病の勢威が衰えないなかで迎えた長保三年の春、道長は出家した源成信を三井寺に訪ねている。道長にとって賜姓皇族の源成信は妻倫子の姉妹の子ゆえ義理の甥に当たり、今は亡き岳父、左大臣源雅信の愛孫（『権記』長保二年四月七日条など参照）ということもあって猶子《ゆうし》（ここでは養子と同義とみてよい）にして何かと目をかけていた。時に従四位上右近衛権中将兼備中守で二十三歳。三井寺には成信の父で宇多天皇皇子の致平親王（入道）が身を寄せていたのである（『権記』長保二年十二月二十三日条）。成信の出家の前日に行成は結政《かたなし》（政務執行の一過程）の席上でうたた寝をし、成信の出家の夢を見たので早速に道長を訪ねて正夢であったことを知ったのであるが、成信の出家の理由を行成は次のように分析する（『権記』二月三・四日条）。

才学は乏しいが情操のある男で、その成信は去年道長が数カ月の病に倒れた時、朝に夕に看病したが、思わしくなく夏が過ぎ秋を迎えた。その間というもの近侍の童僕たちは緩怠・疎略の振る舞い、人心の変改を目の当りにして世の中がいやになり、秋になって道長の病も癒えたので一刻も早く遁世するのだ、と。ところで本人が語った「栄華は有余、一門の柱である人が重病に陥いると一分の益もなく、二世としての将来も期待できない」が振るっている。そして彼は養父が倒れた時に発心したという。

成信の出家には連れがいた。その男は、年来の念願だったという同僚（従四位下左近衛少将兼美作守）の藤原重家《しげいえ》（右大臣顕光の子、母は村上天皇皇女の盛子内親王、二十五歳）で、二人で示し合わせて夜に三井寺に入ったという。出家の理由については、豊楽院の荒廃を目の当りにしたから（三月五日条）とか、一条朝に勇名をはせた「四納言」（藤原公任・行成ら）の才学に圧倒され、宮仕えの自信を喪失した（『愚管抄』第四、『古事談』第二）ともいわれている。

源成信は『枕草子』にも登場する。清少納言は、成信は美男で風流な気性の持ち主で人の声をよく聞き分ける、と評している。しょっちゅう中宮定子のところに顔を出しては女房たちと話し込み、歯に衣着せない女房評をしたという。ある夜のこと、成信が訪ねて来たのに同僚と狸寝入りを決め込んで、成信が他の女房と話すのを聞いて朝を迎えた時、「成信はけしからんお方だ、こんど来られても口など聞くまい、いったい朝までどんな話をしていたのでしょう」とやっかみを含んだ憎む口調だ。

さて、三井寺に赴いた道長は成信と対峙して何を語ったのだろうか、ゆかしく思う。三井寺からの帰途の道長は、落馬した兵部大輔の藤原兼隆を見舞っているが、気配りの細やかさを示す一面である。この兼隆こそ、東三条院崩御のおりに遺骨を首にかけて宇治山の木幡墓地まで行った男である（『権記』長保三年閏十二月二十五日条）。なお十日後には行成も三井寺に赴き両人や入道宮（致平親王）と謁見している。

東三条院の四十賀と崩御

詮子の四十の賀が長保三年（一〇〇一）十月九日、道長が中心となって土御門第で盛大に挙行された。天皇の御前でそれを行うと決まったのは一年前のことであり（『権記』長保二年十一月二十五日条）、女院は病後とはいえ小康状態にあったのであろう。その二日前には内裏において試楽（舞楽の試演）があった。道長以下の卿相らが参内し、午後四時頃には天皇が清涼殿の孫庇《まごびさし》までお出ましになり、道長たちは簀子敷に召された。注目を集めたのは道長の二児の舞であった。まず十歳の鶴君（倫子腹の頼通）が陵王《りょうおう》（龍王）を舞い、道長は天皇の前に進み出て拝舞し、小躍りして「天長地久《てんちょうちきゅう》」を称し舞ったのである。この道長の行動を、実資は「その躰軽々」と批難し、好意的な行成も「軽忽に似ると雖も感悦に耐えず」と軽々しい態度を認めている。ついで陵王の番舞《つがいまい》である納蘇利《なそり》を九歳の巌君（明子腹の頼宗）が舞い、感嘆しない見物人はなかったというほどに妙なる舞であった（『小右記』『権記』）。

そして迎えた当日、正午ごろに一条天皇が土御門第に行幸された。母の詮子は前日に渡御されていた。天皇が寝殿に出御となり、その簀子敷には公卿が坐し、酒肴が運ばれ、やがて舞が始まった。陽が西に傾く頃になって陵王と納蘇利が舞われ、本番も試楽と同様に頼宗の納蘇利が天皇以下の絶賛を博し、涙する者もいた。そして頼宗の舞師の多吉茂が栄爵に預かったことに対して道長が忿怒したという。このことについて実資は、頼通は中宮と同腹で「愛子」であり、頼宗は外腹の子で「其愛猶浅」と分析している。道長の日常の行動に、子への愛情の差異が現れていたのであろう。天皇の還幸は夜の十二時であったが、道長は天皇の一宿を望んでいたという（『小右記』）。詮子が三条院に還御したのは翌日であった（『権記』）。

道長は、この年の初めに妻の母、藤原穆子の七十の賀を行っているから（『権記』正月十日条）、姉の死は早いと感じたことであろう。ほかならぬ詮子には少しでも長生きをして欲しかったというのが偽らざる道長の気持ちであったかと思うが、三カ月後には不帰の人となる。それに到る経緯は『権記』に詳しい。

四十の賀の三週間後に詮子は石山寺へ御幸して夜に還御しているが、これには道長や道綱らが同道している（『権記』十月二十七日条）。道長にとっては姉との最後の遠出となった。

詮子は閏十二月に入って腫物（『小記目録』閏十二月十日条）に悩まされることが多くなり、『栄花物語』（巻第七）によれば、心配した道長が医師に診てもらうよう何度もすすめたが、医師に診せるくらいなら生きていても仕方ない、と詮子は応じない。そこで病状を医師に話したら、それは寸白《すばく》でしょうとのこと。これは寄生虫によって起こる病気で腫物もその一種とみられる（服部敏良『王朝貴族の病状診断』）。平癒を期して大赦を行うが効果なく、翌日には天皇の行幸があり、これが母と子の今生の別れとなった。詮子は、天皇が遷御されたあと「御髪を剃りて僧となる」つまり落飾し、六日後には崩御している。病死ということになろうが、腫物に加えて、「ただ御物の怪どものいといとおどろおどろしき」と数々の物の怪が憑いた。当時の人にとっては病よりも物の怪のほうが恐怖であった。

詮子の供養（真如堂の斎藤管長）

二十二日の夕刻、暗くなってからの崩御であったが、二日後の雪が降りしきるなかで葬送が行われ、夜になって鳥辺野で荼毘に付された遺骨を道長が首に懸けて木幡まで赴いた、と『栄花物語』（巻第七）にはあるが史実ではない。それをしたのは藤原兼隆である（『権記』）。近親者は墓地まで行かずに火葬場から帰るのが当時の慣習であった。

二〇〇六年二月十二日（日）の朝、東三条院の忌日法要が京都市左京区浄土寺真如町の元真如堂（真如堂の境外仏堂で念仏堂・換骨堂と号する）で挙行され、真如堂の斎藤真成管長のご配慮で参列させていただいた。斎藤管長以下十名の真如堂の僧侶が徒歩で元真如堂に向かい、仏殿で読経のあと背後の墓域の一郭にある詮子供養塔（江戸時代）に参拝した。恒例となっているということで、「いつからですか」と管長さんに尋ねたら「若い頃から行っています」とのこと、半世紀以上前に遡ることだけは確かだ。卒塔婆には「奉修常行念仏之攸為東三条女院尊儀壱千六年御祥当追善菩提矣」と記載されていた。

そもそも真如堂（正しくは真正極楽寺）と東三条院との関わりであるが、『真如堂縁起』などによれば、九世紀末に僧戒算が東三条院の御願により延暦寺常行堂に安置の阿弥陀如来像（慈覚大師円仁作と伝える）を神楽岡の東にあった女院の離宮に移し、寺としたことに始まるという。間もなく一条天皇の勅願寺となり、天台宗の古刹として栄えるが、十五世紀後半の応仁の兵火で悉く焼失して寺地を転々とするが、元禄六年（一六九三）に旧地の一郭に真如堂が再建され、その後に東北の地に小堂を建てて元真如堂と名づけた（現在は曹洞宗尼院）。この一帯に東三条院の離宮があったと伝えるが、当時の記録には見えない。

摩訶止観を受ける

あわただしかった前半に比べて長保年間の後半年は、大病もせずに平穏にすぎていった。暮れも押しつまっての女院の死により諒闇でむかえた長保四年（一〇〇二）の正月、道長は藤原行成や藤原公任らとともに覚運法橋から摩訶止観《まかしかん》を受けている。この教えは、中国隋代の天台宗の実質的な開祖である智顗《ちぎ》の説法を弟子が筆録したものであり、六世紀末の成立で、坐禅による修行の仕方を説いた天台宗の根本聖典である。当時、天台教学の盛行によって法華信仰が広まっていたことで法華三大部の一つである摩訶止観は多くの人に読まれていた。道長も挑戦したわけで、四日から東三条院の西の対で始まったそれが結願を迎えたのは翌月の八日であり、一カ月余に亘って奉仕してくれた覚運への礼として道長は夜の装束一具、大掛一領ほかを布施として与えている（『権記』）。いうなれば道長たちは修行の実践編を学んだわけである。

この年は道長の宗教面での動きが活発のように思う。そもそも道長は早くから宗教に強い関心を寄せていたが、それは病と無関係ではないように思うが、すぐれて政治的要素があったと説くのが上島享氏である（「藤原道長と院政――宗教と政治」）。上島氏は道長の権力基盤の確立を宗教儀礼の面から分析し、道長を中世王権（「王権が天皇のみで完結し得ない構造を有する」）の初段階と規定し、この政治権力を継承し発展させたのが院権力であったと結論づけており、摂関政治を否定して院政があるのではなく、そこには継承発展があったとみるのである。そして道長については仏教儀礼と政治権力との考察に重点が置かれていて、道長の宗教性を知るうえで重要な指摘である。

法華三十講

東三条院の新堂に釈迦・普賢・文殊・弥陀・観音・勢至の諸像を安置して三月の初日から始まった道長主催の法華三十講（法華経などの論議）は一カ月後に結願を迎えている。結願の日には結経の観普賢経を定基が講じ、遍救が問者となって行われ、終了後に奉仕した僧に禄が与えられた（『権記』）。これなども上島氏によれば、単なる仏事を超えて「より踏み込んだ寺院統制の意図が確認できる」というのである。

これを嚆矢として道長邸での法華三十講は翌年の五月にも行われており（『権記』長保五年五月一日

条）、以降は五月の挙行を恒例としているようで、一カ月のみではなしに朝夕の二講で十五日間という例も多い。『栄花物語』（巻第十五）によれば、政権の座についてからの道長は昼夜間断なく法華経の読誦を行い、それを天皇・東宮・宮たちにも勧め、その効験があらたかだったので上級貴族から受領まで浸透し、国内に広まったという。さらに道長は誦経に止まらず、三十講の挙行に及んでいるとし、その具体相を以下のように伝えている。

年ごとの五月には、やがてその月の朔日《ついたち》より始めて晦日《つごもり》までに、無量義経より始めて、普賢経に至るまで、法華経二十八品《ほん》を、一日に一品を当てさせたまひて、論議にせさせたまふ。南北二京の僧綱、凡僧、学生《がくしやう》数をつくしたり。

法華経の序にあたる開経の無量義経《むりょうぎきょう》に次いで法華経二十八品、そして終章ともいうべき結経の普賢経、合わせて三十経である。論議とあるように問答によって経論の内容を明らかにしていくのである。その論議を南都の東大寺・興福寺と京都の延暦寺僧との間でたたかわせている。道長は南都での仏事にも赴くことがあり、翌年の十月には氏寺の興福寺の維摩会《ゆいまえ》に出席しているが（『日本紀略』『権記』）、興福寺は氏寺であるから氏長者としての義務でもあったかと思うし、氏社の春日社における重要な儀式も同様であった。

その他の仏事

長保四年は正月から道長主催で詮子の法事が続き（『日本紀略』）、七七日（四十九日）の満中陰には東三条院の寝殿を御堂として大々的な法会が行われ、天皇、皇太后、中宮はじめ公卿たちから多くの誦経物（法事料）が寄せられた。その外題を道長からの依頼で前日に書いた行成は、その夜に妻が自分と一緒に明月を眺めている夢を見たことを吐露している（『権記』）。故人に親しく接した行成にとって吉夢であったにちがいない。

なお忌明けの三日前に詮子の御斎会《ごさいえ》が慈徳寺で挙行されたが、この寺院はそもそも詮子の御願寺《ごがんじ》であった。洛東は元慶寺（花山天皇がここで出家して以降は花山寺とも）の東に所在し、草創は十数年ほど遡るが、金堂・講堂・塔などが出現したのは、長保元年八月に詮子によって落慶供養が御斎会に准じて行われた時であろう（『小右記』『御堂関白記』八月二十一日条）。造営には道長の力が大きかった。周忌御斎会の挙行（『権記』長保四年十二月二十一日条）をはじめ故詮子の法華八講や法会は定期的に当寺で行われている。同じく詮子の御願寺として洛北長谷《ながたに》の解脱寺があり、帰依していた道長もよく参詣している（『権記』長保四年九月十四日条ほか）。

この年の冬に道長の受戒の師であった慶滋保胤《よししげのやすたね》が卒去し、その七七忌の諷誦《ふじゅ》を道長が修している。それは長保四年十二月九日付の「左相府、寂心上人四十九日のために修する諷誦文」と題し、「白衣弟子左大臣藤原朝臣敬白」で止めており、文の作成は大江匡衡である（『本朝文粋』巻第十四）。保胤は平安時代中頃の平安京の居住状況を記した『池亭記』の執筆の四年後に比叡山の横川で出家して寂心を名のった。

長保五年（一〇〇三）の春、十二歳になった「太郎君」こと頼通は、枇杷殿《びわどの》において元服して正五位下となり、「中君」こと同母妹の次女は著裳《ちゃくも》を行い正四位下に叙されたが、この女性が後に三条天皇の中宮となる妍子である（『権記』『本朝世紀』二月二十日条）。頼通の元服については、加冠の役を内大臣藤原公季、理髪の役を大蔵卿藤原正光が奉仕している。この両人や出席した公卿には女装束一襲（内大臣には馬二疋、鷹一聯も）、それ以下には掛一領や疋絹が道長から給わっている。この日より幼名の田鶴から頼通へと呼称が変わるわけである。慶賀を申すために参内（一条院内裏）した頼通は一条天皇から御衣を賜わっている。二人は従兄弟の関係になる。

嫡男の元服

頼通が元服とともにはじめて得た正五位下は、蔭位《おんい》と呼ばれる特典である。律令制では皇親や三位以上の諸臣の子と孫、または五位以上の貴族の子弟は二十一歳になると自動的に五位に叙せられるという恩典があった。それが頼通の場合だと元服直後と早い。

頼通が元服を行った枇杷殿は前史があるものの、この時点から道長の邸となり、元服に備えて前年の秋あたりから造作に入っている（『権記』長保四年十月三日条以下）。この邸は後に三条天皇の里内裏として知られる。

叙位ということではこの年に権中納言藤原隆家が従三位から正三位に昇っているが、その理由は道長からの「造宮検校賞」の譲りによるものであった（『公卿補任』長保五年）。隆家といえば長徳の変で左遷されて以降は廟堂から離れており、長保四年に権中納言に復帰して一年後の昇叙ということになる。廟堂への復帰も道長の計らいによると思われるが、かつての敵でも危険性がなくなると恩恵を与えるといった道長のやり方を読みとることができよう。

第四章　外戚を目指して

1　外孫誕生への道

頼通、春日祭使となる

長保六年（一〇〇四）は天変地異を理由に寛弘元年と改元され、三年半ほど記事が途絶えていた『御堂関白記』もこの年の前半は自筆本（第四巻）が存在し、これ以降は連続して記事が遺る。寛弘年間（一〇〇四〜一〇一一）は道長家にとって飛躍の時期となった。

三十代最後の年を迎えた道長にとっての最初の吉事は、新年早々に従四位下に叙せられた十三歳の頼通が春日祭使を勤めたことであろう。春日祭当日の二月六日の日記に道長は、

暁より雪下る。深さ七八寸許《ばか》り。左衛門督の許《もと》に消息を送る。和歌あり。返し有り。道貞朝臣を以

春日大社（中田昭撮影）

て、右大将に昨日の事の恐れの由を示し送る。
〔裏書〕雪深し。早朝、左衛門督の許へかく言ひ遣る。

と記し、左衛門督藤原公任のもとへ「若菜摘む春日の原に雪降れば心遣ひを今日さへぞやる」を送り、公任から「身をつみて覚束なきは雪止まぬ春日の原の若菜なりけり」の返歌、次いで花山法皇から女方を介して一首が届き、それに応えて「三笠山雪や積むらんと思ふ間に空に心の通ひけるかな」、と合わせて四首の歌を書き込んでいる。なお花山天皇といえば奇行があり帝位にあること二年で兼家によって出家に追い込まれた不名誉な天皇であるが、文化面とりわけ和歌の道では歌合や歌会を催すなどそれなりに活躍した。在位中に道長との交流も歌を介して始まり、前述の肝試しの話もその時分のこととして語られる。院にとって「親しむべき友の一人として常に遇する所があったのではあるまいか」。そして法皇にとっては晩年に属する春日祭のおりの贈歌の時点では親密さも増していた（今井源衛『花山院の生涯』）。その翌月には法皇から白河での花見の所望があって道長は同道しており、二カ月後には土御門第に御幸になって競馬をご覧になったが、院御所との送迎には道長みずからがあたった（『御堂関白記』寛弘元年三月二十八日、五月二十七日条）。法皇の崩御（四十一歳）

は四年後のことである。

前日の午前、頼通は参内して一条天皇に勅使（祭使）として春日社への出立を奏上し、同席した道長がその様子を見守り（『栄花物語』巻第八）、その後に場所を道長の枇杷殿に移して送別の饗宴が催された。道長はわざわざ橘道貞《みちさだ》を使いとして右大将こと藤原実資を招いているが、これは右少将頼通の上司であることによる。そして翌日には同じく道貞を遣わして実資に感謝の気持ちを表している。

因みに道貞は道長によく仕え、和泉式部の夫として知られるが、この時点で二人の関係がどうなっていたかは定かではない。道貞は翌月に陸奥守として単身赴任しており、これを契機に切れたことは確かだ。赴任の挨拶にやって来た道貞に対して道長は、酒を酌み交わし、和歌のやりとりをし、宿直《とのい》の装束・野劔《のだち》・胡籙《やなぐい》・弓・馬・鞍などを餞別として与え、三日後には平緒や色染めした鞣し革を送っている（『御堂関白記』三月十八・二十一日条）。

さらに半年ほど後に夫のもとへ下っていく「妾子」に、装束や馬・鞍などを、和歌をつけて藤原安隆に届けさせている（同、閏九月十六日条）。妾子は和泉式部とは別の妻と子ということになるが、子がその妻の所生か否かはわからない。和泉式部所生の小式部内侍は中宮彰子に仕え、弟の教通・頼宗ほか数名の男性と交わり子もなしたが、歌人として知られる。母が夫の藤原保昌の任地の丹後国にある時、都で歌会があり、傍に母がいないのでお困りでしょうと、藤原定頼（公任の子）にからかわれたのに対して「大江山いく野の道の遠ければ　まだふみ〈踏み・文を掛けた〉も見ず天の橋立」と詠んでぎゃふんといわせた話は有名。このように道貞は道長家との関わりも深く、家司的存在であったと見なしてよい。ところで、何人もの男と浮名を流した和泉式部は、道長をして「浮かれ女」と言わしめたが、その裏には道貞への同情の気持ちもあったのであろう。

ところで枇杷殿での送別の宴に顔をだした公卿は藤原公任ら十三名の出席に対して欠席は七人、なぜか行成もその一人で、殿上人は一人を除き全員出席とある。このように自らの催し物への参加者と欠席者に関する道長の細かさは日記の特色であり、これは権力者たらんとする者の備えていなければならぬことのひとつと思う。五日の記事は実に詳細であり、二行の空間に四行びっしりと書き、さらに裏書へと続き、これまでの記事としては最大の量であり、全体からみても引けをとらない。

頼通の一行が京を発ったのは祭の前日の午後のことであり、翌朝の夜明け前から京都は雪となり、二十センチあまり積もった、このぶんなら奈良もきっと積雪であろう。その雪の中で息子は大役を無事に果たしているだろうか、気遣いされることだ。その場におらず離れた京から息子を案じた、子を思う親心が素直にでた一首といえよう。これに同調して頼通を気遣った公任の歌であるが、公任の息子で頼通と同年（十歳説もあり）の定頼が付き人として同道していたので、「身をつみて」にはその意も匂わすか。続く二首も意図するところは頼通の大役成就を願い、父の子を案じる気持ちを慮ったものである。帰京は翌日の夜のことで頼通ら一行を労う饗宴と給禄が道長によって行われ、出席者にも禄が与えられた。

陰暦の二月の初めは今とちがって春らしくなってくる時節であるから、その頃の雪は珍しい。そして平安時代の三勅祭といえば賀茂・石清水・春日社の三祭を指し、いずれも天皇の名代である勅使

（祭使）を近衛府の中将か少将が務めたが、春日祭の場合は藤原氏の氏社ということもあって祭使には藤原氏とりわけ摂関家から選ばれることが多かった。

ところで二月六日の記事には「哥」を「奇」、「有返」の「有」のところに「返」と書きかけてその上に「有」を重ね書きし、「事恐」の下に「消息」らしい字が読め、「早朝」と書くところを「朝早」と返り点を打つなど混乱が多く、嬉しい気持ちが急いていたものか。『御堂関白記』にはこうした誤字脱字などが多いが、自筆本が残ったがために知られることではある。

道長の和歌

そもそも男性の漢文日記に和歌が記されることは稀である。道長はよく和歌会を催したことが日記から知られるが、その折の詠歌の記載はほとんど見られず、『御堂関白記』における初出は「若菜摘む」の歌であり、全体でも十首に満たない。その意味で道長が裏書に認めたことについて、片山剛氏は「道長の気持ちの昂ぶりは、人の親の心の闇さえ感じさせるだろう。道長のプライベートな和歌活動の一端がよくうかがえる資料」と述べ、これを含め道長の前半生の和歌の活動を「個人的には生活に潤いを与え、家族や友人と交わる有効な手段となっていた。いっぽう公人としても、中宮彰子の後宮支援や歌合、歌会などを通して、権勢の獲得、維持、発展のために、そして摂関政治そのものを爛熟させるために有効なものであったことが垣間見られる」と分析する（「藤原道長の和歌活動（上）」）。

いっぽう目崎徳衛氏は、道長の「詩文を主、和歌を従」とみる萩谷朴氏の説を採用して、道長の作文（漢詩を作ること）は酒興とは全く無縁であったが、和歌はもっぱら宴飲の座興に止まり、そのことを道長は厳密に区別していたとみる。そして、しばしば詩会が催された道長の邸宅は一条朝における漢文学活動の大きな場であった、との後藤昭雄説を紹介している（「藤原道長における和歌」）。これに従うならば「若菜摘む」は座興ということになる。『御堂関白記』をみると道長邸で作文の集いがよく行われたことが知られる。たとえば寛弘元年閏九月十一日の時には「風高霜葉落」という題で「寒を以て韻と為す」）を条件として行われているが、いかにも晩秋らしい題である。

「若菜摘む」の和歌の贈答があった翌月、花山法皇から招聘を受けた道長は院に同車して白河へ花見に同道した。一行は摂関家所有の白河殿を見たあと山辺からは馬を用い、観音院勝算の房に入った。そこで酒席となったが、酒肴や破子（弁当）は道長が用意した。歌の名手、公任が歌題を献上、法皇の邸に帰って詠歌があった（『御堂関白記』三月二十八日条）。残念なことにこの時の詠歌は伝わらない。なお『大鏡』（第五）には、なにか事あるおりに道長が作る詩は白楽天、和歌は柿本人麻呂・凡河内躬恒・紀貫之よりも勝っているとあるが、いくらなんでもそれは褒めすぎであろう。

病に苦しみ写経に勤しむ

この年の夏から秋にかけて道長は体調をくずしている。十日ほど前から舌の裏に「小物」ができていたので医師の丹波重雅に診せたところ「重舌」とのことであった（五月十五日条）。十世紀前半の源順《したごう》撰の百科辞書『和名類聚抄』（巻第三）や現存する最古の医学書で永観二年（九八四）に円融上皇に奏進された丹波康頼撰の『医心方』（巻第五）の「重舌」〈コシタ〉の項では「舌本血脈脹、起変生如舌之状、在舌本之下、謂之重舌也」と説く『病源論』（正式には『諸病源候論』という中国の医書である）を引用している。今日の蝦蟇腫《がましゅ》の類をいうらしく（服部敏良『平安時代医学の研究』)、赤小豆を苦酒に和して舌に塗るか、烏賊と蒲黄を等分にして舌につける、と効くという(『医心方』)。

道長は療治を加えたと記すが、どういう療治をしたのか具体的なことは書いていない。その後、頭痛で数日にわたって苦しむこともあったが(六月九日条)、いずれも大事には到っていない。

その翌月も法興院で亡父の年忌を行い帰宅した夜おそくから「忽ち霍乱を悩み、心身覚えず、通夜辛苦す」の状態となり、苦しみは翌日まで続いた(七月二・三日条)。三日に道長を訪ねた実資は「ひっきりなしに嘔吐して止まらない」ので会うことが叶わなかったと記している(『小右記』)。いっぽう行成は、このところ病がちで勤務を休んでいたけれど道長を見舞ったとあり、両者の強い結びつきと彼の実直さがにじみ出た言葉だ(『権記』)。そうしたなか道長は三日から法華三十講がはじまり、翌日には気分もよくなったと記し、月末の結願まで病むことはなかった。

「重舌」に悩まされるなかで写経に精をだす日々でもあった。それは法華・阿弥陀・般若心経に及んでおり、書写を完了した四日後に外題を具平親王に依頼し、その翌日にはこの道長書写の経文を用いて故東三条院のために法華八講を修している(寛弘元年五月十四・十八・十九日条)。また七月には堂において延暦寺の覚運僧都について『法華文句』(中国で作られた法華経の注釈書)の講読を始め(八日条)、八月二日に十巻の加点を終えたので覚運に絹十疋と米二十石を布施として与えている。その間の七月二十日、天変地災を理由に長保から寛弘への改元があり、その日に道長は中宮彰子のために寿命経を供養しているが、八月に入って中宮の御悩はひどく、何のための延命祈願であったのか。

道長が中宮の御悩を知ったのは延暦寺での不断念仏の最中であった。この日、道長は早朝に八瀬から比叡山へ登り、昼ごろに西塔において念仏諷誦があり、そこへ使者がやって来て告げられたのである。四時頃に東塔へ移動して念仏が始まったが、使者が来て大したことはないということだったので、一時は考えた下山を思いとどまっている。その夜は覚運僧都の房に宿泊。翌朝の八時頃に東坂本より下山し、昼には土御門第に戻っている。義兄の大納言藤原道綱、権中納言源俊賢、藤原隆家、参議藤原行成、藤原兼隆といった縁続きの公卿らが同行した（『御堂関白記』『権記』八月十七・十八日条）。

こうした宗教への傾斜は自身の病とも無関係ではなかったように思う。因みに道長の写経は長保元年四月二十八日を初見として『御堂関白記』に散見し、亡父母のために紺紙金泥で法華経を書写するということもあった（寛弘五年一月二十八日条）。直系祖先を大切にする道長の真骨頂を彷彿とさせる。

宇治別業への遊興と詩作

平安初期の歌人で六歌仙の一人に挙げられる喜撰法師が隠棲した宇治の地を「わが庵《いほ》は都の巽」（百人一首）と詠ったように、宇治は京の東南に位置していた。その宇治は早くから交通の要衝として注目され、平安京が首都となってからは大和との中継点としての側面をもち、とりわけ大和国に氏社（春日社）・氏寺（興福寺）をもつ藤原氏は、その往還に宇治に立ち寄ることが多かった。

平安時代になると美しい山容を取りこんだ宇治川の両岸に皇族や貴族たちは別業《べつぎょう》（別荘）を構えるようになり、嵯峨天皇皇子の源融が左岸（西岸）に構えた別業は早い例である。この別業が何人かの手を経て故左大臣源重信（道長の岳父の弟）の後家から道長が購入したのが宇治殿である。そのことを教えてくれるのが『小右記』長保元年八月九日条で、この日は中宮定子が三カ月後の出産（敦康親王）を控えて中宮大進平生昌邸に移った日であるが、同じ日に道長は早暁から上達部、殿上人らを引き連れて宇治の別業へ向かってしまったのである。この行為を行啓を妨げるようなものと見なす実資は、上達部たちも道長に遠慮して参内しないのか、と訝っている。この生昌宅は「板門屋」であったことで、こんな門を御輿が出入したなんて聞いたことがない、と人々の噂になったという（同、八月十日条）。この前後の十日余り道長は日記をつけていないが意味深だ。

当時、京から宇治までは約四時間、大和の春日社までは十時間ほどというのが日記などから知られる所要時間である。そして径路は、平安京を出て法性寺（この寺地の多くを取り込んで十三世紀に出現するのが東福寺）の門前を南下し、稲荷社の南から大亀谷を東へ伏見（桃山）を越えて六地蔵に到り（三条から粟田口、山科経由で六地蔵という径路もある）、木幡を経て宇治橋というのが一般的で、草津（鴨川尻）で乗船して鴨川を下り、巨椋《おぐら》池から東へ、宇治川を遡るといった舟利用の場合もあった。

中宮彰子のお伴で宇治殿へ赴き、風景のすばらしさに魅せられていた紫式部が『源氏物語』の後半の舞台に設定し、夕霧の別荘の宇治院は宇治殿を想定したといわれている。後のことになるが、父から譲られたこの別業を十一世紀中期の末法入りを契機に頼通が寺院に改めたのが平等院である。

寛弘元年の晩秋、道長は権中納言藤原斉信、参議の藤原有国・行成らを同道して早朝に京を発って舟で宇治の別業に遊んだ（『御堂関白記』閏九月二十一・二十二日条）。往きの舟中で連句を行い（数人で一遍を詩作）、宇治の別業に着いて詩作を催している。翌日の昼ごろにも詩作を行い、その後に船で帰ることになったが、宇治川の水が馬の下腹にも及ばないほど少なかったので舟が出せず、下流の源則忠宅のところから乗ったらしい。夜になって桂川に到り（『権記』二十二日条）、京に着いたのは夜半であった。この時の道長の漢詩が『本朝麗藻』（下、山荘部。寛弘七年、高階積善《もりよし》撰の漢詩文集）に「暮秋、左相府が宇治の別業に於ける即時、一首」として収められており、原文と訓読などを本間洋一氏の校定本により以下に示そう（柳沢良一・本間洋一・高島要「『本朝麗藻巻下』注解〈七〉」（『北陸古典研究』第十五号、二〇〇〇年））。

別業号伝宇治名　別業は号して　宇治の名を伝へ
暮雲路僻隔花京　暮雲　路僻《さか》りて　花京を隔つ
柴門月静眠霜色　柴門《さいもん》　月静かにして　霜の色に眠り
旅店風寒宿浪声　旅店　風寒うして　浪の声に宿る
排戸遥看漢文去　戸を排《ひら》きては　遥かに漢文の去《ゆ》くを看
巻簾斜望雁橋横　簾を巻きては　斜めに雁橋の横たはるを望む
勝遊此地猶難尽　勝遊は　此の地に　猶し尽《つ》くし難く
秋興移将潘令情　秋興　移し将《も》つ　潘令《はんれい》が　情《こころ》

夕暮れの雲を眺めながら遠く隔たった京を想い、宇治川の音を聞きながら床につき、月の光に包まれて人々は眠る、と別業での一夜を述べる。戸を開けて文字のように空を飛んでいく雁を眺め、御簾を巻き上げ、その雁の列を連想させる宇治橋を見る。満ち足りた楽しい遊興はこの地に尽きることはない、と。

道長の詩に続き藤原隆家、源孝道、具平親王（二十五日に行成のもとに届けられた）の詩も載っている。詩会は前月にも行われており、「水清似二晴漢一」（水の清さは晴れ渡った天の川のようだ）の題で「秋」の字を韻として上達部、殿上人、文章博士、文章生ら二十人ほどが土御門第の馬場殿に集い、午後二時ぐらいに始まり、終わったのは夜中すぎというから大変な時間のかけようだ（九月十二日条）。

道長が宇治で遊興した『御堂関白記』での初見は上に述べた寛弘元年の時であるが、じつは前年の夏にも行われている。『御堂関白記』の記事を欠いている部分であるが、行成の日記によって知ることができる。中納言藤原公任、権中納言藤原斉信以下が出席し、作文・和歌・管絃が催された。「晴後山川清」の題で作文会があったのは二日目のことで舟で帰京し、夜に家に着いている（『権記』長保五年九月二十七・二十八日条）。

寛弘元年の宇治での作文会の十日後、源乗方《あきまさ》（源重信の子で倫子の従姉弟）は『集注文選』（『文選』の注釈書）と『元白集』（唐代の白楽天と元稹の詩集）を土御門第へ持参し、道長は「感悦極まりなし」と悦びをあらわにしているが、これは評判の本であった（十月三日条）。道長の漢詩への造詣の深さを物語っていよう。因みに『集注文選』の方は一カ月後に一条天皇に献上されている。

右に見た漢詩は、目崎氏の指摘する和歌よりも詩文を至上とする道長の面目躍如といったところであろう。漢詩文学についての「延喜天暦の頃を頂点として盛時を極め、この醍醐村上朝には内裏に於て頻々に詩会は開催されていたが、……冷泉天皇の安和元年を境にして円融花山朝に至り、しだいに衰退のきざしをみせている」という指摘はこのさい留意される（光島民子「御堂関白記の一考察――文人道長を中心として」）。兼家による花山天皇の強引な譲位と引き替えに帝位についたのが一条天皇であり、天皇の文化に対する造詣の深さが道長の漢詩文への傾斜を強めたことは否めず、政治・文化の両面で誉れ高い一条朝下の四納言（藤原公任・同斉信・同行成・源俊賢）や大江以言《もちとき》、同匡衡たちが道長邸での作文会を盛り立てたのである。次代の三条朝下になると道長の漢詩熱が薄れるのはその現われとみてよい。

冬の渇水

寛弘元年は夏から降雨が少なく冬にかけて渇水状態が続き、盛んに祈雨が行われている。水が生活に欠くことのできないものであることはいつの世でも同じであるが、文明が発達した今日よりも昔の方がより切実であった。道長は土御門第の井戸が涸れて修理のために枇杷殿に移っていたが（寛弘元年十月二十九日条）、井戸掃いをしたら水が出たので八日後に土御門第に戻っている。とりわけ京中の四条以北に渇水が多く、鴨川べりも同じで、三条以北は河水も尽きたという。道長は「上下の人」が枇杷殿に入って水を使用したと記すが、（十一月七日条）、どの階層を指しているのかはっきりしないが、こういう機会でもないと叶わない摂関邸の豪華さに目を見張った人も少なくなかったであろう。

渇水も年末までには治まったようで平穏のうちに寛弘二年（一〇〇五）を迎えた。元日は恒例の道長邸の拝礼があり、六人の上達部をはじめ殿上人・地下の四位、諸大夫（五位）あわせて百人ほどの人が土御門第へ年賀に来ており、その後、道長は彼らを引き連れて内裏に赴いたが、途中で雪が降りだし大雪になったという。

「道理」の除目

男にとっての大きな関心事は仕事であり、よりよい仕事を求めて就職運動をするのはいつの世でも変わりはない。機会均等雇用法などといった法律に守られて女性が男性と平等に働ける現代とはちがって当時、一家の生計は男の仕事にかかっていた。その就職先は官人の名が示すようにすべて公務員であり、身分差の有無が当時と今日との大きな相違点であろう。官人たちは正一位から少初位下までの三十階（親王は一品《いっぽん》から四品の四階）のいずれかの位階に身を置き、官位相当といって位階に応じて官職も決まっていた。そして一般的に五位以上を貴族（うち三位以上を公卿と呼んだ）と称し、位封などの特典が与えられた。

今日の就職試験にあたるのが除目《じもく》である。除目（大臣を除く）とは、公卿が清涼殿の天皇の御前に集まって行われる年中行事で、左大臣が一の上として執筆役になり、決まった人の名を大間書《おおまがき》（除目に際して作成される名簿で、闕官のところは空欄になっている）に書き入れていくのである。それは国司など地方官（外官）を決める県召《あがためし》＝春除目（三夜に及ぶのを常とした）と諸司つまり京官（内官）を決める司召《つかさめし》＝秋除目（二夜か一夜）とに大別される。人々の強い関心を呼んだのは、数国の受領（現任国守）を歴任すればたちまち巨額の富を手にする県召のほうであった。

『枕草子』に「申文持てありく四位、五位」とあるから多くは中・下級貴族から成る任官希望者は、闕国《けっこく》のなかから所望国（の守、介など）と自分の経歴や働きぶりを書いた申文《もうしぶみ》（自己推薦文）を役所に提出することから始まる。所望国といっても、どこでも叶うわけではなく、法外な所望は書類選考の段階で撥ねられてしまう。当時の日本の全六十八カ国には豊かな国もあれば貧しい国もあり、それに応じて大国、上国、中国、下国の四等級に分けられており、それによって収入、要員など種々の点で大きな開きがあった。

任官希望者は自分の身分に見合ったところを選び、自画自賛の申文を作成するのである。その申文の実例が藤原明衡《あきひら》編の『本朝文粋』に収められている。それによると、切々と訴える哀願型があるかと思えば、業績を誇らしげに並べたてる自慢型などさまざまだけれど、当人にしてみれば必死であった。なかには苦労して作成しながら名前あるいは所望国を書き忘れるといった申文もある。期日までに提出された申文は、まず事務官のもとで書類のチェックがあり、内容に偽りがないか、名前漏れはないかなどを点検し、不備な書類は除外され、残ったものが公卿会議に回されるのである。そこでは勤務成績や功労などを吟味しながら適任者を決めていくのであり、最終的には天皇の裁定を仰ぐけれど、そこで物を言うのが摂関のような強力者の押しである。この時期なら道長ということになる。この日のために受領たちは日頃から権力者への贈り物に心がけた。『御堂関白記』には「志」として任国の受領からの付け届け――送り主と品名がじつに詳細に記載されている。

大きな財力をもつ受領を掌握するということは莫大な富を得ることにつながる。そのことは道長の土御門第造作の一例（後述）を見ても明らかである。今日の知事の任免権は政権の頂点にある首相はもたず、所轄の住民に委ねられている。この点も道長の時代と大きく異なるところだ。除目が近づくと伝《つて》を求め、中文を持って走り回る猟官運動のすさまじさが『枕草子』に活写されているが、作者の父とて受領層であったから他人事ではなかったのである。説明が長くなったが、このことを踏まえて本題に戻ろう。

この年の県召は正月二十五日から三日間に及んだが、その五日前に道長は参内して左仗《さじょう》（紫宸殿の東廊にあっ左近衛府の詰め所の左近陣《さこんのじん》のことで陣定《じんのさだめ》と称する公卿会議が行われた場所）の座につき、太政官奏と受領功過《ずりょうこうか》（考課）定《さだめ》のことを差配している（寛弘二年正月二十日条）。旧吏を対象に行う功過定は前任国での実績が物を言うわけで、四年の任期中の受領としての勤務評定を公卿会議で審議するのである。三日前には除目挙行の確認に土御門第を訪れた甥の頭中将藤原兼隆に道長は、除目はそれでよいが、自分は憚ることがあるので他の人に代わってもらいたいと思うが、そのことについては明日参内して天皇に申し上げると伝えた（正月二十二日条）。翌日に参内した道長は、天皇に「今年四十歳になり大臣になって十一年、不肖の身で奉仕してきた」と語っているが、三顧の礼の意図があったのかも知れないが、憚りの理由としては弱く、彼の真意が伝わってこない。これを天皇が許すはずもなく、除目は必ず奉仕せよ、もし不参ならば除目を取りやめるとの天皇の「恐き仰せによりて奉仕すべき由を奏す」と、道長は折れた。

最終日は午後二時ぐらいから始まって終わったのは夜中で十時間もかかっている。除目の結果について道長は「今年の除目、京官より初め受領に至るも道理を行わる」と記しているから意に適ったものとなった（正月二十七日条）。しかし道長にとって家司とか利害が絡む人は含まれていなかったようだ。

賀茂祭使

この年の賀茂祭の路頭《ろとう》の儀（祭使列）は四月二十日に挙行されたが、それについて『栄花物語』（巻第八）には次のようにある。

かくいふほどに、寛弘二年になりぬ。司召などいひて、殿の君達《きむだち》、この御腹の弟君（教通）、高松殿の御腹の巌君《いはぎみ》（頼宗）など、みな御かうぶりしたまひて、ほどほどの御官《つかさ》ども、少将、兵衛佐など聞ゆるに、春日の使の少将は中将になりたまひて、今年の祭の使せさせたまふ。殿は、一条の御桟敷の屋長々と造らせたまひて、檜皮葺、高欄などいみじうをかしうせさせたまひて、この年ごろ御禊よりはじめ、祭を殿も上（妻の倫子）も渡らせたまひて御覧ずるに、今年は使の君の御事を、世の中揺《ゆす》りていそがせたまふ。その日になりぬれば、みな御桟敷に渡らせたまひぬ。殿は使の君の御出立の事御覧じ果ててぞ、御桟敷へはおはします。多くの殿ばら、殿上人引き具しておはします。

この文には誤記が多い。教通・頼宗の元服はこの年ではなく、頼通は生涯を通じて賀茂祭使となったことはなく、近衛の中将の歴任も確認できない。寛弘二年の賀茂祭使は右少将源雅通がつとめており、道長の枇杷殿の西の対から出立しているが、これは妻倫子の甥であったことによるものであろう。その祭列を道長は藤原伊周や上達部らと桟敷から見物したが、それは上野介橘忠範の桟敷であった。

かつての宿敵であった伊周と和気藹々に行動しており、当面の敵もいったん押さえ込んでしまうと大らかさをもって接する道長であったが、トップに立つ人には必要な資質であろう。

路頭の儀の三日前の斎王御禊（時の斎王は選子内親王）列を道長は一条大路の堀川西に車を立てて見物し、この翌日の還立も右大臣藤原顕光と同車して見物した（『御堂関白記』『小右記』『権記』四月十七・二十・二十一日条）。

道長が一条桟敷を所持していたことは知られるとおりである。右の文で、祭使の出立を見届けてから桟敷（他人のではあるが）で多くの公卿らと見物したという点は史実と合うが、祭使が頼通でないとすると何時のことであろうか。決め手はないが、近いところでは明子腹の頼宗が祭使となった寛弘四年がある。路頭の儀の日は朝から曇って雨となったが、昼すぎには晴れて雲が切れたことでみな喜んだと記すが、誰よりも喜んだのは雨を嫌う道長であったろう。祭使の頼宗は土御門第の東の対から出立している。勅使のほかに中宮使、東宮使、内蔵寮使、馬寮使なども加わり、その様を「善を尽くし、美を尽くす。未だ此の如き年あらず。雨晴のこと神感の到りなり」（四月十九日条）と道長は記しているが、桟敷見物の記載はない。なお『栄花物語』には寛弘四年の記事はない。

浄妙寺の創建　道長が木幡に散在する一族の墓地の一郭に寺院を建立し、その供養があったのは寛弘二年（一〇〇五）十月十九日のことである。しかし、その発端は道長の少年期に遡る。それは任大臣の慶を先祖に報告する父兼家のお供をして訪ねた時というから十三歳のことになるが、墓地の余りの荒廃ぶりに驚き、自分が思い通りになったらここに三昧堂を建てよう、と心に誓ったという（『大鏡』第五）。同様の話を伝える『栄花物語』（巻第十五）には、木幡の墓地は人臣関白の初例となった四代前の基経が定め置いたもので、他のところでは忌日などに説教や説法を行う堂があるのにこの墓地は「ただ標《しるし》ばかりの石の卒都婆一本ばかり立てられ、また詣り寄る人もなし」の状況であったので、そこに三昧堂を中心に僧坊を設けて十二人の僧を居住させ、周辺の村を取りこんで一つの里としたという。こうしたことなどを含め堂建立にかける道長の心意気は、彼の意思を汲んで大江匡衡が執筆した「浄妙寺供養願文」に詳しい（『本朝文粋』巻第十三、『政事要略』巻第廿九）。

その墓所は「三重を仰ぎ、四詎《しそく》を瞻《み》るに古塚累々たり。幽邃《ゆうすい》（邃）寂々たり。仏儀見えず、ただ春花秋月を見る。法音聞こえず、ただ溪鳥嶺猿を聞く。時に覚えず涙下り……」と荒廃の様子が知られ、そして機が熟したので三昧堂の創建に到ったというわけである。その際に不比等の興福寺・法華寺、良房の長講会の行始、基経の木幡墓所の定置、忠平の法性寺、師輔の楞厳院、兼家の法興院と先祖の造寺ないし仏事を挙げているが、ここに列挙された先祖は摂関もしくはそれと同等の地位にあった人ばかりで、自分もそれに続くのだという自負を覗かせる。因みに両親の墓は松の木の下にあったようだ。

このように長年の念願であった詣り堂の性格をもつそれは浄妙寺（木幡寺とも）と命名されたが、その準備は二年ほど遡る。安倍晴明らによる土地の点定により、東の御蔵山のふもと許波多《こはた》神社（旧社地）の鳥居の北方を流れる堂の川（旧河道）の北の平地が選ばれたが、そこは奈良街道の東に位置していたのである（寛弘元年二月十九日条）。道長はこの時には行っていないが、翌月の垣の造立に始まり節目には木幡まで赴いている。

年が明けて供養の四カ月前には写経を始め（六月二十一日条）、二十日ほど前の鐘の鋳込み（溶かした青銅を鋳型に流し込む）の時には早朝に京を出立、異母兄の道綱、甥の伊周・隆家ら半数近い公卿たちが同道している。ただ銅が不足して作業が遅れ、夜遅くの帰京となった（九月二十八日条）。鐘が完成したのは供養の四日前であり、道長の依頼で行成が「浄妙寺」の寺額を二枚（南門のは真書体、西門は草書体）書いて送った（『権記』十月十八日条）。

そして迎えた十月十九日の三昧堂供養の日、道長は冒頭に「天晴れ、月は昼の如し」と記し、まだ暗いうちに家を出て八時頃には到着しており、三時間余りの道程である。法会の開始を告げる鐘を聞いて音色が「思いの如し」と満足げであるが、直前に銅を加えて鋳直しを命じた経緯があっただけに気になっていたのであろう。人々が集まってきたのは昼ごろで、公卿は高齢の三人を除いて右大臣以下十八名全員が顔をそろえた。僧らによる一連の儀が終わったのは夜の七時頃、その後に法華三昧会が挙行された。三昧の火を灯すべく院源僧都に促されて仏と対峙した道長の言葉、「この願は現世の栄耀・寿命福禄の為に非ず、只この山に座す先考（兼家）・先妣（時姫）及び昭宣公（基経）を始め奉り、諸の亡き霊の無上の菩提の為なり。今より後、来々一門の人々を極楽に引導せんが為なり」に浄妙寺建立の真意が窺われる。それはこの地に眠る両親や基経以下の先祖の菩提を弔い、子孫の極楽往生を願うものであった。さらに祈る、「打火はこれ清浄の火を用いんが為なり。早く付かば悦と為し、晩く付くとも恨みを為さず。祈り請う、火を打つに二度に及ばず」と。

始祖を基経としていることについては忠平による亡父の墓参（『貞信公記』延喜八年二月二十九日条以下）が参考となるが、基経の木幡墓地への埋骨の経緯は明らかでない（朧谷『平安貴族の葬送の様態』）。因みに造仏にあたったのは康尚であった（十月二十三日条）。この仏師は宇治平等院鳳凰堂の阿弥陀如来像の作者として知られる定朝の父であり、摂関家との関わりも深く、道長が晩年に創建した法成寺の造仏はこの父子の手になる。

願が通じたのか、火は一度で付き、道長は感涙に咽び、参列の道俗たちも雨のような涙を流したという。寺名をつけたのは導師を勤めた前大僧正観修であり、願文作成の大江匡衡、それを執筆した藤原行成をはじめ奉仕した道俗に禄が与えられた。すべてのことが終わって帰路についたのは夜中近くで月が皓々と照っていたが、京に入る頃には雪雨となった。

この法華三昧堂の東に多宝塔が出現するのは二年後のことで、道長は妻の倫子とともに木幡に赴いている（寛弘四年十二月二日条）。この折の願文の作成と執筆は三昧堂の時と同じ人物である（『権記』同日条）。

三昧堂および多宝塔を含む木幡の墓地は、宇治へ行く途中の宇治川右（東）岸の丘陵地に求められ、この一帯には宇治陵墓群があり、中に古代から中世の墳墓を含んでいて基経（宇治陵三十六号）、時平（宇治陵三十五号）などに比定されているものもあるが確証はない。一郭には総拝所があって宇多天皇の中宮温子以下皇后・皇太后の十七陵の名を書き連ねた由緒書きを掲げるが、その墓所はすべて未詳である。その昔、ここは緑に包まれた小高い丘陵であったが、今から四十年ほど前に住宅として開発されることになり、それに先立って行われた発掘調査によって三昧堂の遺構が見つかり、そこに木幡小学校が出現、平成二年には校庭の一郭から多宝塔の遺構も発見されている（宇治市教育委員会『木幡浄妙寺跡発掘調査報告』ほか）。これらの成果は亡き杉山信三氏の功績に負うところが大きい。団地化に伴い私が所属していた機関でも、藤原氏の墓地の手がかりを求めて発掘調査を実施したが、現場に立って道長はどこに眠っているのだろうか、などと思いめぐらせた若い頃が懐かしい。

三昧堂（想定図・早川和子画）

この時代の墓地がどのような状態に置かれていたのかについては、先に触れた道長との政争に敗れて大宰府へ配流となった藤原伊周が亡父の墓を詣でる『栄花物語』（巻第五）の記述が教えてくれる（七七頁）。今日のような立派な墓碑を作らない当時にあっては数年もすれば見分け難くなってしまうことを物語っていよう。

浄妙寺の創建は道長が政権を掌握して十年という節目にあたり、病勝ちということも影響してか仏教への傾斜を一段と深めていったことが日記からも読み取れる。そして浄妙寺が墓所に登場する御堂の初例という点が重要である。さらには道長は、先祖が眠る地に寺院を創建することで摂関家の結束をはかったとする林屋辰三郎氏の見解（「藤原道長の浄妙寺について」）は注目すべきだ。

浄妙寺供養の数日後、道長は兄の道綱ら親しい公卿らとともに石山寺に赴いているが、主な目的は一宮、敦康親王の御修法の同道であった。同道者は石山寺で参籠しているが、そもそも観音信仰の寺は参籠して夢の中で仏の示現に預かるのを旨としたのである。二日後には道長らは石山から舟を利用して志賀寺こと崇福寺（天智天皇創建）と梵釈寺（桓武天皇創建）に参詣、御修法の結願の日の早暁に再び石山寺に参詣し、奉仕の僧らに禄を与え、昼すぎには土御門第に帰着している（十月二十五日〜十一月三日条）。道長の近江国滞在は八日間に及んだ。

翌月には道長の四十の賀があったけれど（『公卿補任』寛弘二年尻付）日記などには見えないので具体的なことはわからない。同じ十一月には内裏の焼失（この数年に内裏はたびたび焼亡）により一条天皇と中宮彰子は職御曹司《しきのみぞうし》、太政官朝所《あいたんどころ》と内裏近くの宮内を移動し（十一月十五日条）、内裏からみて吉方ということで程なく道長の東三条第に遷御し、東宮の居貞親王（後の三条天皇）も行啓してきた（十一月十七・二十七日条）。因みに東三条第は遡ること一年、道長の手によって大規模な手直しが行われ、「新宅の作法」をもって移っている（寛弘二年二月十日条）。

このように慌しいことが続いたので賀宴どころではなかったかと思う。なお内裏は一年後に紫宸殿、清涼殿、承明門など新しい殿舎や門に額を懸けているので再建にこぎつけている（『権記』寛弘三年十二月二十六日条）。

年末には道長は、摂関家の氏寺ともいえる法性寺（藤原忠平によって十世紀四半世紀頃までには出現）に五大堂の建立とそこに納置の丈六五大尊の造仏のことを始めており、造料米五百石を座主の院源に送付している（十二月二十一日条）。そして一年後には供養が行われている（寛弘三年十二月二十六日条）。

年が明けて寛弘三年（一〇〇六）春の三月、道長は東三条第の南殿において盛大な花の宴を催した。時に天皇と中宮はこの邸に居住していたのである。天皇と東宮の二人の甥を交えての花の宴、道長は満悦至極であったかと思う。この日の詩題は「渡水落花舞」、楽を奏でる竜頭鷁首《りゅうとうげきしゅ》の船が天皇の正面に差しかかった時には動きを留めて二曲の舞を披露し、文人たちは詩文を献じている。楽人をはじめ諸司・諸衛らに禄が与えられ、倫子の正二位、頼通の従三位をはじめとして家子、家司らに加級があった。宴が果てたあと天皇と中宮は、修理の完成した一条院へ遷御し、東宮は道長の枇杷殿に行啓された（寛弘三年三月四日条）。東三条第は三カ月ほどの里内裏となったわけである。

書籍の蒐集

寛弘に入って道長は書籍の蒐集に努めており、『御堂関白記』における初見は長保二年（一〇〇〇）の故紀斉名《ただな》の妻から『扶桑集』を贈られた記事である（二月二十一日条）。この『扶桑集』は斉名が十世紀末に編纂した漢詩集であり、彼は一条天皇代を代表する詩人で、長保元年の十二月十五日に四十三歳で他界している（『権記』）。したがって忌明け間もなく未亡人から献上されたことになり、故人の遺言による可能性が大きい。斉名は亡くなる年の夏の道長邸での作文会で「水樹多佳趣」という詩題を出している（五月七日条）。

因みに寛弘年間に所望したり贈呈されたりして道長のもとに集まった書籍を『御堂関白記』から拾うと『四教義』『楽府』『集注文選』『元白集』『往生要集』『白氏文集』『玉篇』『天台山図』『群書治

要』『宸記』『天暦母后御記』などで漢詩文集が多い（光島民子前掲論文）。なかでも源乗方から『集注文選』と『元白集』をもたらされた時には「感悦極まりなし、これ聞こえある書」と、道長の関心の高さを窺わせる。そのほか寛弘三年には二千巻（三月二十八日に藤原頼明より）、千余巻（四月四日に源兼澄より）、三千五百巻（四月五日に播磨守藤原陳政から大江朝綱の遺書）といった記述から多くの書籍の献上を知り得る。

こういった書籍は櫃に納めて置いていたのであろう。二対の棚厨子を作って傍らに立て、そこに「三史・八代史・文選・文集・御覧・道々書・日本紀具書等、令・律・式等具、幷二千余巻」を置いたというがごときはその一例である（寛弘七年八月二十九日条）。

「后がね」の誕生

寛弘四年（一〇〇七）正月、道長家では倫子（四十四歳）の出産を控えて慌しかった。出産と叙位の日が重なったが、その前日と当日の道長は「固き物忌み」のため出仕できず、そのために訪ねてきた人々と門外で会って加階のことを指示している。倫子は前日の夜七時頃から苦しみだし、翌朝の六時頃に女児を出産、二時間後に臍の緒を切った（正月三〜六日条）。倫子にとっては六人目の出産であり、三女威子の出産から八年目のことである。その七夜の産養《うぶやしない》を中宮彰子が挙行したことについて、道長は「母のために娘の中宮が行うなんて希有の事」と悦び、それにつけても彰子の早い立后を「百年以後、聞かざる所の事なり」と語っている（正月十一日条）。

嬉子と命名されたその女性は、十五歳で東宮時代の後朱雀天皇（十三歳）に入り、四年後に土御門第の東の対で皇子を生んで二日後に他界する。前月から赤斑瘡《あかもがさ》（はしか）を患っていたなかでの出産が原因であったようだ。道長夫妻と頼通・教通兄弟の悲泣は甚だしく、法興院に移された遺骸を前に母は声をあげて泣き続け、道長の悲嘆も大きく、陰陽師に命じて「魂呼」を行わせたほどで、嬉子が蘇生した夢を見ている（『小右記』万寿二年八月三～九日条）。彼女の結婚も父の意志に従ったものであるだけに、道長の悲痛は計り知れないものがあったろう。詳しくは後に述べる。

ところで嬉子の入内は道長の出家後のことであるが、彼が摂関家の持続に執念を燃やしていたことが思われる。これが功を奏したというべきであろう、生まれた皇子は後冷泉《これいぜい》天皇として四半世紀の在位を保った。このことで頼通の摂関が半世紀という破格な長さを維持できたのである。そして後冷泉天皇の崩後で即位した後三条《ごさんじょう》天皇は、嬉子の死後に後朱雀天皇に入った禎子内親王（三条天皇皇女、母は妍子）所生の皇子であるが、摂関家の後見が外れたことで親政を目ざした。しかし四十年前に他界している道長が、この現実を目にすることがなかったのは幸いというべきか。

春日社参詣

思いがけぬ妻の高齢出産であったが、道長が懇望しているのは娘中宮に皇子が授かることであった。入内して八年にもなるのにその兆候がないことに気をもんだ道長は、ついに神頼みの行動にでた。後に取りあげる秋の吉野詣ではそう考えてよく、寛弘四年の社参にはその意味合いが強かったと思う。

春もたけなわの時節に道長は二泊三日を費やして春日社へ参詣した（『御堂関白記』『権記』二月二十八～三十日条）。上達部十一人、殿上人十数人、四位以下が数十人、それに十人の舞人と十二人の歌人・楽人らを引き連れての大和行き、大所帯ゆえに食事や宿舎の手配をした国司らも大変であったと思う。昼前に土御門第を出発、二時ごろに宇治殿に着いて山城守が食事を奉仕し、木津を通る頃に小雨となったが笠を用いるほどではなかった。大和の佐保殿に到着したのは夜の十一時頃、上達部や殿上人らは遅い饗宴のもてなしを受けている。行成の日記には、小雨になったのは奈良坂を過ぎた辺りとし、仁城房に旅装を解き、国司および寺側から食物の送付を受けたとある。三位中将（藤原兼隆）と同宿とあるから道長は佐保殿に宿して他は分宿したことがわかる。

翌日の天候は不安定。道長の日記の書き出しは「雨気晴る。雲を返し時〻雨下る。辰の時ばかり雷声四、五ばかりあり。雪下る。未の時、社頭に参る。この間、雨小なく下る。或は笠を取り、或は取らず。社頭に就く間、天気晴る。日脚に晴る。……」であり、「夜部より雨下る。午の時ばかり晴気あり。申の時ばかりよりまた下る。酉ばかり晴了んぬ。戌の時、東三条に渡る……」（寛弘二年二月十日条）、「昨日酉の時より雨降る。夜を通して深雨なり。今朝より晴る。内に参り、候宿す」（同二十四日条）などとともに天候には格別に神経質な道長を知るよき材料である。

晴れてきたなかでの参拝。まず社頭でお祓いをして幣殿に入り、四人一組で「御棚」を舁き、ついで奉幣、神馬を献上し、東遊びや神楽のあと供膳があった。人長（神楽舞の長）の尾張兼時の才男《せいのお》（細男）の舞は「甚だ神妙」であり、纏頭《てんとう》（被物《かずけもの》）を給わっている。奉仕した神主以下には禄が与えられ、僧綱はこのほかに馬も給わった。なお神宝を奉ったのは藤原氏の人たちであったが、氏社ゆえのことである。ひと通り終わって行成が宿に戻り、程なくしたら夜が明けたというから夜通しの行事であった。三日目の帰京の日は十時頃に佐保殿を発ち、般若道経由で木津川を渡り、宇治殿で饗宴があり、夜に京に着いている。

同道した藤原行成によれば社参の目的は「宿禱に賽いるため」（『権記』）というが、氏社だけに皇子誕生の祈請も念入りであったにちがいない。

近臣、大和守源頼親

ここに登場する大和守源頼親は清和源氏の出自で大和源氏の祖といわれる人である。賜姓二世の満仲の子で、兄の摂津源氏の祖頼光、弟の河内源氏の祖頼信とともに道長に近侍する下級貴族であった。清和源氏は頼信の子孫から頼朝が出たことにより著名となるが、平安時代には公卿を出しておらず（強いて挙げれば一年足らず最下級の公卿となった非参議従三位頼政のみ）、多数輩出している嵯峨・宇多・醍醐・村上ら諸源氏の方が朝廷での活躍は顕著であっ

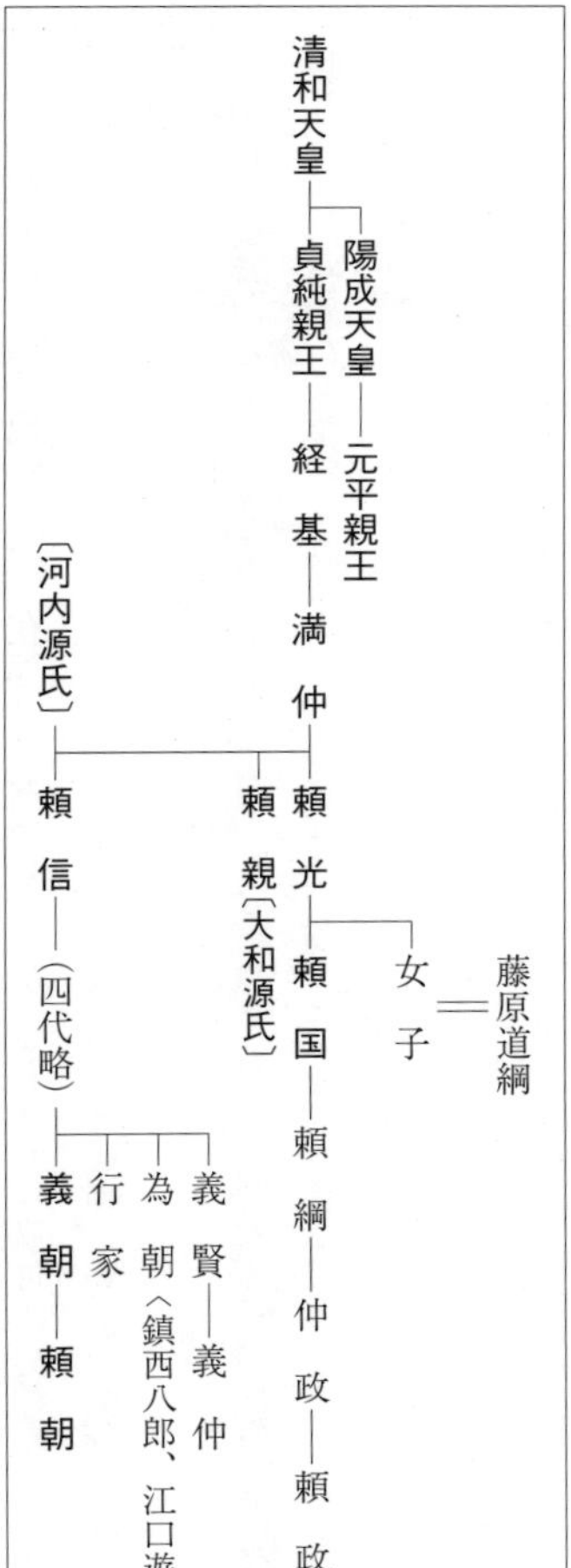

系図（清和源氏）

た。また初期の清和源氏について在地との関わりが云々されるが、満仲の兄弟や三人の子息たちの動向を見るかぎり都における暮らしが中心であった（元木泰雄『源満仲・頼光』、朧谷『源頼光』・「大和守源頼親伝」）。

源頼親は貴族たちから「武勇人」「つはもの」と認識され、十世紀末ごろから盗賊捜索や犯人逮捕に駆りだされる姿が文献に現れるようになり、受領としての生きざまが中心であった。生涯に三度も大和守を経験した彼は、それを通して大和国に大きな地盤を築くことになった。その初任は寛弘三年のことであるが、赴任間もなく興福寺（山階寺）との間で紛争を起こしている（寛弘三年六月十四・二十・二十四日、七月三・七・十二・十四・十五日条）。

そこには複雑な事情が介在するものの、どうやら事の発端は、所領をめぐる争いから馬允（馬寮の三等官）の為頼なる男が興福寺領の預を殺傷し、この報復として三千人もの僧が為頼宅に押しかけて家を焼き田畠を損壊させたことにあるようで、これにより国司と興福寺とが激しく対立した。頼親らの「山階寺僧蓮聖（已講）、数千の僧俗を催して国内を亡損す」という解文（訴状）を受けた朝廷は、蓮聖の公請《くじょう》を停止し、関わった僧俗の差し出しを命じる宣旨を寺側に下した。これに対し大衆らは愁状を提出したが、内容が解文と異なるとの理由で却下された。

そうしたさなか興福寺別当の定澄が道長邸を訪ねて以下のことを伝えた。明日、僧綱・已講らが、そして数日後には大衆も愁訴のために上京し、「蓮聖愁事」の決着がつくまで道長邸の門前や頼親邸に押しかけて事由を問いただし悪行に及ぶ、と。これに対し道長は、もしそのような僧がいたなら寺の上層部が抑えるべきで、我が家にまで来るようなことになれば僧綱といえども辞職に追い込まれかねない、このことを肝に銘じて対処するように、と答えた。

翌日には二千人ほどの大衆が八省院に押しかけて愁申に及び、道長邸には到らずに帰って行った。そして道長邸には別当・五師・已講ら上層部が訪れて四カ条からなる申文を進めている。そのなかの「守頼親停任事」について道長は、寺僧の申状には理がなく頼親の身は無罪とし、「為頼又停任事」も退けている。為頼は国守頼親の郎等であったようで、事件の裏には頼親の影がちらつくが、二人は道長の一言で事なきを得たわけで、より一層の忠誠心へと傾斜したことであろう。なお翌年二月に春日社へ参詣した帰途、頼親が興福寺の近くで石で打たれるということがあったが（寛弘四年二月十一日条）、犯人は興福寺僧と思われ、前年の愁訴が認められなかった意趣返しであろう。

大和国は摂関家の氏社（春日社）・氏寺（興福寺）の所在地でその所領も多く、いっぽう国守の源頼親は股肱の臣ともいえる人であったから、道長は苦渋の選択を迫られたことになる。その頼親が三回も国守をしたことで寺社との所領をめぐる紛争も絶えなかったので、道長はしばしば苦境に立たされている。

この事件の十年後にある事件が起きている（寛仁元年三月）。それは後一条天皇の即位直後の石清水行幸のさなかに起こった。六角富小路辺に住む清原致信（清少納言の兄）が二十人近い兵に襲撃され殺された。検非違使による取り調べの結果、犯人の中に秦氏元の子が加わっていたことが判り、氏元の在所である摂津国まで捜査の手が伸び、頼親の命を受けて氏元らが実行したことが明らかとなった。

この事件は致信に殺された当麻為頼の報復であった。なお当麻為頼（右馬允）は寛弘三年の事件で登場した馬允為頼と同一人物と考えられ、氏元は為頼の同僚であって、ともに頼親を主人と仰ぐ輩であった。なお頼親が右馬頭であったことも為頼との結びつきを考えるうえで重要だ。

いっぽうの清原致信は直前まで大和守だった藤原保昌の従者であった。となると頼親と保昌（頼親の叔父）との間で大和国における所領か何かをめぐる争いが発端となって従者同士の殺害事件にまで発展したということではなかろうか。直後に頼親が右馬頭兼淡路守を解かれているが、さすがの道長も救いの手を差し伸べることができなかったのであろう。

この事件を日記に記した道長は、「頼親は殺人の上手なり」との世評を書きとめているが、実行犯として動いたのは為頼や氏元といった手荒な郎等たちであった。彼らが頼光・頼親らの武力を形成する「つはものども数知らず多くさぶらひ……」（『栄花物語』巻第五）の構成員であった。いっぽうの藤原保昌は道長の家司であったから、事件に関わった人たちの頂点に道長が存在していたのである。道長の外出時などには、頼親や保昌に率いられた手荒な郎等たちが警護したのであった。

ところで秦氏元の在所が摂津国とあるが、実は頼親は同国に所領を持っていたから、そこの預のような任務についていたのではなかろうか。頼親の所領については長和三年（一〇一四）の摂津守任官をめぐる興味深い記事がある（『小右記』二月十六日条）。藤原佐光の辞任に伴う後任人事で、なんと道長が右馬頭であった源頼親を推挙してきた。そこで三条天皇は、信頼の厚い藤原実資に以下のような自分の見解を諮詢してきた。

頼親は彼の国に住し、所領太だ多く、土人の如し。先年、大宮院の御時、維衡を以て伊勢守に任ぜらるに彼の国の住人により停任す。左大臣（道長）、彼の時大いに誇る。吾、儲弐（東宮）たるの間なり。而るに頼親を以て摂津守に挙ぐは維衡の事に相同じ。もし頼親を挙ぐれば此の趣を仰せんと欲す。抑も大将の奏奉報を聞き、仰すべきなり、といえり。

実資は「仰せの旨、尤も道理」と天皇の見解に全面的な賛意を表している。これを突きつけられては道長も引き下がらざるを得ない。摂津国に居宅や所領を持っていた頼親の摂津守への任官が叶わなかったのはいうまでもない。

源頼親について道長との関わりを一括して述べたのでやや年月が降ってしまった。

金峯山詣で

寛弘四年の賀茂祭を道長はすべて見物した（四月十七〜二十日条）。時の斎王は、円融から後一条まで五代の天皇にわたり五十七年間という破格の長さを誇るところから大斎院の名もある、故村上天皇々女の選子内親王。その御禊列の見物から始まって、翌日は自ら十数名の公卿を従えて賀茂詣でを行った。次の日は賀茂祭の本番、曇天から雨になって人々は嘆いたが、路頭の儀の始まる頃には快晴となって皆悦んだ、と天候に関しては詳しすぎるほどだ。

この年の勅使（祭使）は子息の頼宗《よりむね》（明子腹）が務め、土御門第の東の対から出立している。数年前に新造した一条桟敷から一宮の敦康親王や十五人の公卿らと見物した道長は、行列の様子を「善を尽くし美を尽くす。未だかくの如き年はあらず。雨晴のこと神感の致すところなり」と記し、満足げだ。

翌日の還立も見物した。四日間も出ずっぱりなのは、体調もよかったことに加えて秋の金峯山詣でが視野にあったからであろう。

四十一歳の前厄を迎えた寛弘三年に道長は金峯山《きんぶせん》詣でに備えての精進潔斎（御嶽精進《みたけそうじ》）を正月から心積もりしていたが、さまざまな行事があって長期の日がとれなくなり年を越してしまった（『栄花物語』巻第八）。寛弘四年もあわただしく過ぎ、道長が家司源高雅《たかまさ》の室町宅に渡って二十名近い人たちと長斎《ちょうさい》（百日の精進）に入ったのは夏のことで（閏五月十七日）、参籠しながら重要な政務をこなすといった生活を続け、精進を始めて七十四日目の秋に京を出発した。ここで道長の日記に従って吉野までの行程を辿ってみよう（金峯山全般に関しての歴史を手っ取り早く知るには首藤善樹『金峯山』が便利である）。

金峯神社

午前二時頃というから暗いうちの出立で、御物忌により出門の際に衆人に塩湯を灑いでいる。「中御門（現在の丸太町通り北の椹木町通り）より西へ行き、大宮より南に出て」という書き出しから判断して出立は精進所の高雅邸からであろう。大内裏の東側の大宮大路を二条まで南下して西へ、朱雀門を仰ぎながら南に延びる大路を下って橋下（九条の手前か）で解除し、羅城門から京外に出た。そして鴨川尻で舟に乗り、昼頃には石清水社へ参詣、奉幣してその夜は「内記堂」に宿泊。さらに南下して翌日は大和国に入って大安寺に参詣し、南中門の東脇に宿した。

七世紀前半に飛鳥の地に草創という大安寺は、平城遷都にともない京内の左京六条の現在地に移転した。東大寺・西大寺にならって南大寺ともいわれ、南都七大寺の一つとして発展し、平安時代にも栄えていた。「大安寺伽藍縁起幷流記資財帳《だいあんじがらんえんぎならびにるきしざいちょう》」（天平十九〈七四七〉年）で知られる伽藍などが数次の発掘調査によって次第に明らかとなり、八世紀中頃の建立とされる約七十メートルの東西の塔のうち西塔は、平安時代の九世紀前半に建てられた可能性が高いことが最近の調査で明らかになった（『朝日新聞』二〇〇四年十一月十二日付朝刊）。なお、この大安寺をはじめ各寺院で御明・諷誦があり、信布（十ないし三十端）の奉納がされたことはいうまでもない。

翌日は「井外堂」に泊まり、飛鳥の地に入って軽寺に宿し、さらに歩を進めて翌日には「壺坂寺」に到り、そこで泊まった。壺坂峠は奈良から吉野へ抜ける古道で、麓に八世紀初頭に建った壺坂（阪）寺（南法華寺）があり、観音霊場の西国三十三所第六番の札所として知られ、おさと・沢市の「壺坂霊験記」で有名。六日目は「観覚寺」、「現光寺」を経て、その日は「野極」に宿した。源光寺については『今昔物語集』（巻第十一、第二十三）に比曽（蘇）寺と同じとある。近畿日本鉄道吉野線の大和上市駅で下車して国道一六九号線を吉野川ぞいに下流へ五百メートルほど進み、北へ山あいの道を一キロほど行くと世尊寺がある。往時ここには聖徳太子の創建と伝え、奈良・平安時代には栄えた比曽寺が存在し、それは源光寺とも呼ばれたようだ。野極は地名の野際《のぎわ》のことで「下千本の花山と蔵

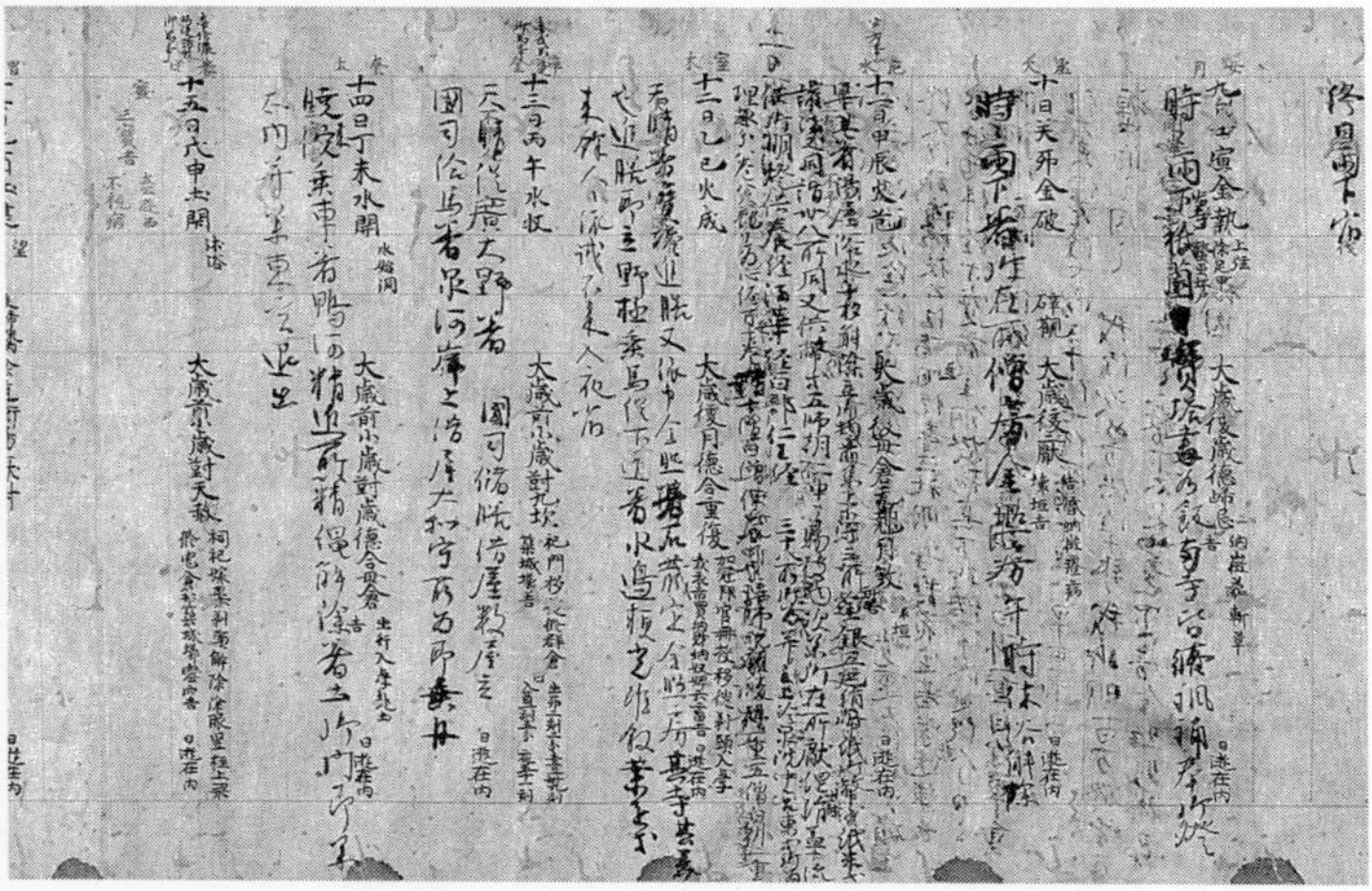

『御堂関白記』（寛弘４年８月９～15日条〈自筆本〉国宝・陽明文庫蔵）

裏書

十一日、甲辰、火危、定考事、
早旦着湯屋、浴水十杓、解除、立御物前、参上小守三所《献》、金銀五色絹幣・紙御幣等・紙米等、
護法又同、詣卅八所、同又供幣等、五師朝仁申之、賜被物、次参御在所、献綱《廿条》絹蓋十流、供御
明燈、供養経、法華経百部・仁王経（マヽ）　三十八所御為、幷主上・冷泉院・中宮・東〔宮脱〕等御為理
趣分八巻、八大龍王為心経百十巻、請七僧・百僧、供養了、講師・呪願綾掛一重、五僧白掛一重、
〔裏書〕十一日、百僧絹一疋・袈裟一条、未《送》前七僧法服・甲袈裟、余宿衣、御燈申上僧単重、七僧布
施、（マヽ）　百僧布施米二石・信濃三端、諷誦百端、満寺僧供粁米百石、又年《前》
手奉書金泥〔法脱〕華経一部・此度奉書祢〔弥勒カ〕軗経三巻・阿祢〔弥〕陀経・心経等、同道僧以七口申上、講師覚
運大僧都、呪願定澄大僧都、読〔×三礼〕師扶公法橋、咀〔唄か〕懐寿、〔×礼か〕三礼明尊、散花定基、堂達運長、皆被
物、件経等、宝前《立》金銅燈楼、其下埋、供常澄〔燈〕也、従《初》今日、ヽヽ修諷誦、五師三綱給禄、別当金
照・朝仁等白掛一重、自余単重、権大夫供養経、七僧・三十僧、七僧疋〔×絹か〕絹、金照加単重・米三
十石、（マヽ）　源中納言同之、我経次女方供経十部、我御明百万燈、皆有所ゝ御為、事了見
所ゝ、霧下不見如意、還房、金照賜褂、即下向、入夜宿寺、祇園、

王堂との間、吉野山の下町の通称」(『奈良県の地名』)らしい。野極に着いて雨となり、翌日は「終日雨下る。宿す」とあるのみでのんびりしていたようだ。

その翌日も雨は残ったが金峯山を登りはじめ「寺祇園」で宿泊、翌日も時おり雨の中を進み、昼頃に御在所に定められた金照房に着き、九日間の旅装を解いて沐浴、解除して明日の参詣に備えた。この宿を提供した金照は後年に金峯山別当となり、法橋の僧位を得ている(『御堂関白記』寛仁元年十月二十日条)。

雨もあがった翌十一日、この旅の主眼の日である。早朝、湯屋に下りて十杓の水を浴び、まずは「小守三所」(子守三所)に詣でて金銀五色の絹および紙の御幣や紙米などを献じ、三十八所にも詣でて幣物を供えた。次いで御在所に参り、綱や絹を献じて灯明を供え、法華経・仁王経以下の経供養を行った。それは一条天皇・冷泉上皇・中宮彰子・東宮のための理趣分八巻などが含まれていた。これに従事した七僧・百僧らに布施があったことはいうまでもない。

さらには道長みずから前年に書写した金泥法華経一部と、このたび書写した弥勒経三巻・阿弥陀経・心経などを京から同道した覚運《かくうん》・定澄《じょうちょう》大僧都ら七人の僧をもって奉告し、蔵王権現の宝前に金銅の燈籠を立ててその下に埋納した。わが国における埋経の先例といえる。また倫子や頼通が書写した経供養も行い、道長の御明百万燈の奉献もあった。一連のことが終わった後、道長は諸所を回ったが、霧のため思うように見えなかったという。その後いったん金照房に戻り、夜は寺祇園に宿した。この日は書くことが多く、半分以上の記事は裏書にまわっている。

翌日は晴天のなか宝塔へ参り、金照が勧めてくれた石蔵寺（金照房）へ立ち寄り、「とても美しい寺」と感嘆している。そこより馬で下山して野極に宿した。そこには源頼光・平維叙《これのぶ》・高階業遠《なりとお》らが迎えに来ていたが、警護をかねてのことであろう。翌日は大和国を離れるに当たり、国守の源頼親が数個の仮屋を用意して膳を振る舞っているが、ここぞとばかりに大きな奉仕をしたことであろう。道長のほうも頼光・頼親兄弟の働きを肝に銘じたにちがいない。その後、頼親が手配した泉河岸（山城国）の仮屋に入り、ここから船で進み、その夜は船中泊。翌日の早暁には淀に到着、車に乗り換え鴨川の精進所で解除して土御門第に旅装を解いた。十三日ぶりの京である。

金銅藤原道長経筒（国宝）
（金峯神社蔵）

経筒が語るもの

道長の金峯山詣での証しがある。道長が写経を納めて埋めた金銅製の経筒が、元禄四年（一六九一）の山上本堂（蔵王堂）の改修の際に出土したのである（金峯神社蔵、国宝）。その経筒には五百字余りからなる寛弘四年八月十一日付の道長の敬白文が陰刻されている（『平安遺文』〈金石文編〉）。「百日の潔斎をし信心の道俗若干人を率いて金峯山に登り」で始まるそれには、自書の法華経・阿弥陀経・般若心経など計十五巻の経巻を銅篋に納めて金峯山に埋め、その上に金銅製の常夜灯を立てた、とある。このうち法華経（八巻）だけは先年に書写して金峯山に埋納しようと思っていたが病悩のため果たせなかった、とある。そして書写した各経文に託したところを述べるが、つまるところ極楽往生を祈願しているのである。因みにこの経筒は埋納用としては現存する最古のものである。

日記の十一日条にも「前年に手ずから書き奉る金泥法華経一部、このたび書き奉る弥勒経三巻・阿弥陀経・心経等」とあり、出土した経筒の中に納められていた紺紙金字法華経の巻第一残闕（重文、東京国立博物館蔵）の末尾に「長徳四年」とあることにより、道長の言う前年は九年前の長徳四年（九九八）を指すらしい。この年に御嶽詣でを思い立って精進を始めた道長は、途中で病を得て断念したようだ（『日本紀略』の三月四日条によると重病の道長は出家の意思を天皇に奏上したが慰留されている）。現存の『御堂関白記』は長徳四年の七月から始まっているが（自筆本第一巻）、この年は七月の数日分の記事のみで、御嶽詣でに関する記載はない。断簡とはいえ道長自筆の経巻と相対していると感無量なものがある。

長徳四年の道長は三十三歳、寛弘四年は四十二歳でいずれも厄年であることに着目して、参詣の願意は厄除けにあったとの解釈に立つ研究者もいる。それを否定するものではないが、主眼は極楽往生であり、複願として子宝を授かること、具体的には皇子の降誕にあったのではないかと思う。子守三所への参詣がそれを物語っている。こんにち奈良県吉野郡吉野町子守の地に式内社の吉野水分神社《みくまりじんじゃ》が鎮座し子守明神の俗称をもつ。この神社は「水のもつ生命力に対する神秘感は雨司の神をいつか「みこもり（身ごもり）」の神・子産みの神・子守の神へと発展させて子守明神となり、付近の地名さえ子守となったといわれる。平安中期すでに子守明神と称して祀られた」と説かれ（『奈良県の地名』）、子守三所を彷彿とさせる。

道長が最初に御嶽詣でを思い立った長徳四年の時点では、彰子は十一歳でまだ入内していないから外孫云々の思いはなかった。しかし九年後には事態は変わっていた。入内して八年、二十歳に達していた中宮彰子に懐妊の兆しがない。外戚の地位を確固たるものにするためには外孫の出現は不可欠である。彰子の懐妊は道長の悲願であった。それが神に通じたのか、一年後には皇子の誕生を迎えることになる。しかし、これは副次的なものであり、その延長にある現世利益ではなく、主眼は往生極楽世界への祈願にあった。このことは先に触れた浄妙寺創建と相通じるところがある。

ところで金峯山詣での早い例としては十世紀はじめの宇多上皇の御幸があり、十一世紀初頭の道長ら貴族の参詣を経て院政期にはかなり盛行していた。なお平安中期あたりから金峯山詣でを御嶽詣でとも呼ぶようになった。十世紀末に右衛門佐《うえもんのすけ》藤原宣孝《ふじわらのぶたか》（紫式部の夫となる人）が御嶽詣でをしたおり、身分の高い人でも粗末な服装で詣でるのを父子で派手な衣装を身に着けて参詣し、人々に呆れられた話が『枕草子』（一一五段）に載っている。

道長の曾孫の師通は寛治二年（一〇八八）と同四年（道長に倣ってかいずれも秋）の二度にわたり金峯山詣でを行っているが、後者の時には道長の日記からその部分を抄出している（『後二条師通記』寛治四年八月十三日条）。

金峯山詣での三カ月後、道長は二年前に創建した浄妙寺の三昧堂の西隣に多宝塔を建立しており、その一週間後には叔父の内大臣藤原公季が建立した法性寺三昧堂の供養会に臨んでいる（『御堂関白記』十二月十日条）。実は法性寺には未だに寺額が懸かっておらず、道長は院源僧都の依頼を受けて書き送っている。それも、もとより能書でないのを理由に度々の依頼を断ってきたが、これも功徳と思い直して引き受けたのである。道長の字は南門、藤原行成のは西門に懸けられた。そして当日の供養会は、「功徳」と「一家の長」、それに「教通、祭使の日忝くも座」してもらった、これらのことが重なって詣でることにしたという。公季は道長の出席を悦び、翌日には礼を言うために土御門第を訪ねており、道長は酒膳をすすめ馬一疋を与えている。「借りは返す」、道長は王者たる人生哲学を心得ていた。

祭使云々については、一カ月前の春日祭（今日の春日若宮御祭など）で子息の教通が十二歳で祭使を務めたことを指す。前日に挙行の出立の儀に内大臣公季が渡って来てくれたことを「これ希有のこと」と悦び、盃酌が数巡するうちに道長は「悦び身に余り、泥酔して覚えず」と記している（十一月八日条）。道長の脳裏には三年前の頼通の祭使出立のことが去来したことであろう。

2　皇子と皇女

出産の様子（『北野天神縁起絵巻』国宝）

待望の中宮懐妊と里邸退出

寛弘五年（一〇〇八）が明けて春の息吹が感じられる頃には彰子に懐妊の兆しがあらわれた。そして五カ月を迎えた四月十三日の夜遅く、彰子は一条院内裏の東北の門を出て一キロ余りの道のりを静かに東進して土御門第に遷っているが、これには大納言藤原道綱はじめ八名の公卿や弟の頼通たちが同道し、内裏方の女房が十一人、典侍、掌侍、命婦らがつき従った。これは宮中で神事が行われるのに伴っての一時的な退出であった（『御堂関白記』『権記』『日本紀略』）。そして二カ月後に内裏へ還御している（六月十四日条）。

ところで『栄花物語』（巻第八）が伝える中宮彰子の容貌は、色白の肌に丸い頬、身の丈に余る黒髪、小柄ゆえに若々しく、一見か弱そう、ということであって、生き様から紡ぎだされるしっかり者との印象と大きく隔たる。これに続いて懐妊のことが述べられる。訪ねて来た天皇に中宮は「去年《こぞ》の十二月に例のこともなかりし。この月も二十日ばかりにもなりぬるは、『心地も例ならず』」、生理が止まって二カ月になり、いつもと様子がちがう、と語っている。入内から九年が経過し二十一歳となって初めての懐妊、その知らせを聞いた道長が小躍りして悦び、心のうちで御嶽詣でのご利益と感謝したことは想像するに余りある。

身重の中宮が出産を控えて一条院から生まれ育った土御門第へ遷ったのは初秋のことであった。多くの女房を伴っての里下がりとなったが、その中には宮仕えに上がって三年ほどになる紫式部もいた。中宮の退出にあわせて整えられた土御門第の様子を彼女は次のように記している。

秋のけはひ入り立つままに、土御門殿のありさま、いはむかたなくをかし。池のわたりのこずゑども、遣水のほとりの草むら、おのがじし色づきわたりつつ、おほかたの空も艶なるにもてはやされて、不断の御読経の声々、あはれまさりけり。やうやう涼しき風のけはひに、例の絶えせぬ水のおとなひ、夜もすがら聞きまがはさる。

『紫式部日記』の書き出しである。中宮の出産の様子を書き留めるように、との道長の命を受けて執筆されたというだけあって皇子誕生の前後のことが実に詳しい。

秋の風情が漂う庭、寝殿の母屋（後に北廂に移る）にやすむ中宮、近くの廂の間に控える女房たち、安産祈願の読経の声と遣水の流れる音が作者の部屋（寝殿と東の対を結ぶ渡殿の東端の局）にまで届く、などなど土御門殿の様子がひしひしと伝わってくる。外戚を競う人たちのなかには呪いをかける人もいるであろう、そういうものから守るためにも断つことのない読経は欠かせない。各寺院から招聘された僧侶たちは東の対に控え、奉仕の番がくると寝殿へ赴く、そのたびに紫式部の部屋の前の廊下を「どんどん」と踏みならす数十人の足音が響く。

里下がりは予定より一週間遅れの七月十六日であったが、道長のその日の記事は「中宮、内より出で給う」と記すだけで簡略だ。感激の余り、記事としてまとまらなかったのか。こういう時には書かざる人となるようだ。

土御門第の模型（池浩三考証）

土御門第跡（京都御苑内）

皇子誕生

道長は初産に苦しむ娘の気持ちを和らげようと、白檀の薬師仏を仏師の康尚《こうしょう》に造らせている（七月二十四日、八月二日条）。康尚といえば宇治平等院の阿弥陀如来像の作者として知られる定朝《じょうちょう》の父で、後述する道長発願の法成寺の造仏者であり（これに関わった定朝が史上に名をとどめる最初）、道長は後援者であった。

産気づいた中宮は、「白き御帳に移らせたまふ」、つまり白ずくめの御帳台に移られた。そして修験僧が中宮にとり憑いていた物の怪を憑坐《よりまし》（霊媒と称する媒介者のことで下級女房がなった）に移し、これを調伏しようと大声で祈っている。難産のようで翌十一日の暁に中宮は北廂の間に移動し、傍では勝算僧正らが加持をし、院源僧都が道長の書いた安産祈願のための願文を読み上げげ、道長も声を合わせた。

そして昼頃、彰子は多くの人に見守られながら皇子を出産した。「午の時に、空晴れて朝日さし出でたるここちす。たひらかにおはしますうれしさのたぐひもなきに、男にさへおはしましけるよろこび、いかがはなのめならむ」、安産に加えて男児であった無上の喜びを紫式部はこのように記した。しかし道長の日記には感情描写はなく淡々とした書きぶりである。

午の時、平安に男子を産み給う。候する僧・陰陽師らに禄を賜う、各差あり。同時に御乳付け、臍の緒を切る。御湯殿の具を造り初む。酉の時、右少弁広業読書。孝経朝夕同じ。内より御剱を賜う。……御湯の鳴弦五位十人、六位十人。

なんと素っ気ないことか。続く三夜の記事も淡々としており、高揚する胸中を押さえて書かざる人、道長に徹している。因みに寛弘五年の後半部は自筆本があるので、時には高揚している道長の感情を読み取ることも叶う。敦成《あつひら》と命名されたこの皇子が九歳で即位する後一条天皇である。

『紫式部日記』によると、若宮の臍の緒を切ったのは祖母の倫子、最初に乳を含ませる乳付けの役は一条天皇の乳母であった橘徳子が務めた。若宮の乳母には、以前から仕えて慣れ親しみ気立てのよい蔵人弁藤原広業《ひろなり》の妻が選ばれた。夕刻に挙行の湯殿の儀など実にリアルな描写であり、以下に挙行の読書、三夜・五夜・七夜・九夜の産養《うぶやしない》の儀なども詳しい。なお、誕生、祝儀、行幸については『御産部類記《ごさんぶるいき》』（宮内庁書寮部編「図書寮叢刊」明治書院、一九八一年）もたいへん参考になる。

道長は夜討ち朝駆けで孫の顔を見に訪れては乳母の懐をさぐって寝ている若宮を抱きとるので、気をゆるして寝ている乳母が寝ぼけ顔で目を覚ますのも気の毒なことだ、なにも解らぬ若宮を満足そうに抱き上げて可愛がる道長はほほえましい、など紫式部の観察である。あるとき抱いていたらおしっこをかけられ、濡れた直衣を脱いで几帳の後ろで火に炙って乾かしていた道長は、居合わせた公卿たちに、

「あはれ、この宮の御しとに濡るるは、うれしきわざかな。この濡れたるあぶるこそ思ふやうなるここちすれ」と、よろこばせたまふ。

と語った。思いが叶った気持ちをストレートに吐露する道長、よほど嬉しかったとみえる。紫式部の記述は道長の感激を伝えて余りあるが、これが道長の偽らざる姿であろう。孫の誕生を手放しで悦ぶ好々爺の姿は今も変わらないが、今日のは孫ができた悦びそのものであるが、道長の悦びは将来の天皇を見越してのものであった。

行成は皇子の誕生を「仏法の霊験なり」と記しているが、それを誰よりも認識したのは道長自身であったろう。第二皇子とはいえ、異腹の第一皇子は後見人を失っているので実質的には即位が約束されているようなものだ。

土御門第への行幸

一条天皇がわが子と対面するために中宮のもとを訪ねたのは誕生の一カ月後の十月十六日のことである。この行幸は中宮と若宮の参内が十一月十七日と定められたのを受けてあまりに先のことなのでとられた措置であった（九月二十五日条）。道長は当日の朝に一条院内裏へ赴いて行幸に同道している。この日の記事は稀に見る長文で当然のことながら多くは裏書に回っている。

早旦、御装束了んぬ。大内に参る。巳の二点、東門を出で給い、午の一点、幸着き、入りたまい、輿を出でたまう。上卿西の対の南廂の座に着く。殿上人同じく卯酉廊の座に着く。この間、船楽、南山より出る間、御前を数廻し、上卿座に定まりて後に返り入る。御前に参り、若宮を見奉り給う。余抱き奉り、上また抱き奉り給う。その後、上卿座に着き、盃酌数献。この間、御装束を脱ぎ給う。

（下略）

一条院内裏の東門を十一時頃に出立した天皇の鳳輦《ほうれん》は、土御門大路を東進し、土御門第には西中門から入っており、一・五キロ余りの道のりを一時間ほどかけての行幸となった。天皇は、寝殿の中宮の御帳台の西側に設けられた御座所に入られ、「御佩刀《みはかし》」と「しるし〈御璽〉の御筥」（三種の神器の二つ。天皇の身辺に常にある）を内裏の女房が奉持した。これに備えて新調した竜頭鷁首からは管絃が流れる。いよいよ対面となるが、道長は若宮を抱いて天皇の前に進み、天皇が抱き取った時に少し泣いたけれど、とても可愛い声だったという。自信に満ちた道長と、初めてわが子を見つめる天皇、絵にはないがほほえましい光景である。この後の饗宴で道長は長慶子《ちょうげいし》に合わせて舞を披露した。明月につられて道長は主殿寮の官人に松明を撤去させて「月華を翫《もてあそ》」んだというが、なんと幽艶なことか。この日の行幸を殊のほか光栄と感じた道長は酔い泣きしたという。永年の思いが叶って心底から嬉しかったのであろう。天皇は夜遅くに還御された。

ところで若宮を抱いた天皇は、「第一皇子の敦康が生まれた時にはこのようなことはなかったなあー」と呟《つぶや》き、さらに次のように申された（『栄花物語』巻第八）。

かかる筋にはただ頼もしう思ふ人のあらんこそ、かひがひしうあるべかめれ、いみじき国王の位なりとも、後見《うしろみ》もてはやす人なからんは、わりなかるべきわざかな……

国王の筋には外戚となる人がいてこそ張り合いがあるというもので、その人なければどうしようもない。若宮を抱きながら敦康親王を不憫に思う天皇であった。これは当時の社会通念であって、そのことは史実が教えてくれる。

宴会の図（『紫式部日記絵巻』をもとに岡田元史画）

この日、天皇から加階をすすめられた道長は「官位ともに高し、公に仕える間、その恐れなきに非ず、賜わざるを以て慶となす」と答えて辞退している。余りにも幸福過多になることで不幸が来るのを恐れでもしたのであろうか。妻の倫子は従一位を受けている。行幸の日に若宮の親王宣下が行われ、翌日には家司が定められている。親王宣下の慶祝に藤原氏一門の公卿は揃って拝礼したが、「藤原ながら門《かど》わかれたるは、列にも立ちたまはざりけり」とあり（『紫式部日記』）、門流意識の強さを物語っている。

皇子の五十日の祝の戯言

皇子の五十日の祝が十一月一日の夜、三大臣をはじめ十八名の卿相（欠席は藤原行成ら三名）が参列のもと土御門第において盛大に挙行された（『栄花物語』巻第八、『紫式部日記』『御堂関白記』『小右記』十一月一日条）。寝殿東側の御帳台の東、御座所の傍に南北に几帳を立てて仕切り、御座の南に若宮の御膳（小さく可愛らしい皿や箸などを載せた六基の御台）を並べ、西側に中宮彰子の御膳（懸盤六基）が据えてある。倫子が若宮を抱いて御帳台から出てこられ、道長が若宮に餅を含ませた。戌の刻のことである。

東の対で饗宴があり、卿相ら参列者に供せられた五十合の折櫃〈折敷物〉は大和守源頼親の奉仕によるもので、「善を尽し、美を尽し、籠物の如し」であったという。頼親の点かせぎが見てとれる。盃がなんども廻って酩酊するものが多かったという。その後、卿相らは御前に召されて寝殿南面の簀子に移り、廂の間には女房たちが並んで坐り、扇で顔を覆っている。酔いに任せて右大臣顕光は几帳の綻びを引きちぎったり、女房の扇を取りあげて下品な冗談を言ったりしている。また実資は女房の衣装の褄や袖口の襲の色を数え、扇をかざして必死で堪える女房。こういった描写は『紫式部日記絵巻』（紙本着色、十三世紀の成立）に鮮明だ。そのほか管絃の遊びがあり、公卿殿上人以下に道長から給禄があった。

宴が果てて、道長の酔いぶりに危険を感じた紫式部は宰相の君（大納言藤原道綱の娘）と申し合わせて几帳の後ろに隠れようとしたが見つかってしまい、命ぜられるままに一首を詠じ、これに道長も応じている。この時、酩酊した道長が妻や娘を前に次のような戯言《ざれごと》を吐いた。

宮の御てゝにてまろわろからず、まろがむすめにて宮わろくおはしまさず。母も幸ありと思ひて、笑ひたまふめり。よい男はもたりかしと思ひたんめり。（中宮の父親として私は相応しく、私の娘として宮も恥ずかしくないであろう。そなたの母の倫子も幸福だと感じ、よい夫を持ったと思っているであろう。）

この戯言を聞いた倫子はきまり悪く思ってほかの部屋へ渡ってしまったという。五十日の祝いは若宮が土御門第を離れる半月前のことである。

この皇子誕生と節目の祝儀、そして土御門第行幸などの絵画版が『紫式部日記絵巻』である。行幸のために新造した竜頭鷁首を池に張り出した釣殿の簀子に立って眺める冠直衣姿の道長は、彼の画像としては最古のものである。ほかに中宮に抱かれた若宮、寝殿の御帳台に臥す中宮、中宮に新楽府《しんがふ》を講じる紫式部、対座する道長と紫式部、「渡殿に寝たる夜」(三十七頁)に紫式部の局の戸を叩く道長の姿の絵などがある。そのなか五十日の祝いで中宮に抱かれた若宮の顔はあまりにもませていて違和感をもつ。

宮中に強盗

天皇の行幸から一カ月後、中宮は四カ月に及んだ里邸での生活を切り上げて天皇の待つ内裏に還御した。中宮は輿、乳母に抱かれた若宮と倫子は金造りの車、以下に中宮付きの女房の車が数輛続くといった行列は土御門第の西門を出て「大宮院」(一条院内裏)には東門から入っている。夜八時ごろの行啓ゆえ挙燭の官人も随伴したことはいうまでもない。天皇は若宮との対面を希望し、ここでも道長が若宮を抱いて御前に参上している(『御堂関白記』『御産部類記』十一月十七日条、『紫式部日記』)。この還啓の際に道長から櫛筥、『古今』・『後撰』・『拾遺』の勅撰集を納めた手筥などが贈られたが、中宮は翌朝にこれらをご覧になった。中宮はきっと、皇子に恵まれた幸せとともに父親の恩恵をしみじみと感じとったことであろう。

中宮が土御門第に滞在した四カ月というもの道長は、外孫の誕生で気が張っていたためか、病めることも無く好々爺ぶりを発揮しながら恙なく過ごしたようだ。

内裏に戻って一カ月後に敦成親王の百日《ももか》の祝儀が盛大に行われ、道長に抱かれた若宮に天皇が餅餤《べいだん》を口に含ませるといったほのぼのとした光景もみられた（『御堂関白記』十二月二十日条）。機会あらば孫を抱きとって悦びに浸る姿は今も変わらない。

道長にとって最良の年となった寛弘五年も終わろうという時に宮中においてちょっとした事件が起きた。男性日記や記録類にその記載はないが、『紫式部日記』によって知られる事件である。

大晦日の夜、恒例の追儺《ついな》の儀（悪鬼を追い払い疫病を除く）も早く終わったので、作者は自室に戻ってお歯黒をつけたりして寛いでいると、そこへ弁の内侍がやってきて話をしているうちに彼女は寝入ってしまった。一人の女蔵人が長押《なげし》のもとに坐って童女に縫い物などを教えていた時、中宮（彰子）の御座所の方から激しい悲鳴が聞えてきた。弁の内侍を揺り起こしたけど容易に目を醒まそうとしない。恐ろしくてどうしていいかわからず、火事かとも思ったがそうでもなさそうだ。怖かったが中宮が心配になり女蔵人を先頭に弁の内侍を突き起こして三人で震えながら足も地につかない様子で中宮の方へ行ってみると、衣装を剝ぎ取られた裸の女房が二人うずくまっていた。強盗の仕業であった。手を叩いて大声で呼んでも応じる人がおらず、追儺が済んだので御厨子所《みずしどころ》（食膳を調進する所）の官人や、中宮付きの侍、滝口の武士たちはみな退出してしまっていたというから警備になっていない。裸にされた二人の女性には中宮から納殿にある衣装をあたえられた。「はだか姿は忘られず、おそろしきものから、をかしうともいはず」とは作者の回想である。これは一条院内裏でのことであるが、剝ぎ取りとまでいかなくとも衣服をねらっての宮中への盗人は珍しいことではない。

滝口とは清涼殿の東を流れる御溝水の東北にある落ち口をいい、この近くの渡廊に天皇を警備する武士（定員は二十人）の詰所、滝口の陣があった。勤番で夜も常駐したはずなのに誰もいないとは驚きである。それにしても衣類を剝ぎ取るだけ（引剝）で逃げており、殺人に及ぶことの多い現代の強盗とはえらい違いだ。なんとも平和な時代ではないか。

呪詛に遭う

寛弘六年（一〇〇九）正月の松も取れてほどなく不吉なことが発覚した。あろうことか中宮と若宮の敦成親王を呪詛する厭物が見つかり、道長も対象となっていることが判明したのである。道長邸を訪れた行成は、内裏で見つかった母子を呪う厭符を見せられ、「事多く、載せず」としながらも、後に聞いた話として播磨介高階明順《あきのぶ》、民部大輔源方理《かたまさ》らが恐れをなして退出したことを記している（『日本紀略』正月三十日条、『権記』二月一日条）。

この事件のことは罪名を決めるために犯人を糾弾した勘問日記に詳しく（『政事要略』巻七十「糾弾雑事〈蠱毒厭魅及巫覡〉」所収の寛弘六年二月八日付勘文、二十日付宣旨）、呪詛・厭魅した僧や陰陽師を拷問にかけて問いただして判明したのである。それらによるとあらましは次のようなことである（『権記』二月四～六、二十日条、『日本紀略』同五日条）。

散位（前越後守）源為文、民部大輔源方理夫妻、伊予守佐伯公行の妻の高階光子らが僧円能に語らって呪詛したのであるが、そもそも発端は前年の十二月中頃に方理と光子が相語らい、厭符を一枚ずつ持っていたことにあった。そして呪詛に関わった人たちには接点があり、その延長線上に藤原伊周が存在していた。つまり源方理の妻が為文の娘であること、佐伯公行の妻の光子は「高二位女、中関白家宣旨也」「妾妻、故成忠二位新発女」などとあるので、父は高階成忠で、関白藤原道隆の妻となって伊周・定子・隆家を生んだ貴子とは姉妹ということになり、道隆家に仕えた高級女官であった。方理と光子の接点は明らかでないが、中関白家を介しての結びつきであったと思われる。そして円能への橋渡しは親昵であった為文がしたという。

貴子・定子の存在によって摂関家・天皇家と関わりを深くした高階家の成忠父子は廟堂での力を大きくし、成忠は中宮定子の外祖父ということで従二位（非参議）に到っている。恐れをなして退出したという明順は成忠の子の一人である。彼らが道長との政権争いに伊周が敗北したことで失脚したことは前述のとおり。寛弘六年の時点では道隆・成忠・貴子は故人となって久しく、数国の受領歴任で富裕をもって知られた佐伯公行は、妻が罪科に処されたことで一年後に出家している。

ところで呪詛のねらいは、円能の自白から、中宮・若宮・左大臣の三人の存在が伊周を「無徳」にしているので、彼らを亡きものにすべく「厭魅を奉る」というものであった。円能は二枚の厭符のうち一枚は光子に、もう一枚は方理に渡すべく家へ持参したが、当人がいなかったので妻に預け、それぞれから祓禄を貰っている。これは呪詛を担当した僧や陰陽師たちへのお礼であるが、こうした動きも追及しながら糾問されている。

そして「謹みて賊盗律を検じて云く、憎悪する所ありて厭魅を造り、及び符書を造りて咒詛し、以て人を殺さんとすれば、各謀殺を以て論じ、二等を減ず。若し乗輿（天子のこと、ここでは中宮と若宮を指す）に渉らば皆絞す」と前例に鑑みながら結論としては、「須く各除名し、皆絞刑に処す」という厳しいものであったが、死刑が行われなくなって久しく、実際には光子・方理らは官位剝奪、円能は絞罪のところを減じて禁獄となった。直接関わらなかったものの原因となった伊周は朝参を停止されたが、三カ月後には聴されている。なお方理の復位と円能の禁獄免除は二年後のことである（『権記』寛弘七年十二月二十九日条）。

伊周は半年後に三十七歳の生涯を閉じている（『権記』寛弘七年正月二十九日条）。政権の座に就く前後は強敵であったが、左遷によって勝負がつき、帰京以降は道長もやさしく遇したけれど、時に中関白家の総帥として担ぎ出されるなどくすぶり続けていた火種が消えたことで、道長も安堵したことであろう。

なお『御堂関白記』の寛弘六年の部分は正月は三日間、二月は記事なし、三月から六月までは各月とも十日前後の記事という状況であり、この呪詛に関しての記載は全くないので、道長の感情を知ることはできない。こういうときには黙して語らずの姿勢を貫いていた感を抱く。

科学的思考の乏しい当時にあって人々は呪詛をもっとも恐れ、それを知った時には払い除けるための加持祈禱を必死で行ったが、こうしたことは文明が高度化した今日においては想像をはるかに超えるものであったろう。

頼通の結婚と道長の婚姻観

呪詛事件が一段落した頃、「近衛御門女子」こと明子腹の道長の娘寛子が著裳を行い、道長びいきの公卿十数人と二十人余りの殿上人たちが明子の高松殿（東三条殿の南隣に所在の一町規模の邸）に列席しており、倫子からは被物《かずけもの》が届けられた（『御堂関白記』『権記』三月二十七日条）。寛子は後に小一条院（敦明親王、三条天皇第一皇子で母は藤原済時の娘の娍子）の妻となるが（『御堂関白記』寛仁元年十一月二十二日条）、夫が道長によって東宮を降ろされた直後だけに（その経緯は後述）、心中は複雑であったかと思う。寛子から皇子女が誕生するが、彼らが道長家に摂関を持続させる効果をもたらすことはなかった。

同じ頃に嫡男の頼通（十八歳）が具平親王（村上天皇第七皇子）の娘の隆姫《たかひめ》女王（十五歳）と結婚した。これにまつわる一連の話は『栄花物語』（巻第十二）にみえるものである。具平親王から頼通を婿にという話がきた時に道長は「男《をのこ》は妻《め》がらなり。いとやむごとなきあたりに参るべきなめり」（男の価値は妻次第で決まるものだ。たいへん高貴な家に婿取られていくのがよいようだ）と悦んだという。道長が皇親との縁組に積極的であったことは自身の結婚が物語っている。もっとも具平親王は当初、娘を天皇にと望んでいたが、宿縁と考えて頼通にしたという（『栄花物語』巻第八）。どこまでも尊貴性が重要視された時代を反映している。

ある時のこと、家に帰った頼通は美しく整えられた御帳台の前に坐っている隆姫を几帳の傍らから垣間見たが、その姿は衣の裾に長い黒髪が垂れていて絵に書いたようであったという（『栄花物語』巻第十二）。このような美しい隆姫への愛ひと筋から頼通は他の女性には余り関心を示さなかったようだ。夫婦愛という点で頼通の態度は美徳と讃えられるが、九十三歳という破格の長命を保ちながら隆姫に子はなく、この点が道長の相容れないところであった。

隆姫との結婚から六年後（長和四年〈一〇一五〉）のこと、三条天皇から愛娘の二の宮、禔子内親王の婿に頼通をという話がきた。隆姫には一向に懐妊の兆しがないこともあって、天皇からの降嫁の話をたいへん悦んだ道長が、頼通を呼んで「帝からの話を謹んでお受けし退出してきた云々」と伝えると、頼通は「どのようにでも……」と言いながら目に涙を浮かべていた。頼通のそのような態度に立腹した道長は、

男《をのこ》は妻《め》は一人のみやは持たる、痴《しれ》のさまや。いままで子もなかめれば、とてもかうてもただ子をまうけんとこそ思はめ。このわたりはさやうにはおはしましなん。（男が妻一人なんて愚かしいこと、まして一人の子もいないではないか、なんとしても子を設けることを考えるべきで、この皇女はきっと子を産んでくれるであろう。）

と吐き捨てるように言った。摂関維持に執着する父と、愛を優先させる息子の意識の相違が見てとれる。重要なことは、結果として、これが摂関の明暗を分けることにつながるのである。二代目の気楽さは今に始まったことではない。

これが直接の理由でもなかろうけれど、このあと頼通は病に罹って一時は重病に陥るが、それは邪気によるものとわかった。故藤原伊周の霊が取りついており、その調伏に道長は昼夜の読経をはじめ加持祈禱に余念がなく、重病の時には夫婦で頼通邸に泊まりこんでいる（『御堂関白記』『小右記』十二

月十二～十四日条)。『栄花物語』では、物の怪の正体は故具平親王の霊と出たので、道長は物の怪に陳謝して降嫁の停止を約束したという話になっており、その結果、頼通の病は消えて気分も爽やかになったとする。道長の降嫁云々の話は信じ難い。頼通の病気は「頭打身熱悩苦」という症状ゆえ、今なら高熱を伴う流感と診断され、点滴をして一両日も寝ていれば回復するであろうが、当時は大変であった。

隆姫の日記でもあればこのあたりのことが知れて参考になろうが、この時代の女性が日々の事柄を記すといった慣習はなかったので無いものねだりというもの。それどころか当の頼通の日記も残っていない現状である。

なお頼通の病の三週間ほど前に藤原永頼《ながより》の娘が頼通の男児を出産して死去しているから(『小右記』十一月十七日)、隆姫への純愛も怪しいものだ。

さらに付け加えるならば、降って万寿二年(一〇二五)正月十一日の『左経記』に次の一文がある。

昨日、故右兵衛督(源)憲定二女、男子を産む。これ関白殿(頼通)に候するの子なり。而して殿下(頼通)、密々に芳会あるの間に懐妊し、午の剋に及んで平かに産むと云々。禅門(道長)幷に殿下、喜悦せしめ給うこと限りなし。

源憲定(村上天皇皇子の為平親王を父とし、母は道長の妻、源明子の姉妹)の娘が頼通と通じて生まれた男児が後に権大納言となる通房《みちふさ》（二十歳で死去）である（『栄花物語』巻第二十四）。

この女性は十八歳の時に皇太后宮（彰子）から頻りに出仕の話があった。これを甘心しなかった父の憲定は、叔父の権中納言源俊賢に相談した。すると俊賢は、宜しくないとはいえ、仰せをうけて断るすじはなく応じるべき、と。それでも迷ったのか、俊賢の意見をもって実資のもとを訪ねた憲定に対して、実資は自分の意見を言わずに「一家のことは俊賢の指帰によるべし」と伝えた。藤原氏は埒外といった気持ちか。しかし日記では安売りしている例を挙げて「末代の卿相の女子、先祖のために恥を遺すべし」と前置きし「武衛（憲定）、太だ愚かなり」と手きびしい（『小右記』長和二年七月十二日条）。道長家への追従を戒める気持ちも入っているにちがいない。

なお憲定が実資に意見を求めたのは、彼の兄弟の婉子《えんし》女王（九七二～九八）が花山天皇女御のあと実資の妻であった関係によるものである。

憲定の娘は彰子のもとへ上がり、これが縁となって頼通と結ばれたのであろう。彼女の出産は十二年後になるから三十歳の時のことである。生まれたのが男児ゆえに外戚延長に貢献することは叶わず、この二年後には道長も他界してしまう。

道長、叡山へ

中宮彰子は、敦成親王の出産後から新年（寛弘六年）を迎えても生理がないままにうち過ごし、呪詛騒ぎが明るみになった頃には懐妊していることがわかった（『栄花物語』巻第八）。そんなある日、道長は根本中堂において舎利会《しゃりえ》を挙行している（『御堂関白記』『権記』五月十七日条）。道長が延暦寺へ赴くのは『御堂関白記』の初見記事である。

道長は十七日条に「丑の時、山に登る、八瀬路から東塔に渡り、舎利会を供養す。巳の時、事を初む……」と記すが、行成は十六日条に「鶏鳴（丑の時）、山に登る」とのみ記し、十七日条の冒頭に「遅明、松前（今日の松ヶ崎）の東を経て、辰の剋、西塔の湯屋の下に到り、馬を下りる……」と記載している。出立時については同じことを述べながら、一日の始まりが寅の刻という通念を忠実に守った行成は、日を書き分けて記載している、と解すべきであろう。ただ道長は八瀬経由で直接に東塔へ向かっているので、西塔経由の行成とは登山のコースが違っていたようである。

法華総寺院（台密の根本道場、今はない）で挙行されたが、母屋の東北の間には西向きに僧綱、その後ろに三綱の座、西北の間には上達部、殿上人の座があり、それぞれに酒饌が用意されていた。二百人からの僧が参会しており、天台座主以下への被物もすごい料だ。参列した公卿十一人の名を明記し、二人の蔵人頭はじめ二十人余の殿上人らが参列した。日が沈む時分に帰路につき、西坂下経由で十時頃に帰宅した。五月は雨が続いたが、十五日から晴れ、当日は風雨の障りもなく「本意の如し」と満足し、下山の際には月が照り日中の如くであった、と悦んでいる。こういう仏事などのおり天候に恵まれた時に道長がよく見せる一齣だ。

彰子、再度の皇子出産

中宮彰子が出産を控えて土御門第に退下したのは舎利会の一カ月後のことである（『御堂関白記』『権記』六月十九日条）。夜遅い行啓であったが、終わって程なく雨になったと記す道長、これも吉と見ているのである。いっぽう若宮は行啓前になぜか明子のいる高松殿に退出して三日間を過ごしているが、その間、道長は若宮と行動をともにしている。そして若宮は母よりも早く当日の昼に土御門第に移っている。道長は行啓に備えて土御門第の筑垣・廊下などの修理や建造を行っている（四月九・十五日条）。なお、中宮がまだ一条院にいる時にそこを訪ねた行成は、道長に抱かれて簾外に出てきた若宮の面貌を見て「王骨あり」と日記に書き付けている（『権記』五月二十八日条）。生後八カ月余りの赤児に王者の相を見るあたりさすがに行成である。

中宮は土御門第に退下した五カ月後に男児を出産した（十一月二十五日条）。この部分も自筆が残っており、敦成誕生の記事よりも長文で裏書にまで及んでいる。そして前日条のところに書いた文に補入箇所を印すなど同じ書きようだが、やはり心が躍っていた証しか。早暁に白ずくめの御帳に入御した中宮は数時間で出産したのである。午の時に臍の緒を切り、乳付けが行われたが、いずれも倫子が奉仕し、ついで供御湯・鳴弦・読書のことがあった。そのあと三夜以下の産養も慣例どおりに挙行されたことはいうまでもない。

道長が日記に「犬宮《いぬみや》」と記す（初見は十二月七日条）この皇子は、敦良《あつなが》親王と命名され、後に兄の崩御をうけて二十八歳で即位する後朱雀天皇である。因みに皇子名の選進者は道長のお抱え学者である大江匡衡であった。彼は自作の漢詩集『江吏部集《ごうりほうしゅう》』（『群書類従』巻第百三十二）のなかで、祖父の維時（極官は中納言）が朱雀・村上・冷泉・円融天皇、叔父の斉光が一条天皇の命名に関わり、「江家代々の功大なり。匡衡、家風を承け、寛弘五年十月、若宮の名を奉り、寛弘六年十二月、今君の名を奉る。聊か遺華を著し、来様を貽《のこ》す。夫れ其の言を用い、其の人を廃さず。聖主、賢臣の本意なり」と述べている。すなわち匡衡は、自らは敦成・敦良両親王の命名に預るといった功にめぐりあったので、来し方を著わして後世に残す、という。賢臣を重用する一条天皇を讃えている。
この皇子出産にまつわる逸話が十二世紀初頭に成った『江談抄《ごうだんしょう》』（第二の九）という説話集にみえるので紹介しておこう（岩波書店「新日本古典文学大系本」〈山根對助・後藤昭雄校注〉による）。

上東門院（彰子）、一条院の女御（すでに中宮）たりし時、帳の中に犬の子、不慮のほかに入りてあり。見つけて大いに奇《あや》しみ恐れては入道殿道長に申さる。入道殿、匡衡を召して密々にこの事を語らしめ給ふに、匡衡申して云はく、「いみじき御慶賀なり」と申すに、入道殿、「何故ぞや」と仰せらるるに、匡衡申して云く、「皇子出で来たらしめ給ふべき徴《しるし》なり。犬の字は、これ点を大の字の下に付くれば、太の字なり。上に付くれば、天の字なり。これをもつて謂《おも》ふに、皇子出で来給ふべし。さて、太子（東宮）に立ち、必ず天子に至り給はんか」と。入道殿大いに感ぜしめ給ふ間、御懐妊あり。後朱雀天皇を産み奉らしむるなり。この事秘事なり。退席の後、匡衡私《ひそ》かに件の字を勘へしめて、家に伝えしむるなり」と云々。

二人の名付け親である大江匡衡の予言の的確さを語ったものだが、この説話の語り主である大江匡房は匡衡の曾孫にあたるところが味噌。ところで『江談抄』より一世紀余り後の説話集、『十訓抄《じっきんしょう》』（第一）では、中宮彰子の帳のなかで犬が子を産み、それが後一条天皇となる。なお、後一条天皇誕生の前月に「中宮の御在所の塗籠内に犬産」との記事があって後一条に関わるようにも思うけれど、それを伝える『百錬抄』は後世の編纂ものであるだけに問題もある。同根異話のようではあるが、ようは匡衡を讃えた話である。

年子の皇子の出現に道長は「彰子、でかしたぞ！」と思わず叫んだにちがいない。それほどの快挙であった。中宮が土御門第を離れたのは出産から一カ月後のことであるが、還御先は一条院内裏ではなかった。この皇居は中宮が土御門第に退下していた間の十月五日に焼失したのである。『御堂関白記』同日条によると、朝四時頃の火事で天皇は「織部司庁室」に難を避けた。この役所は、宮内にはなく京内に散在した諸司厨町（官衙および所属者の住居から成る複合施設）の一つで、一条院と南接していた（『拾芥抄』の本文及び「東京図」）。敦康親王と脩子内親王弟姉は同車して南門まで避難していたので、行成が内教坊（平安宮の東北にあって一条院とは大宮大路を挟んで相対していた）にお連れして、その後に親王たちの伯父にあたる藤原伊周の室町第に移られた（『権記』十月四・五日条）。

天皇が避難している間に急遽参入した官人らによって御在所定めが行われ、方角がよいということで枇杷殿に落ち着いた。しかし所々が破れていたため（七日条）権中納言源俊賢を責任者として修理することになり、材木の手配に取り掛かっている。いっぽうこの枇杷殿は東宮（居貞親王）の年来の御所であったので、新たに東宮の御所を定める必要が生じ、十日後には頼通邸に渡り、さらに一週間後には道長の一条第に移っている（十月十四・二十二日条）。

天皇が枇杷殿へ遷幸したのは二週間後であった（十月十九日条）。「子の時」というから真夜中の行幸であるが、こういう家移りの場合には夜遅い例が多い。「日ならずの造作、未だ了らずと雖も、九重の作様を頗る写し得る」とあって、天皇が生活するうえで当惑しないように皇居に似せて造作したという。このことで想起されるのは、貞元元年（九七六）五月の内裏焼亡の際の堀河殿のことである。円融天皇は再建までの一年余りを岳父の関白藤原兼通の堀河殿で過ごしたが、この邸に関して「いみじう造りみがき給て、内裏のやうに造りなして」（『栄花物語』巻第二）とある点だ。この時の堀河殿が里内裏の初例となったのである。

天皇がお渡りになってからも作事は続けられ、とくに中宮の御在所となる対の屋の造作が中心であった。ここに中宮が二人の皇子とともに遷御されたのは年も押しつまった日の戌の時であった（十二月二十六日条）。天皇も中宮のもとへ渡って来られて饗宴がもたれたが、公卿は高齢の五人を除いて全十四人が顔を揃えており、その名を列挙するあたりいかにも道長らしい。一夜を明かした道長は夜も白じんだ頃にいったん土御門第にもどり、再度赴いている（二十七日条）。自邸に天皇や外孫を迎え入れた道長の気分は、「我が意を得たり」とばかりに高揚していたことであろう。

皇女出産への不満

皇子誕生と対照的なのが、次女の妍子が皇女を出産したおりの道長の態度である。

妍子は甥の若宮（敦成親王）を可愛がっていたという。『栄花物語』（巻第八）によると、彰子が第二子の出産を控えて土御門第に退下して来ると、尚侍《ないしのかみ》（内侍司の長官）であった妍子は、待ちかねていたように若宮を、お乳をやる時だけは乳母に託したが、それ以外はもっぱら抱いて可愛がったという。時に十六歳であったが、翌年（寛弘七年）に東宮の居貞親王に入り、その翌年、親王が即位（三条天皇）すると女御ついで中宮となり、一年後の長和二年（一〇一三）に皇女を出産する。

懐妊した妍子は内裏を離れることになり、その御輿は内裏の飛香舎を夜十時頃に出立し、玄輝・朔平門を出て職曹司の脇を通り、陽明門から宮外に出て大宮大路を南下し、中御門大路を東へ、西洞院大路を二条大路以南まで下って東三条院に到り、南門を入って寝殿に着いた。距離にして二キロほど、やはり夜遅い行啓である（『小右記』『御堂関白記』長和二年正月十日条）。ところが、あろうことか中宮御所となって六日後に三分の二ほどが焼失してしまう。中宮は東三条院の南院に避難するが、あまりに至近ということでひとまず藤原輔公《すけきみ》の高松第に移り、その夜には春宮大夫藤原斉信の郁芳門第に落ち着いた（同、十六日条）。

ここに三カ月滞在した中宮はいよいよ出産に備えて土御門第に移ることになったが、その途次に姉の皇太后彰子の御在所である枇杷殿に立ち寄っている。夜の九時前に郁芳門第の東門を出た中宮の御輿は中御門大路を東へ、東洞院大路を北上して枇杷殿へは東門から入り、皇太后と対面した。出産を控えて不安な妍子は姉の体験談などを聞いて心を落ちつけたことであろう。その間、絃歌、朗詠があり、供奉の公卿以下に給禄があった。また中宮、皇太后にそれぞれ贈り物があり、中宮が枇杷殿を後にしたのは子の二刻というから夜も更けてからで、土御門第までは五百メートル近くあるので、就寝は日付が変わる頃になっていたであろう（『御堂関白記』『小右記』同年四月十三日条）。このような皇后たちの夜の行動は今日では考えられないことである。

実家に戻って三カ月後の夜中のこと、妍子は無事に女児を出産した（『御堂関白記』長和二年七月六日条）。このことで道長は露骨に不機嫌な顔をしたが、それはきっと皇女であったからであろう、と子の資平の報告を聞いて藤原実資は日記に書き付け、「天の為すところ、人事何をか為さんや」と訝っている（『小右記』七月七日条）。禎子内親王（後の陽明門院）と命名されたこの皇女が、後に従兄妹の後朱雀天皇と結ばれて一男二女を生むが、その皇子が頼通の摂関に終止符を打つことになる後三条《ごさんじょう》天皇であるから皮肉な話だ。

二人の皇女を出産した威子

皇女出産に対する冷淡な感情は道長に限ったことではなかった。ここで話が先のことになるが、後一条天皇中宮の威子（倫子腹の三女）の場合を見ておこう。

威子は二十七歳で初めて出産をした。入内したのは八年前だが、その時の天皇は十一歳だから出産まで年数が開いたのはそのことによる。第一皇女の出産の様子を記す『左経記』万寿三年（一〇二六）十二月九日条は、調度以下の具体相がわかって参考になるので次に掲げておく。日記の著者である源経頼がこのように出産の状況を詳細に知り得たのは、倫子の甥、つまり中宮とは従兄妹関係にあり、中宮亮の立場にあったことによろう。

> 天晴る。今暁より御気色あり。仍ち御祈願を所々に告げ廻る。幷びに御読経等を奉仕することを命じる。巳の刻、御在所の御装束白御帳、御屏風、壁代、木帳、畳等、を奉仕せしむ。兼てより御加持の人々多く以て参り候す。未の二刻に及んで御誕生。女。頗る本意と相違すと雖も、平安を以て悦びとなす。（中略）大

夫（中宮義兄の藤原能信）、入道殿（道長）に申し、吉時を問われる。申して云う、未の刻吉時なり、といえり。則ち屬忠節を以て御気の方阿川東方へ遣し取り、左衛門督（中納言藤原兼隆）をして作らしめ、藤三位切り奉る。内の御乳母なり。同じく御乳付けを知る。宮御自らこれを奉り飲ましめ給う、これ然るべき人候さずに依ると云々。

臍の緒を切る竹刀を作るための竹の切り出しから、その作り手までの記載が見られる。そして生れたのが女児（章子《しょうし》と命名）であったことで、周囲もがっかりした様子が「本意に相違す」の言葉となって表れている。当の道長は、生まれる前日に二人の陰陽師に生まれてくる子の性別を占わせ、男と女に分かれている（『日本紀略』十月九日条）。生まれたのは皇女であったが、道長から、妍子の時のような慨嘆の言葉は聞かれない。六十一歳になっていた道長は、死の一年前のことでもあり、きっと心中は極楽浄土への思いで満たされていて、こだわりは薄らいでいたものと思う。それに頼通に摂関を譲って十年も経っている。

威子が三年後に皇女（馨子《けいし》）を出産した時にも「宮人の気色、太だ以て冷淡」（『小右記』長元二年二月一日条）であったという。この時には道長はこの世になかったが、あまりにも露骨である。

善良な受領

寛弘六年秋のこと、近江国の雑任や国分寺僧らが陽明門前にやって来て前司藤原知章の国守任官を道長に直訴している（九月十二日条）。陽明門は公卿以下官人たちの通用門であったから、愁訴などの折にはよく用いられた。翌日から除目が始まっているので、それを念頭においての彼らの行動であった。除目の結果、知章が近江守に任ぜられているが、そのことを道長は次のように語っている（寛弘六年九月十四日条）。

除目の儀了んぬ、常の如し。闕国は近江・伊勢等なり。近江は知章を以て任ぜらる。これ道理の内にあり。国の者、参上して請い申す。善状を申せらるは、或は任中、或は当時の守を愁いて前守を挙げ、或は当時の善状を申し、或は前司不善の例を申すことなり。未だ旧国の者参上して申す例を聞かず。

ところで知章は寛弘元年と四年の春に近江守の現任官であったことが知られるので（『権記』寛弘元年三月七日、同四年二月二十九日条）、この時に善政を行ったと考えられ、前司の善状の例となるから道長が列挙する例には入らず、したがって道長の最後の言葉が効いてくる。しかし寛弘六年の任官は前司の不善によるものではなかった。それは現任官の源高雅が病を得て出家するために辞職したことによる（『権記』『御堂関白記』八月二十七日条）。

道長は家司であった高雅の出家を惜しみ、その日の日記に「この暁、高雅出家すと云々。年来、他心なく相従う、といえり。今事ありて嘆き思うこと少なからず。昨日出家すべきの由を申さしむ。仏道を思うにより、心に任すべきの由を仰す」と記している（同、二十八日条）。仏教心の強い道長ゆえ引き止めることもできなかったのであろう。時に高雅は中宮亮でもあり、彰子の世話をする中宮職のナンバーツーの立場にいたのである。高雅の前任者は知章であったから再任ということになるが、知章は四年後の冬に他界しているので（『小右記』長和三年正月十二日条）、任期を全うしたか否かはわからない。

知章の近江守の任官について道長は「道理の内」と言っているが、受領の除目に関して妥当な場合には「道理」の言辞を用いることが多いようだ。寛弘二年の除目では「京官より受領に至るも道理を行わる」と語り（正月二十七日条）、一条天皇から除目の結果を示された時に「悉く道理にして難なきの事を申す」と述べているのがその一例だ（寛弘八年二月一日条）。

受領の道長家詣で

先に述べた九世紀末の尾張守藤原元命の罷免で代表されるような私利私欲に走る受領が多い中にあって善状をもって請願される受領は少ない。そもそも地方の政治は受領に一任されており、中央へは所定の物を納めさえすればそれでよかった。したがって受領たちは民・百姓に重労働を課し、苛斂誅求《かれんちゅうきゅう》を行って私腹を肥やすものが多かった。地方生活に終始して一生を終わる民・百姓らにとって、未発達な交通事情のもとでの上京などほとんど叶わず、それも近江のような都に近い国ならまだしも遠国では望むべくもなく、多くの場合は泣き寝入りということになる。また、かりに苦難のすえ上京できたとしても、それを察知した受領側に先手を打たれて都に入るまでに抑えこまれてしまうといったケースも見られる。尾張国のような成功例の背景には多くの犠牲が存在していたことを思う。

そうした受領の財力の恩恵に浴したのが摂関家をはじめとする権力者であり、その頂点に道長がいた。道長は手足となる受領をたくさん抱えており、時には強引な除目を行って彼らの任官に努力している。摂津守橘為義は任終の年の除目に際して行われた受領功過定《ずりょうこうかさだめ》（任終の時に行う在任中の勤務評定で勧賞や新任のバロメーターとなる）で未納物があったようで問題にされ、一年後にも取り上げられている。しかし道長のバックアップが強かったために諸卿たちは黙ってしまって意見を申さず、そこで実資が勘問を読みあげる参議に尋ねると、彼は言葉を濁した。「事の気色、左府（道長）を恐懼する歟。仍ちただ過なき由を注し了んぬ。定文など左府に奉り了んぬ」とは実資一流の投げやりな言葉だ（『小右記』長和二年正月二十二日条、同三年正月六日条）。中宮大進でもあった為義は、彰子の役所のナンバースリーの立場にいたから道長の信望は厚かったようだ（『権記』寛弘八年六月二十五日条）。

その一方で「藤原道長の時代に受領功過定を整備し受領の負担を強化、制度化していった」とみる大津透氏の見解（「道長の時代の一側面」）が想起される。

また長和三年（一〇一四）春の除目の受領功過定では、前備後守源政職《まさもと》について、後司からの不与《ふよ》解由状《げゆじょう》がないので本来「過」であるのに道長が功過申文を下してしまったので審議の対象となってしまい、実資は道長の非だ、と述べるが、結果としては「無過」となっている（『小右記』正月二十三・二十四日、十月十五日条。佐々木恵介『受領と地方社会』参照）。そもそも政職が備後守に任じられたのは寛弘三年のことで、三十人ほどの申請があったのを三、四人にしぼり、そして政職に決定しているが、道長の意見によるところが大きかった形跡がうかがわれる（『御堂関白記』十月二日条）。政職は在任中に道長に牛二頭を献上しており（寛弘六年十一月十日条）、寛弘八年の夏には「備後前守」とあるから（六月九日条）、前年の秋まで四年の任期を勤めあげたのであろう。

このように道長の恩恵を蒙った受領たちは任国から挙って道長のもとへ贈品に励んだ。長保元年（九九九）九月二日に上野介（親王任国ゆえ守と同じ）源頼信から馬五疋、五日に駿河前守藤原済家から馬二疋、七日に美作守大中臣輔親から牛一頭を献上されたのをはじめ年末までに十件ちかい献上が見られる。これは彰子の入内と関わるものであろう。これを早い例として『御堂関白記』には馬牛をはじめ布（絹が多い）、米あるいは任地の特産などが「志」として頻出する。そして、ここにも一端が垣間見られるように東国は馬、西国は牛というように産地の住み分けが知られ、東馬西牛なのである（村井康彦『平安貴族の世界』の表）。こういう面ではかなり几帳面に書き留めている道長であるが、頂点に立つ人の心得として大事な点であろう。受領たちの経済的な奉仕の最たるものは後述する土御門第の再建の時にみられるものであろう。

民間の信仰にも関心を

年が明けて晩春のこと、道長は法華経千部ならびに千躰の仏絵像を供養した僧行円《ぎょうえん》のもとへ三十石の布施料などを送っている。彼は鎮西（今日の九州）の人で六十歳余りという（『御堂関白記』『日本紀略』寛弘七年三月二十一日条）。この僧は寒暑を問わず常に鹿皮を身に纏って唱名しながら遊行したので都びとの間で皮聖《かわひじり》と呼ばれた。彼が寛弘元年（一〇〇四）に左京の一条油小路に創建した行願寺は一条革堂《こうどう》として知られ、近くに住む藤原行成（三蹟の一人）が寺額を書いて贈っている（『権記』十二月十一日条）。それまでの行円は京のあちこちで布教して歩いたのであろう。その先達として十世紀に民間人を中心に説教をし、定まった寺をもたずに諸所において布教活動を行った遊行僧、空也上人を彷彿とさせる。空也は弥陀の名号を唱えながら京中を練り歩き、ことに人が集まる東の市でよく説教したことから市聖《いちひじり》の異名をもち、晩年になって鴨川の東に一堂を建てたが、それが六波羅蜜寺の前身である。

革堂は私寺として平安京内に出現した二番目の寺院であり、その嚆矢は十世紀末に登場した頂法寺（六角堂）、というのが私見である（「平安京六角堂の歴史」）。ついで十一世紀初頭に革堂、そして橘行平《ゆきひら》の平等寺（因幡堂）が登場しており、いずれも観音霊場として信仰を集めた寺院である。革堂は八年後の万灯会では市をなす賑わいぶりであった（『小右記』寛仁二年三月二十四日条）。今は寺地を寺町丸太町下るに移している。

道長をはじめ貴族たちは国家仏教に連なる宗教界のトップクラスの僧を招いて所定の寺院か御堂で供養など仏教行事を行ったことはこれまでにも見てきたが、この場合はそれらとは異なるもので、道長の厚い信仰心のしからしむるところであろう。

寛弘七年の秋から冬にかけて地震や雷雨に見舞われ、昼過ぎの地震では大きく揺れて音がしたという、冬の夜中から明け方にかけて大きな雷音と稲妻がなんどもあって恐ろしい思いをしたと道長は記している（九月二十一日、十一月十八日条）。いっぽうで痢病や咳病に十日以上も悩まされることがあった（十月四日、十一月三日条）。

暮れには一条院もできあがって天皇と中宮は枇杷殿から、東宮は故源雅信の一条第から一条院東院へ行幸・行啓された（十一月二十八日、十二月二日条）。

3 帝の交代

金峯山詣で追体験

寛弘八年（一〇一一）が明けて早々に道長は枇杷殿に籠って「南山精進」つまり金峯山詣でのための精進に入り、金峯山に納入の品物や写経の準備にかかり、賀茂川・鳴滝ほか七カ所において解除を行い、金泥で法華経の書写を始めた。しかし精進中に触穢など不吉なことがたびたび起こり、加えて道長にとってこの年は南が重い忌方であったなどの理由から三月に入って参詣を取り止め、代わりに使を派遣することを考えたがそれも取り止め、かくして二度目となるはずであった金峯山詣では中止とあいなった（『御堂関白記』正月八・二十・二十八日、二月十六〜二十六・二十九日、三月九・十二日条、『小右記』三月三・六・八日条）。

筆者は過去になんどか吉野を訪ねてはいるが、このたびは強い意識をもって金峯山詣でを敢行したのである。梅から桜への時節に一泊二日という超スピードで叶ったのは車という文明の利器がもたらすものである。しかし二日とも雨に祟られ、とりわけ吉野はさんざんだったが、道長も吉野では雨に悩まされている。そんなことで割愛した場所もあったため、二カ月後の五月晴れの一日、電車とタクシーを利用して吉野を中心に再訪した。以下は二回に及んだ試みの報告である。

できるだけ道長が通ったと想定される道を辿ることにし、そのために同僚の歴史地理学を専門とする天野太郎氏に同道ねがった（金峯山に関しては佐藤虎雄「摂関時代の御嶽詣」、濱田隆「藤原道長の御岳詣」、三宅敏之「金峯山経塚の諸問題」などに負うところが大きい)。

石清水神社は割愛して勤務先の京田辺市からスタートして木津川の東の古山陰道(よく乗る大学行きのバスが通る府道)を南下し、開橋を渡って木津川の西の国道二十四号(奈良時代の北陸道)を奈良方面へ。途中の泉大橋で再び木津川を渡り、平城京と山城国を結ぶ歌姫街道(平城京の朱雀大路を北への延長路)を南行して奈良市街に入り、大安寺へ。南大門や中門跡の碑を確認しながら近年に整備された寺域や今は域外となっている旧境内地(国の史跡)を見て回りながら、道長が二日目に泊まったのはどのあたりかを思った。

ここからは往時の中つ道に想定される県道五十一号をまっすぐ南下して飛鳥の地に入り、道長が四日目の夜に宿泊した軽寺跡へ。この寺は七世紀後半には存在が知られる名刹ながら廃寺となってすでに久しい。橿原市大軽町の小高い一帯をその寺跡と伝え、中心にある法輪寺にその説明版があり、すぐ北には「応神天皇軽島豊明宮跡」の石標が立つ。また地名から、わが国で最古の「軽の市」の存在もうかがえる。次に訪れた観覚寺は「高市郡高取町大字観覚寺」の地名をもつ子嶋寺のことで、孝謙天皇の勅願と伝え、十世紀末の一条天皇の時に興福寺の真興《しんこう》僧都が入寺して観覚寺の名が出たようで藤原兼家・道長父子の優礼を受けたというから(前掲『奈良県の地名』)、道長が立ち寄ったのも頷ける。本堂の入り口には右書きの「観覺寺」と記す力強い額が懸かっていた。観覚寺から壺坂寺にいたる途中に古い町並みの旧道があって歴史を感じさせる。壺坂寺は雨に煙っていた。

さらに南下して向かった世尊寺(吉野郡大淀町比曽)が道長の源光寺に比定され、比曽寺の名もある

金峯神社古図（吉野山資料館館長蜂谷昌康蔵）

ことは先述のとおりである。山門の左手の「史跡比曽寺跡」の大きな碑が目に入り、門をくぐり少し進むと東塔と西塔（三重塔）の存在を示す礎石が雨に洗われくっきりと見えた。世尊寺の本堂裏には、元禄元年（一六八八）春にこの寺を訪れた四十五歳の松尾芭蕉が、聖徳太子お手植えと伝える壇上桜を詠んだ「世にさかる花にも念仏　まうしけり」の歌碑があった。

九世紀末に清和上皇の病気平癒を祈って二十一カ寺に勅使を遣わし功徳を修した記事の中に大安寺、壺坂寺、現光寺、子嶋寺が入っており、子嶋寺は大和国の霊験山寺としては長谷・壺坂両寺に次ぐものであった（『三代実録』元慶四年十一月二十九日、仁和元年十月三日条）。吉野に到り、中千本の由緒ある宿に着いたのは夕刻のこと、窓からは一八〇度のパノラマで、折り重なる山の峰にかかる雨霧が幻想的であった。

翌日は雨に悩まされながらの見学となり、宿から金峯山寺蔵王堂（国宝）までを歩いた。その手前に資料館（吉野山ビジターセンター）があったので立ち寄ると、吉野の古絵図（江戸時代末期頃）が数点展示されており、それによって新たな知識を得ることができ、さらに蜂谷昌康館長から話が聞けたのは大きな収穫であった。

古地図には、上千本にある現在の水分《みくまり》神社のところに「子守大明神」「子守社」という旧社名が記載されていた。道長が宿泊した「祇園」は、「雨師寺」「雨師社」の辺りと教えられ、そこへ行ってみると小さな観音堂があった。水分神社からさらに一キロ余り奥に入ると奥千本の金峯神社に到るが、社殿は雨に霞んでいた。この社の東北の丘の麓から道長が埋納した例の経筒が見つかった、とある本には書いてあった。

吉野を再訪した時、近鉄吉野駅からタクシーで石蔵寺があったと思われる岩倉を回り、奥千本の金峯神社まで行って車を放し、そこからは歩いた。雨の時とは比較にならないほどに明るい金峯神社の右手の道を進み、二叉路を左にとると宝塔院跡へ出たが、道長が昼食をとったところだ。明治初年の廃仏毀釈までは多宝塔、安禅寺蔵王堂ほか大小の寺院が点在していた、と説明板にあった。平坦地にたたずみ思いを馳せたが、余りの静寂さにうち消されてしまった。山道をさらに進んで江戸時代に立てられた「従是女人結界」の碑の前に出た。これを右手に進むと山上ヶ岳（大峯山、標高差は九〇〇メートル前後、距離にして三十キロメートル近く）に到る、との標識を見ながら引き返し、上千本の水分神社まで歩いた。

神社の手前で「牛頭天王社跡」の石標を見つけ、それと思わせる平坦地と道沿いの石積みや石の階段に歴史を感じた。それと同時に「祇園」が連想され、道長が宿した祇園、ひいては子守三所（水分神社）などとの関わりに思いをいたした。道長は山上ヶ岳まで行っているという説が有力だけれど、信仰のためなら難行苦行は厭わないとはいうものの、所要時間や困難さを考えると疑問も残る。水分神社、世尊寺跡を見学して中千本の蔵王堂に着いてもまだ陽は高かった。

寛弘八年の晩春のこと、道長は土御門第内の御堂において等身の金色阿弥陀如来仏像の開眼および「阿弥陀経」百巻の供養を挙行している(『御堂関白記』『小右記』『権記』三月二十七日条)。それには五十人余の僧が携わっているが、かれらは「家中所住の僧・南北の名僧」とあり、南北とは興福寺や延暦寺のことであり、土御門第には三十人ほどの僧が居住していたことがわかる(長和二年十二月十六日条参照)。

道長の依頼で書いた大江匡衡の願文は多くを「現世のこと」に費やしていたが、それは願主の本意ではなく、自分は「後世のため」、つまり極楽往生を願うことにあったので、書き改めさせたという。道長にとっては「重く慎むべき年」であったから、匡衡はことさらに現世安穏を書き込んだのであろうが、道長の意に適わなかったのである。講師を務めた院源僧都の「演説」(説教)は未だかつてなかったほどにわが思いを代弁しており、「衆人、感ずるところ比べなし」と記す道長である。この辺の微妙な事情は参列していた権中納言藤原行成の日記に詳しい。

権大僧都院源を請いて講師となす。説教は微妙にして願主の御本意に合うと云々。これ只、後生のために行われる事なり。而して丹波守匡衡朝臣、願文を作る。事の忌を避けるの間、丞相(道長)の意に合わず。然り而して僧都(院源)その気色を見て、事の忌を避けず、人の聴くを憚らず、開講の旨を表白す。主人、感歎に堪えず、落涙抑え難し。集会の衆人、一心に聴聞す。中より亥に至る。

院源の説教は道長の意を充分に汲んだものであったので、道長は感激のあまり涙を流したというが、内情を認識したうえでの院源の説教ゆえに匡衡には気の毒な話だ。供養が終わった時に奉仕の僧たちに布施として多くの絹や米が与えられた。僧たちが退出した後、参列の公卿らに酒食が振る舞われた。院源と呪願を述べた定澄は道長に引き止められて酒饌をすすめられており、宴が果てたのは夜中であった。前年の終わり近くに見舞われた天災や病が四十代の後半に入った道長を気弱にさせたのか、ぼつぼつ死後のことを考えるようになったようだ。

四月の灌仏会《かんぶつえ》（釈迦の降誕の日の花祭り）の日の昼に二度も「地振」（地震）があり、その後に雷音がしたとあるが（寛弘八年四月八日条）、道長は悪いことの前兆ではないかと不安になったことであろう。その暗い気分を晴らしてくれたのが十日後の賀茂社参詣と翌日の賀茂祭であった（四月十七・十八日条）。

賀茂祭の路頭の儀の日、若宮（敦成親王）と二宮（敦良親王）と叔母にあたる尚侍《ないしのかみ》妍子は早暁に一条院内裏から道長の一条桟敷に渡り、昼ごろには多くの公卿以下も参会して、道長夫婦は孫たちと一緒に見物した。久しぶりに気分も晴れたことであろう。しかし、二カ月後には一条天皇の崩御という悲しい事態が待ち受けていた。

一条天皇、病を得て譲位

三十二歳になった一条天皇が病に悩まされだしたのは寛弘八年（一〇一一）五月のことである。道長の日記には二十三日条の「主上、日ごろ尋常に御座しまさず、今頗る重く悩み給う、乃ち参入す」を初見として病む状態が続く。そして二日後には大江匡衡を召して易筮を行わせているが、これが譲位に関わることはいうまでもない。「天皇の御悩みは頗るよろしい」と行成が日記に書いているその日にである。道長がなにを考えているか、赤裸々であろう。

この二週間ほど前の夜中のこと、敦康親王邸で天井の上に多くの瓦礫を投げる声がしたといい、天皇の病と関わりを臭わすような行成の口ぶりである（『権記』五月九日条）。その後、一時的に気分がよくなった天皇は、侍従中納言藤原行成（数日前から痢病で不調）を召して譲位のことを漏らされ、敦康親王の扱いについて相談された。過去の事例を挙げて奏上する藤原行成の言辞には、天皇と摂関家との交錯する思惑などみえて興味深く、難解な一条であるが大要は以下のようなことであろう（五月二十七日条）。

かつて文徳天皇は「正嫡を以て皇統を嗣ぐべし」との意思から、第一皇子の惟喬親王を帝位にと考えていたが、藤原良房が「朝家の重臣」のゆえに、その外孫の帝位を第四皇子ながら認めざるを得なかった。そして道長も「当今の重臣」で外戚でもあるので、外孫である第二皇子の敦成親王を皇太子にしたいと考えるのは当然である。一条天皇の意思は第一皇子、敦康親王の立太子にあるものの、道長が難色を示すにちがいない。そんななかで天皇が病を得て御代が替るようなことになれば敦康親王は弱い（後見人の伊周はすでに他界）。過去の光孝天皇の高年齢での即位、恒貞親王の廃太子などはいずれも摂関家の意向によるが、しょせんこのような大事は神の思し召しに任せるべきで、人力の及ぶところではない。

行成の話に納得し敦康立太子を断念せざるを得ない天皇は、道長への取りなしを行成に打診している。

天皇のもとへ行く間に大盤所の辺で女房たちの悲泣の声に驚いた行成が一人の女官に尋ねると、「天皇の病がさほどでないのに時代が変ってしまう（譲位のこと）ということを嘆いているのです」ということであった。昼御座に居られ、敦康親王の立太子についての行成の否定的な見解を聞かれた天皇は、「忍び難い」と語ったという。行成自身敦成親王の立太子に傾いているので、天皇は寂しさを吐露したのであろう。道長が後見となる皇子と争って勝ち目はない、その辺は行成も計算ずくであろう。

この日の朝、道長は東宮の居貞親王を訪ねて譲位の話をしている。いっぽう大江匡衡に占わせた易筮で不吉（天皇崩御）と出た占文を道長は僧慶円と見ながら泣涕している様子を、夜御殿にいた天皇が几帳の帷子の綻びの間からご覧になって疑念を抱いたという。中宮彰子は、一条天皇の譲位について道長を恨んだというが、病める夫に対する父の対応に不満があったのであろう。

『御堂関白記』五月二十七日条は、天皇から東宮居貞親王との対面の仲介を頼まれたこと、その理由を白々しくも「これ御譲位のことか」とのみ記す道長である。一条天皇にとって、重大な事柄の相談はまず行成なのである。次の三条天皇になるとその役は藤原実資である。

天皇の第一皇子への執着

道長との政権争いに敗れて失脚した藤原伊周ではあったが、寛弘二年二月に前帥（九年前に大宰府に配流）伊周の座次が大臣の下、大納言の上に定められたことで事実上の復権となった（『御堂関白記』二十五日条）。この年の春から夏にかけて、伊周は道長邸での射弓や作文会にしばしば顔を出し、賀茂祭をともに一条桟敷で見物しており(『御堂関白記』三月二十九日、四月二十日条など)、道長との急接近がみられる。当面の敵はたたくが、ひとたび勝利すれば温和に接するといった道長の寛大さのしからしむるところか、はたまた外孫の誕生がなかった場合に備えて第一皇子、敦康親王(七歳)の取りこみを念頭においての道長からの働きかけか。中宮彰子の養子とするなど、道長の第一皇子に対する後見ぶりは知られるところだ。

寛弘二年十一月十五日に内裏が炎上し、神鏡や大刀契が焼損(『御堂関白記』『小右記』)、自分の代に入って三度目という尋常でない内裏の焼亡に一条天皇は憂慮され、譲位を意識したという(『栄花物語』巻第八)。もし譲位ということになれば敦康親王の立太子を促すことになる。おそらく天皇はそれを望んでいたのであろう。この『栄花物語』の話を事実と見なすならば、第一皇子の立太子を見すえての譲位の心積もりであったのではなかろうか。

しかし寛弘五年に敦成親王が誕生したことで事態は変わった。すでに述べたように数カ月後には中関白家による中宮・若宮呪詛事件が起こり、伊周の朝参停止(四カ月後には解く)、そして一年後の伊周の死(三十七歳)によって第一の後見人を失ったことで敦康東宮の道は絶たれたといってよい。

六月二日には東宮が一条院別納から西隣の一条院内裏の昼御座に赴いて天皇と対面し、天皇から譲位のことを告げられ、いっぽう敦康親王には別封と年官年爵(准三宮)を賜うようにとの仰せがあった(『御堂関白記』『権記』)。そして十三日に一条院において譲位のことがあったが、天皇は初めは病重きにより南殿への出御はなかったが、途中から顔を見せており、受禅の儀とともに蔵人頭以下の蔵人所の面々が任命され、新東宮、敦成親王に関わる坊官除目も行われた。「旧主の御悩危急なり、上下騒動し、権僧正参上し加持奉る、酉の刻に及び頗る平癒し給う」とあるから、天皇の病は緩急があったようだ。夜遅くになって新帝は一条院（別納）から道長の東三条第に行幸された（『御堂関白記』『権記』）。

一条天皇の崩御

上皇は譲位の翌日には出家のことを口にされ、悩み重き時には「太波事《たわごと》」、つまりうわ言を仰せられるようになり、慶円僧正を戒師として出家された（『御堂関白記』六月十四・十五・十九日条）。病のため夜御殿で行われたが、剃髪に先立って道長は洗髪を奉仕している（『権記』）。この三日後に崩御となるが、その前日の法皇の様子を道長は次のように書きとどめている（『御堂関白記』六月二十一日条）。

この夜、御悩甚だ重く興居し給う。中宮、御几帳の下に御し給う。仰せらる、「つゆのみのくさのやどりにきみをおきてちりをいでぬることをこそおもへ（露の身の草の宿りに君を置きて塵を出でぬることをこそ思へ）」とおほせられて臥し給う後、覚えず御座します。見奉る人々流泣すること雨の如し。

死期を強く意識した一条法皇は、妻を残して彼岸に旅立つ辞世の歌を残して三十二年という決して長くない生涯を閉じた。七歳で即位した一条天皇の治世は四半世紀に及んだ。この一首は『権記』にもみえ、「御悩頼なし、亥の刻ばかり法皇暫し起き、詠歌に曰く、露之身乃風宿爾君乎置天塵を出ぬる事曾悲支。その御志、皇后に寄せるにあり。但しその意を指し知り難し。時に近侍の公卿・侍臣・男女道俗、これを聞く者涙を流さざるなし」とある。そして翌日の昼ごろ法皇は念仏を唱えながら極楽浄土へと旅立った（『権記』二十二日条）。

三日後の夜半に入棺の儀があり、その十二日後、一条院の夜御殿の南戸内に安置されていた遺骸を納めた棺は、乾の方（西北）と定まった葬送所へと向かった。その際に一条院内裏の乾方の築垣を壊して（これが仕来り）、そこから棺が運び出され、一条大宮を北へ、行成の世尊寺の北路を西に折れて船岡山の南西の麓を北へ進み、紙屋川に沿って北上して葬送所に到り、そこで荼毘に付された。棺の出御は夜半近くで、棺を載せた御輿の前後には香輿と火輿がつき従い、さらに左大臣道長・右大臣藤原顕光・内大臣藤原公季以下が多く供奉した。荼毘など一連のことが朝の六時頃にはすべて終わっている。荼毘所は北山の長坂野の東、巌〈岩〉陰とあり、今日の五山送り火で知られる左大文字山の東麓、金閣寺の東北辺のようだ。後に同じく石陰で荼毘に付された三条天皇とともに北区衣笠鏡石町に火葬塚がある。

その遺骨を行成・慶円僧正ら十数名で拾骨して白壺に入れ、それを参議藤原正光が首にかけて円成寺（当初は金輪寺ないし禅林寺としていたが変更、いずれも平安京の東）まで運んで埋納した。そして骨壺を納める小堂を修理職の小工、大江宗吉が十人の工《たくみ》を使って造った。その堂は一間四方の大きさで三昧堂のような形をしており、庇はなく、一面に出し入れする戸がつけられていた。なお骨壺（白瓷壺。茶垸器を以て蓋と為し、白革袋で裹む）は桶に入れるようになっていた。すごい凝りようである。因みに円成寺は京都の東山の麓の鹿ヶ谷にあった真言宗仁和寺の院家で、今日の大豊神社周辺がその跡地という。

円成寺への納骨は一時的なものであり、三年を過ぎたら円融法皇の御陵の傍らにあらためて埋葬することに決めていた。この父の傍への、それも土葬ということを一条天皇は生前に中宮や道長や近親に漏らしていた。ところが道長は、この遺言を忘却して火葬にしてしまってから、そのことを思い出して嘆息したという。すべて後の祭りで、円成寺での三カ年間の仏事の取り決めも行っている（『権記』『小右記』『御堂関白記』六月二十五・二十八日、七月八・九・十一・十二・十七・二十日条）。

ところで遺骨を円成寺から父の御陵の傍らに移したのは三年後ではなく、九年後の寛仁四年（一〇二〇）のことであった。『左経記』六月十六日条には以下のようにある。

> 故一条院の御骨、方忌を避けんがため年来、円成寺に置き奉る。而して方開くにより主計頭（安倍）吉平朝臣仰せを奉り、御骨を置き奉るべき処を円融寺辺に占い鎮む。今日、渡し奉る。大宮少進季任朝臣、御骨を持ち奉ると云々。これ彼の院の判官代たるによるなり。仍て今日ばかり御簾を下ろし、音楽を止め、余（源経頼）朝夕の陪膳を奉仕す。警蹕なし。風聞す、入道殿（道長）円成寺に御坐し、風誦を行わる。布施は絹卅疋。仙院の御幽骨を訪ねんがためなりと云々。戊剋を以て御骨を円融寺北方に遷御奉る。円融院御陵辺なり。その儀、御骨壺小塔に納め奉り、韓櫃に納め、僧四人これを荷き、（藤原）季任朝臣親しく副え奉る。中宮大夫（藤原斉信）、太皇太后宮大夫

（源俊賢）、兵衛督（藤原公信）、式部大輔広業、ら歩行にて供奉す。皆これ御存日の近習の人なり。入道殿、夜に入りて円成寺より帰京すと云々。

この記述によって当初、仮に円成寺に納骨された事情が方忌にあったこと、それが去ったので遺言どおりに円融寺北方に移奉したことが知られる。こんにち竜安寺の北山にある円融寺北陵がそれという。

以上やや詳しく見たのは、摂関期の天皇の崩御から葬送に到る一連の動きを押さえておきたかったからにほかならない。

天皇には二人の中宮のほかに三人の女御（みな藤原姓で太政大臣公季・左大臣顕光・関白道兼の娘たち、いずれにも子はいない）がいたが、なんといっても中宮彰子が別格であり、所生の二人の皇子が三条天皇の在位を圧迫することになる。

同じ甥ながら

従兄弟の関係にある一条天皇より四歳年長の三条新帝は、前帝の在位期間の四半世紀を東宮として過ごしているので、七歳で帝位についた一条天皇とは状況を異にするし、道長からみれば両帝ともに甥にはちがいないが、両親のおかれた立場に大きな開きがみられた。つまり前帝の冷泉天皇と超子、新帝の円融天皇と詮子に対する道長の関わり方である。

すでに触れたように冷泉天皇は情緒不安定かつ病身などから二年ほどで譲位し、代わった実弟の円融天皇は十五年間も帝位にあったけれど、ついで即位した花山天皇（三条天皇の異母兄）は奇行の故をもって二年で降ろされた。精神の安定を欠いているなど、父の冷泉天皇の血を受け継いだものか。代わって登場したのが一条天皇である。後見は外祖父の兼家、母は道長の大の恩人詮子とあっては、道長としてはこの天皇に心して接しざるを得ない。道長が頂点に立った時には天皇は十六歳、その後の十六年は大きな波風もたつことなく、協調の日々であったといってよい。

三条天皇の母は詮子の姉の超子であったが、道長の十代の時に他界しており、馴染みも薄かった。それに三条天皇の即位年齢が三十六歳と高く、遅くとも十代後半には即位という十世紀以降の慣例から大きくかけ離れる。そこへもってきて東宮となったのは四歳の敦成親王、道長がこの外孫の帝位への夢を膨らませたのは当然といえる。日を追うごとに道長はその実現の一日も早からんことを心中に描きはじめていたことであろう。

その昔、卿相らとともに東宮（居貞親王）邸に招かれて弓射と蹴鞠に興じ、道長が庭に咲く紅梅を一枝折り、跪いて東宮に献ずると、「君折れば匂ひ勝れり梅の花」と詠んだ東宮に「思う心のあればなるべし」と応じ、さらに「栽え置きし昔の人の詞にも君がためとや花に告げけむ」と詠んで、恭順の心を交わしたこともあったが（『権記』長保二年二月三日条）、それから十数年が経ち状況は一変していた。

ところで道長と一条天皇とはしっくりいっていたというのがもっぱらの評価だが、それを否定する話がある（『古事談』第一）。崩御後のこと、天皇が手習いをした反古紙を入れていた手箱の中に「叢《そう》蘭《らん》茂らんと欲するも秋風吹き破れ、王事章《あきら》かならんと欲するも讒臣国を乱す」とあったのを道長は、讒臣とはきっと自分のことを指していると思い、一条天皇がよい政治をしようと思っても道長がそれを壊してしまうと解して、その紙を破り捨てたというものである。この話は唐の『帝範《ていはん》』という書物に出てくる文言によっている。

鎌倉初期に成った説話集にみえるこの話の真偽のほどはわからないが、手箱の存在とともに似たような話が慈円の『愚管抄』（第三）にも見え、読んだあと丸めて焼いてしまったこと、この話は藤原頼通から聞いた源隆国《たかくに》が記しておいたとある。隆国は源明子の兄、俊賢の子であるから頼通とは義理の従兄弟の関係にあり、『宇治大納言物語』の編者とみられ、『宇治拾遺物語』などの説話集の成立に影響を与えたといわれる人ゆえ、『古事談』への足がかりを暗示しているようで興味をひく。道長が故一条天皇の御遺物や御遺領の処分に関わっているので（『御堂関白記』九月十三日条）、この延長線として考えることもできよう。政治を主宰する天皇にとって、時として顔をだす道長の強引さに苦慮するところがあったのであろう。

三条天皇の登場

新帝は即位後、二カ月ほど居所とした東三条第（出立は夕刻）から新造内裏へ遷幸し、蔵人・殿上人・所雑色を定め、東三条第で世話になった道長家の家子・家司らへの叙位・給禄が行われた。これは里内裏の場合などにみられる慣例である。この新造内裏は寛弘二年の冬に焼失後すぐに再建にかかり、一年後には一条天皇の遷御を決定しながら実際には移っておらず、五年ほど用いないままになっていたのである。この遷幸の日は奇しくも故一条天皇の七七忌（四十九日）に当たっており、その法会も行われた（『御堂関白記』『小右記』『権記』寛弘八年八月十一日条）。

ところで三条体制になって間もなくのこと、参内（東三条第）して雑事を奏聞した道長に対し天皇は響応の気がなかったという（『小右記』七月二十五日条）。そんななかで道長は内覧宣旨と牛車宣旨を受けるが、それを示す『御堂関白記』八月二十三日の記事はいろんな意味で重要だ（『小右記』『権記』二十三・二十四日条ほか参照）。

そもそも天皇は、道長に関白を受けて欲しかったようで、再三にわたり蔵人頭（右大弁源道方）を使者として、また直接に会っても懇願したが、道長は「今年は重く慎むべき」と称して辞退した。その結果の内覧である。それは「上下文書を触れ示して後、奏聞すべきの宣旨」（『御堂関白記』）「太政官文書、先ず左大臣に申して奏行すべき事」（『小右記』）、つまり天皇と太政官を行き来する文書をあらかじめ閲覧できる権限である。十日後に道長は吉服を着してはじめて陣の座に着き（着陣）、中文の差配を執り行っている（『御堂関白記』『小右記』九月五日条）。因みに内覧は前代に引き続いてのことである。それでは何故に道長は関白になることを拒んで内覧・一上《いちのかみ》（左大臣）に留まったのであろうか。

がんらい関白と内覧とでは職掌上でそれほど大きな差はなかったが、相違点は一上として留まれるか否かにあったようだ。そもそも一上（第一の上卿）とは筆頭の公卿をいい、一般に左大臣の異称とされ、太政官政治を主催した。ところが関白になると一上の職掌は右大臣に移ってしまい議定には加われなくなる、この点に道長は拘泥したようである。道長は内覧・一上として陣定などの議定に出席して政治運営に直接タッチし主導したのである。また、もし関白になると天皇の輔佐にまわらねばならず、将来を見すえると、それはまずいという判断もあったかと思う（山本信吉「一上考」、元木泰雄

「三条朝の藤原道長」、大津透『道長と宮廷社会』）。

道長が内覧となった同じ日に二人の女性に女御の宣旨が下っている。一人は宣耀殿こと藤原娍子（四十歳）。二十歳で東宮、居貞親王のもとに入って敦明をはじめ四親王と二内親王を生んでいる。敦明親王は正暦五年（九九四）に三条天皇の第一皇子として生まれているので敦成親王よりも十六歳も年長であった。天皇の寵愛が深く、天皇には立太子の意思があったとはいえ、道長の目が光っていてそれは叶わなかった。

もう一人は道長の次女（倫子腹）の妍子（十八歳）。十一歳で東宮の尚侍となり、一年前に入侍している。娍子の父、大納言藤原済時は道長が政界の頂点に躍り出た時点で他界しているから彼女は早くに後見人を失っている。同じ女御といえども二人の差は歴然であり、翌年に妍子が中宮となったことで、娍子が皇后に押し上げられるといったことが行われた。この娍子立后に先立って故済時を贈右大臣としているのは、中宮（皇后）には大臣の娘しかならないという慣例に倣っての措置である。妍子と娍子が同格であい並ぶという異例の事態は彰子と定子の時の再現ということになる。

同日に新帝として初めての外記政（公卿聴政）も行われている。外記政初とは践祚後、新宮遷幸後、改元後、廃朝後などに行われるものだが、ここでは前二者が対象となる。これが遅れたことで相撲の停止など中止した行事もあり、政《まつりごと》始めの遅延がさまざまなところで支障をきたしたようだ。

十月十六日には三条天皇の即位式が行われたが、その数日後に天皇の父、冷泉上皇が重病となり（一カ月前から赤痢を患う）、早朝に冷泉院に上皇を見舞った道長も、所悩（病気）のために退出、その夜に危篤の知らせを受けて再度、馳せ参じたが間にあわなかった（二十四日条）。享年六十二歳、病弱のため二年で帝位を降りたにしては長命を保った。

十一月に入ってのこと西方に火の手があがり、枇杷殿の近くと聞いて道長が駆けつけたところ四町ほど西だった。七百余家が被災したというから大きな火事だ（『権記』十一月四日条）。

暮れも押しつまってから道長は、中宮彰子の枇杷殿で挙行された敦良親王の着袴の儀に出席した後、土御門第に帰宅して倫子腹の四女、嬉子の着袴を行っている（十二月二十八日条）。翌日には追儺を行い、天皇の代替わりのあった一年も暮れていった。

最大の痛恨事——子息の出家

新年（長和と改元）を迎えて早々に道長にとって大きな痛恨事が起きた。子息の出家である。明子腹（次男）の顕信《あきのぶ》は革堂に行円（二〇六頁の「民間の信仰にも関心を」の項で登場した僧）を訪ね、その後に比叡山の無動寺に登り、慶命僧都を戒師として出家してしまった。時に十九歳。『栄花物語』（巻第十）では、革堂を訪ねた顕信は直衣を脱いで行円の衣を身に着け、夜中に無動寺（東塔）へ登り出家を遂げた、その経緯を道長は召した行円から涙ながらに聞いたという。いっぽう『大鏡』（第五）によると、顕信は革堂で剃髪してそのまま比叡山へ向かった、それを知った道長は、

悲歎きわまりないが悔やんでもしかたない、顕信が父たちの嘆きを知って道心を乱しては可哀想だ、幼いころに出家させようと思ったが、当人が嫌がったので無理強いしなかった、子の一人ぐらい法

師になってもやむを得ぬことと諦めよう。

と語ったという。後者は出家に理解を示しているような語りであるが、いずれにせよ歴史物語の著述ゆえ作者の思い入れは否めない。

その点みずからの日記は正直なもので、それも自筆本の部分なので情感が伝わってくる（正月十六・十七日条）。道長が顕信の暁更の出家を知ったのは朝の十時頃に土御門第を訪れた慶命僧都の報告によってである。どうしたものかと相談を受けた道長は、「本意によるものだから諭しても無駄だ、それよりも早く山に戻って出家についてしかるべく処置して欲しい」と頼むしかなかった。その後に明子邸へ赴いたが、明子や乳母は心身不覚で、自身も同じ状態になっている。翌日、道長は当座必要なものを送り、「自らも本意ある事と雖も、未だ遂げず。思い難ずるに於いては罪業たるべきにより、思う所なし」（自身が出家したいのにそれを果たしていない、したがって顕信の出家にとやかく言うのは罪つくりになるので思うことはやめよう）と自戒している。この記事は道長が出家のことを吐露した初例ではなかろうか。道長が政権の頂点に立っていなければ出家していた可能性は大きい、そんな思いがする。

顕信が無動寺に入って数カ月後に道長はその様子を見に比叡山へ登っている（『御堂関白記』四月五日条、『小右記』五・六日条）。早朝に黒谷道（昏谿路）から入り八瀧（八瀬か）より馬に乗り十時頃には到着、顕信と会い、僧衣や小物などを贈り、無動寺の中に顕信の住房の造作を近江守藤原知章に命じ、四時間ほど滞在して禅師坂から西坂（雲母坂か）を経て下山している。

翌月の顕信の受戒の折にも道長は比叡山に登っている。このときは東坂から馬で登ったが、前駆を務めた公卿・殿上人らも騎馬で登っていたら檀那院の辺で石を投げられ、一つが皇太后宮亮の藤原清通の腰に当たった。そこで「道長公の登山だぞ、何者の仕業か」と叫ぶと、裹頭《かとう》の法師が五、六人出てきて「ここは檀那院ぞ、下馬所ぞ、大臣公卿は物の故を知らぬのか」と飛礫して下馬を強いた。そして一個の石が道長の馬の前に落ちた。ただちに下手人が差し出されたが、道長は前大僧都の院源に預けた。法師であったこと、自分たちに非があったことなどでそうしたのであろう。受戒がすんだ顕信を見送る段になって道長は涕泣し、僧侶や随行者（頼通・教通・頼宗の兄弟以下）ももらい泣きした。騎馬で登山の例はなく、「道長は当代、後代の大恥辱なり。世に云う、人に非ざるの所為」とは実資の弁である。道長一人ならまだしも数十人の騎馬なんてけしからん、飛礫は三宝の所為だ、と天台座主覚慶も怒っている（『小右記』五月二十四日条）。道長も気を損ねているだろうが、慎むべき、という実資の見解を見透かしたように「今朝、参上の間、檀那院の上方に放言の僧あり。石を以て人を打つと云々。奇となすこと少なからず」と道長は吐き棄てたような書きぶりだ（『御堂関白記』五月二十三日条）。悔しい思いをした道長であったが、顕信のことを考えると、ここは大人しく引き下がらざるを得なかったであろう。

妍子中宮と娍子皇后

悲しみの後に吉事が訪れると道長も心和んだことであろう。二月十四日に妍子（従二位）が女御から中宮に昇ったのである。そのためもあってか、道長は年明け早々から自邸の土御門第と、三条天皇の内裏、中宮彰子の枇杷殿、立后を控えて東三条第に来ている女御妍子のところを行ったり来たりの日を送っている。

妍子の中宮誕生によって玉突き的に皇太后藤原遵子（円融后）が太皇太后、中宮彰子が皇太后となった。そして二カ月ほど遅れて早くに天皇に入っていた娍子（従五位下）が皇后となっている。これに参列した公卿は実資・隆家・懐平《かねひら》・通任《みちとう》（娍子の兄）の四人で、殿上人は一人も顔を見せていない。実資は、このような時に道長に相対する行動をとることもあるが、しょせん犬の遠吠えでしかなく、権力の差は歴然であったから道長にはこたえていない。

同じ日に妍子の内裏（飛香舎）への参入があり、多くの公卿たちはこの方に参列しているが、彼らは前日に道長から依頼を受けていた人たちである。いっぽう娍子のほうに顔をだした通任以外の三人について、実資は天皇の召しによって内裏に参入したとし、隆家（この日に皇后宮大夫に任じられる）それに懐平、彼らとは年来親しくしているのに来ないのは奇妙だ、とは道長の弁。指名していないのに顔をだした子息以外の二人の名を列挙しており、参加・不参加に強い関心を見せる道長の性格を覗かせる（『御堂関白記』四月二十七日条）。トップに求められる資質かもしれない。

実資の日記によると（四月二十七日条）、その日は前夜からの雨が朝になって激しくなったが、そこへ天皇の使いがやってきた。三人の大臣（左大臣道長、右大臣顕光、内大臣公季）が参内しないので昼までに来るように、と。立后のためかと推量し、体調よろしくないのを押して参内した実資は、顕光や公季の不参を道長に遠慮してかと訝り、「天に二日なく、土に二主なし、仍りて巨害を懼れざる」と、意気に感じている。三大臣の欠席により、これに次ぐ地位にいた大納言実資に内弁（節会など重要な儀式で出席した首席の公卿）の役が回ってきた。

節会や儀式などの上卿を務める際には前もって知らされ、予備知識をもって臨むのが慣例であったから、その場で言われても断るのが当然であろう。でも、さすがは実資、みごとに対応した。それも異常ずくめの進行、実資は文句たらたらである。対応できたのは有職故実に通じていた証だが、この点においては道長とて、一歩も二歩も譲らざるを得なかった。道長体制化での実資の存在価値のもっとも強みとするところだ。

上卿の予備知識ということで想起されるのは、先年、冷泉家の蔵から見つかった「朝所《あいたんどころ》」「朝儀次第書《ちょうぎしだいしょ》」のことである。そこには手書きの建物の図が描かれ、笏をもった黒い束帯姿の人形（厚紙で三センチ弱の大きさ）が貼り付けてあった。自宅で定家は、この人形を持って実際に図の上を動かし、本番に備えて予行演習をしたのである。彼の『明月記《めいげつき》』には種々の指図があるが、これと無関係ではなかろう。

道長の任左大臣にともない右大臣となって四半世紀を送った藤原顕光は、儀式などで失態をくり返してよく物笑いの対象となっている。失敗が時には官人生命に関わることもあるぐらい儀式は大事な要素であったが、顕光が政治家人生を全うできたのは、彼の無類の人のよさではなかったかと想像する。右大臣のあと四年余りの左大臣を歴任している。

娍子立后の方へは公卿ばかりでなく官人の欠席も多かった。なかには参内を促す喚使を口々に嘲弄罵倒し、参議藤原正光に到っては石を投げつける始末、実資をして「狂乱欤、神の咎ある欤、天譴ある歟、至愚と謂うべし」との強烈な言辞を吐かせることになる。明らかに娍子の立后に対する道長側の妨害であって、実資は「万人、怖畏を致す」と嘆く。

さらに翌日の日記には「いよいよ王道弱く臣威強きを知る、嗟乎（ああ）」との言葉を吐き、大役を果たしてくれたことに対して天皇がとても悦んでくれた、と記す実資である。このような王権が踏みにじられるような場合には毅然と立ち向かう実資ではあるが、面と向かって道長と喧嘩をするようなことはしない。しょせん勝負の相手でないことは弁えており、身のほどを知る賢明な実資である。同じ夜に教通と藤原公任の娘の婚儀が公任邸である四条宮の西の対で挙行され、この日の道長はわが意を得たり、といったところか。このような相手を押さえ込む道長の行動に天皇は萎縮の度を深めていくことになる。

いっぽう妍子のいる東三条第の井戸から厭物が見つかり、安倍吉平《よりひら》（晴明の子）らに占わせ、水を汲んで餅や人髪などの厭物を取り上げ、陰陽師に解除させている（『御堂関白記』『小右記』四月十・十一日条）。娍子立后の二週間ほど前のことゆえ、すでに中宮となっている妍子を何者かが呪詛したものであろう。

同じ頃の黄昏どき、道長邸から人魂があがり東南方の山辺に落ちたが、きわめて明るい閃光で多くの人が目撃したといい、二日前の早朝には異雲がたなびいたが、祥雲ではないという。二カ月後には、歩いていた道長の二、三歩前へ鵄が咥えていた鼠の死骸を落とし、法性寺へ赴いて道長が堂に入っていると、堂の上に大きな蛇が落ちてきたという（『小右記』四月十二日、六月十一日条）。この打ち続く奇怪な現象を道長はどう受け止めていたのだろうか。いずれも『御堂関白記』には記載がないので、存外と本人は意に介していなかったのかもしれない。

実資は我が味方

こうした騒ぎのさなかのこと、実資は兄の参議藤原懐平（子の資平は実資の養子となり後継者となっている）から以下のような話を聞いて日記に書き留めた（『小右記』長和元年四月十六日条）。天皇は懐平を召して雑事を仰せられたついでに次のようなことを漏らされたのである。

左大臣、我のために無礼なること尤も甚だし。この一両日、寝食例ならず、頗る愁い思うことあり。必ず天責を被る歟。太だ安んぜざることなり、といえり。仰せを被るところの趣、極めて以て多々。相府のために御気色宜しからず。その次いでに仰せられて云う、右大将乎我方人尓云（ママ）云々、然るべき人を召して雑事を云い合わす、また何事あらん哉、といえり。

道長が無礼を働くので寝食もままならぬ、と天皇が訴えたもので、道長に追従しない実資を自分の味方と語っている。外孫の即位に向けて道長が天皇に対して赤裸々な行動を取り始めていたことを暗示するものであろう。もっとも天皇は即位直後から実資を頼りにしていたふしがあり、何かの折には内密に奏上するよう実資は天皇から言われていたのである（『小右記』寛弘八年九月二日条）。眼病で知られる三条天皇であるが、歯に悩まされることもあった。道長は二月八日条に「今日、内裏、御歯を取らしむ」と記し、抜いた歯を藤原隆家が天皇の命によって道長のところへ見せに来ている。ところで天皇の歯を抜いたのは誰か。それを教えてくれるのが二年後の『小右記』の抜歯記事である（長和三年正月八日条）。このとき天皇の歯を抜いたのは京極の辺に住む嫗《おうな》つまり老婆であり、「先年この嫗を以て取らしめ給う」とあるから同一人物と見てよい。医療技術などが未発達な当時にあっては専門の歯科医などおらず、呪術師まがいの人が抜歯に関わったのであろう。

十二世紀後半の制作といわれる『病草紙《やまいぞうし》』に歯槽膿漏で苦しむ男の描写がある。食べかけの膳を前において大きく口を開け、指で歯を押さえて痛みを訴えている主人と、それを見守る妻、歯病を描く珍しい絵画資料である。また『枕草子』（一八三段）に、背の丈ほどある髪の美しいぽっちゃりとした色白で愛嬌のある顔をした十八、九歳の美女が、ひどい歯痛に悩み、涙で泣き濡らした額髪が顔にかかるのも気づかずに、真っ赤な顔をして痛いところを押さえて坐っているのは、なんとも色気がある、と。そうだろうか、清少納言の深読みは理解できない。

病と神仏には勝てぬ

道長は吉事の後に調子を悪くすることがよくあるが、この時も春の終わりごろから「悩事」つまり病むことが続き、参内も滞りがちとなり（三月二十八日条）、その道長が辞職を漏らしていることを兄の懐平から立ち話で聞いた実資は、道長の言のままに「心身猶不例、所レ恐尤多、不レ如二辞遁一閑居者」と日記に書きとめている（『小右記』四月四日条）。顕信の出家のこともあって道長は極端に弱気になっていたのであろう。

五月下旬まで天皇、中宮、皇太后彰子（枇杷殿）などのところへよく顔を見せていた道長であったが、二十七日の円教寺における一条天皇の一周忌に参列したのを最後に記事がぴたっと止まって六月は全く記載がない。かなりの病にとりつかれ、頼通は簾中で泣きだし、病気平癒の修法を依頼された権僧正慶円《けいえん》は、道長の病が叡山へ騎馬で登ったことによる日吉社の祟りといい、そのことで道長と大声で討論をたたかわし、修法を拒んで帰ってしまった（『小右記』六月四日条）。その後、道長は二度目の上表を行い、弱気になった道長は実資を招いて、病が身命を攻めたて、この期に及んで思うところなく、命は惜しまないけれど三宮（皇太后彰子、中宮妍子、東宮敦成親王）のこと、とりわけ皇太后が心痛だ、と涙ながらに語っている（同、六月八・九日条）。そしてついに病の間は次席の右大臣藤原顕光が一上のことを執行するという宣旨まで下された（同、六月十五日条）。

その矢先のこと、民部大輔藤原為任が五人の陰陽師をして道長を呪詛したという落書があったという。為任は済時の子であるから前出の通任と兄弟であり、娍子の立后に絡んでのことと察せられる。このことに関しての「道長なら生涯にこのようなことは絶えることがなかろう」との実資の感想が振るっている。その実資は、道長の病気を悦ぶ五人の公卿の一人に挙げられており、ほかには藤原道綱・隆家・懐平・通任である。娍子立后に参列した面々で、そうでない道綱が、何故に引き立ててくれている義弟の病気を悦んだのか、理解に苦しむ。実資は、噂となった以上、運を天に任すしかなく、悩んでも仕方ない、と居直っている。後日にこのことを知った道長は、道綱と実資は信じられないと漏らしている（『小右記』六月十七・二十日、七月二十一日条）。

七月に入って病気平癒を祈る興福寺（藤原氏の氏寺）の僧十五人による不断大般若経の転読が道長

邸で行われたが、これが一カ月余ぶりに日記に向かった初の記事であり、三日後に道長は三度目の上表をしたが勅許されなかった（『御堂関白記』『小右記』七月五・八日条）。いわゆる形式的な三度の上表であったか。同じ時期に天皇も風病（風邪）に悩まされていた。そして道長の秘書のような立場にあった文章博士の大江匡衡が他界しているが（享年六十一歳）、死期を悟った匡衡は、子の挙周《たかちか》（東宮学士）とその母の赤染衛門の行く末を託している（『小右記』六月四日、七月十七日条）。道長は八月に入って朝政をこなしているので病魔も去ったようだ（『御堂関白記』八月三日条以下）。

海を越えた珍物

病める直前の長和元年五月、道長は大宰大弐《だざいのだいに》平親信《たいらのちかのぶ》（従二位非参議、六十七歳）が進上してきた金属製の唐物を閲覧し、瑠璃の燈爐を中宮妍子に届けている。また皇太后宮彰子のところへは親信から丁子・蘇芳が献上された（『御堂関白記』二十・二十一日条）。平親信は寛弘七年に大弐として大宰府に下向しているが、赴任の挨拶にやって来た親信に道長は馬・装束・細剱などを餞別として与えている（寛弘七年八月十三日条）。彼は長和三年に六十九歳で辞すまでの四年間その任にあり、その間に立派な牛十頭を道長のところへ送ってくることもあった（長和元年十月三十日条）。こういう記事も含め『御堂関白記』にはよく登場し、道長が目をかけていた人物のようだ。

長和元年九月、平理義《まさよし》が父親信の手紙と唐人来着の解文《げぶみ》（太政官への上申書）を持って内裏に候していた道長のもとを訪れている。そのなかに入唐僧寂照が道長に宛てた手紙および天竺（インド）風の観音画像一幅と大遼（契丹族が中国東北部に建てた国）の作文も入っていた（二十一日条）。寂照は、俗名を大江定基と称して匡衡と従兄弟の関係にあり、三河守在任中に出家して恵信僧都（源信）に教えを得て宋に渡り、帰国せずに彼の地で亡くなった。道長は寂照と書状の往来を通じて宋の情報などを得ていたようだ。

来着した宋人（商客）の受け入れの可否をめぐって陣定が行われている。その年でもないのに来たのは穏便ではなく退去さすべきであるが、新天皇になって初の来朝でもあり、認めてもよいのでは、という見解を天皇に奏上し、同意を得ている。

道長が早くから唐物に対して強い関心を持っていたことは、その価直（値段）について指示していることからもわかる（『権記』長保二年七月十四日条）。

法興院・積善寺の焼失

長和元年閏十月十七日、南方に火の手が上がっているのを知った道長は、家人を現場に遣わしたところ、大炊御門（今の竹屋町通り）と富小路の辺りからの火が東に拡がって法興院の北倉に付き、さらに積善寺に移ったということであった。道長の土御門第からは南へ六〇〇メートル余りのところである。道長が急いで駆けつけてみると、手がつけられない状態で、四天王以下の数躰を運び出しただけで三躰の大仏は灰燼となり、涙を禁じ得なかったという。この大仏とは、十八年前に関白道隆が積善寺を勅許を得て御願寺とし、盛大な供養をしたおりに安置された金色丈六の毘盧遮那仏と脇侍の釈迦・薬師如来の三躰であろう（『扶桑略記』『本朝世紀』正暦五年二月二十日条）。

道長が「去年九（十の誤記）月、法興院焼亡す、また今年此の如し。嘆き思うこと極りなし。これを如何とす」と記すように、一年前に法華堂一宇を遺して法興院が悉く焼失しており（寛弘八年十月六日条）、再建中に再度の被災と相成った次第で道長の慨嘆も如何ばかりであったか。翌日に陰陽師の賀茂光栄《かものみつよし》と安倍吉平を呼んで占わせたが、咎・祟りによる焼亡ではないとの報告を受けている。

そもそも法興院は、摂関藤原兼家が東京極大路のすぐ東（京外）で二条末路の北にあった自邸の東二条院を出家に際して寺院に改めたものである。これとは別に兼家は洛東吉田野の地に積善寺を営んだが、彼の死後、嫡男の道隆がこれを法興院の傍らに移築した。以降は法興院・積善寺と併記されることが多く、摂関家によって維持経営され、摂関家の心のよりどころであり、道長も管理造営に心を砕いた寺院である。

焼失後、少し遅れて長和二年の春から再建に取りかかり四年の夏ごろまで続いたことが道長の日記からわかるが（それも長和五年の大火により道長の土御門第とともに全焼してしまう）、再建に取りかかるころ道長は土御門第の仏堂において経供養を挙行している（『御堂関白記』長和二年三月十八日条）。そして、これ以降は毎月の恒例とするとの心構えを述べ、実行されているのである。この経供養には、家人以外に十二人の公卿以下殿上人も顔を見せており、管絃もあり、これも恒例となっている。五十路を前にして道長が仏教への傾斜を強くしていく姿が見てとれる。

三条天皇、皇女と初対面

中宮妍子が女児を生んで道長を不機嫌にさせたことはすでに述べたが、父の三条天皇が我が娘と対面するために土御門第へ行幸して来たのは長和二年九月十六日のことである。皇女の誕生は七月六日ゆえ二カ月余り過ぎていた。行幸の様子は道長が日記に詳しく記している。

朝八時頃に内裏の紫宸殿を出発した天皇の御輿は、陽明門を出て大宮大路を二五〇メートルほど北上して土御門大路を東へ進み、一・五キロの道程を経て十時頃には土御門第に到着、邸近くの大路の北側には幄を張って雅楽寮の楽人による奏楽があったが、これは還宮の際にも演奏された。

到着するなり、待ち焦がれたかのように天皇は皇女と対面した。その時の天皇の感慨を知りたいところだが、誰も伝えてくれていない。その間に御膳が供せられ、その後に天皇は腰輿で馬場殿に渡られ、池に浮かぶ竜頭鷁首から奏楽が流れるなか競馬をご覧になった。終わって寝殿に還御、参列の公卿らにも湯漬が振る舞われた。余りの月明かりに誘われて天皇の意向で舟遊びに興じたが、その間、しばらくは池の周りの篝火を消している。殿上と地下さらには船からの奏楽が響き合い、池の水面が月光に照らされて澄みわたり、砂岸の滝の音とが管絃と調和している、なんとすばらしいことか。「乗レ月棹レ舟奏二音楽一、其声遥聞」との実資の言からも当夜の幽玄さが偲ばれる。天皇が内裏に還御されたのは子刻というから夜中のことであった（『御堂関白記』『小右記』）。

「奇獣」の出現

長和二年の冬のこと、道長が豊明節会《とよのあかりのせちえ》（宴会）に参内して内弁《ないべん》（節会などの時に承明門内にあって諸事をつかさどる首席の公卿）を務めた時のことである。夜から始まって宴たけなわの時、あろうことか、「奇獣」が紫宸殿の東北から簀子（廊下）を南へ走って開いていた妻戸から宴座に入り、そこを駆け抜けて南階から庭にでたところを警備のものに追われ、来た道を引き返して逃げ去ったという。その正体は野猪というもので、近年は陣中（宮中の衛府の詰め所）などではよく見かけるとある（十一月十六日条）。

因みに『小右記』寛仁四年十月二十九日条によると野猪は「くさいなき」と読み、実資の小野宮第にも出没するようで、この時には庭の山吹の中にいて、随身たちが追い駆けたところ走って松の木に登り、そのあと池に落ちて南岸に辿りつき、上がったところを捕獲して朱雀院へ持って行って放したという。

この二週間後、狐が宮中の殿内に入り込んだのを敦明親王（三条天皇の皇子）が見つけており、一週間後には藤壺（飛香舎）と梅壺（凝花舎）との間に盗人が入り、道長が声をかけると北方に走り去ったという（『御堂関白記』十二月二・九日条）。清涼殿のすぐ北での出来事であり、無用心はなはだしいが、それだけ平和であったということか。

この年の冬は奇妙なことが続いたが、それがあたかも眼を病む天皇の前途を予兆するかのようでもある。

天皇に対する妨害

『小右記』の長和二年八月十六日条に「公事あるの日、私事を専らにす、近代の雄事（顕著なこと）なり。天道何を謂わんか。御馬の解文、先ず左府に内覧す。而るに法性寺に坐されるの間、如何とす。上卿必ず思慮あるべき歟」とある。駒牽（諸国の勅牧から貢進の御料馬を八月十六日に天皇が紫宸殿でご覧になる宮中の年中行事）の日に藤原頼通が弁当持参で法性寺行きを計画し、多くの公卿たちがその方に参加したことに対する実資の批判である。

上卿とは、儀式を差配する公卿の上首を言い、右大臣藤原顕光、内大臣藤原公季ともに法性寺の方には行っていないので該当するかもしれないが、実資の物言いから判断するに、左大臣の道長を指しているのであろう。内覧が上卿ということも引っかかるが、内弁を務めることもあるから（『御堂関白記』長和二年十一月十六日条）齟齬はなかろう。実資は、道長家の三条天皇へのこうした嫌がらせを許せないのである。

このような道長家の態度は、一日も早い東宮の即位を引き出すためのものであったかと思われ、天皇は眼の持病に加えていっそうの憂鬱を抱えることになり、意識するしないにかかわらず心理的に譲位へと追い込まれていくのである。

その一方で天皇にとって明るい話もある。ある時、内裏において一字金輪法を修しているさなかに天皇は吉相の夢を見たが、それは「宝位可レ無レ動之事」であり、天皇は慶円僧正を呼んで再三にわたり悦びを仰せられたという（『小右記』長和二年七月四日条）。

寛弘元年（一〇〇四）から寛仁三年（一〇一九）春までは詳しい記事が続く『御堂関白記』にあって、その間の長和三年（一〇一四）の一年間だけ記事がないのは不思議である。道長に死線を彷徨うような大病をした形跡もないので、もともとはあったものが散逸してしまったと考えるべきであろう。ゆえに長和三年の大きな動きは『小右記』などに依拠することになる。

内裏造営と人事

うち続いた正月の行事も済んでほっとしている長和三年二月九日の夜に内裏が焼失した。住人のいない登華殿から出火して多くの殿舎が灰燼に帰している。三条天皇は腰輿で二百メートルほど西南にある朝堂院（八省院）の大極殿に避難し、中宮と東宮は朝堂院の東廊に避難した。道長以下の公卿たちが駆けつけたのはその後のことで、右大将藤原実資をはじめ衛府の卿相らは慌てていたため弓箭を着けるのを忘れていたという。この朝堂院も方角が悪いということで、夜中になって天皇、中宮、東宮は東隣の太政官の朝所へ移っている。

この慌しいさなかに朝堂院の北辺で強姦騒ぎが起きている（『小右記』十二日条）。北門の昭慶門の西腋のところで雑人らが市女笠を被った女性を搦めて門内に引き込み、門を閉めて強姦しようとした。そこへ実資が通りかかり、女の叫び声がしたので衛府の官人や、随身たちに門を押し開けさせたところ雑人らは逃げ、女がでてきたという。長閑というか物騒というべきか。

内裏再建にむけての動きは早く、焼亡のその日のうちに検非違使をして大津・勢多・淀津などに貯木の材木を検封している（『小右記』長和三年二月九日条。以下この項についての出典は『小右記』）。そして再建を取りしきる造宮使を決めねばならず、道長は枇杷殿作事の行事人の権大納言藤原頼通、左中弁藤原経通、史小槻奉親らを充てたいという意向であったし、藤原公任と源俊賢は再建に当たって殿舎の減少を主張したが、天皇は認めなかった（二月十八日条）。四月六日に予定されていた造宮定めは、道長が針を踏み抜いて参内できなくなったため延引となり、けっきょく行われたのは五月二十四日のことであった。実資はその日の会議で決定に到る経緯を実に詳細に記しており、それによって内裏造作の様子も知られるので見ておくことにしよう。

卿相らは左大臣道長の直廬に集まっていて、大納言の藤原斉信や公任が陣の座に顔を見せた後に道長も着陣した。その時点で蔵人が公卿らを招集、道長以下の卿相も三条天皇の御前に参上したが、それは除目時の座に倣ったものであった。召されて円座に着いた道長は、硯と紙を召して決定した造宮使の名を書き（定文）、それを柳筥に納めて天皇に御覧に入れ、戻された定文《さだめぶみ》を笏で受けとり、円座を起って大臣の席に戻って大臣たちに見せた。

この定文には、再建を取りしきる最高責任者の造宮別当と行事人の名が記されており、別当として中納言藤原教通と参議の藤原兼隆・公信《きみのぶ》、行事として左中弁藤原経通《つねみち》、左小弁源経頼《つねより》、左大史豊原時方《ときまさ》、右大史粟為頼《ためより》の名が各一枚に認められていた。天皇は予《かね》てより別当には実資の兄の藤原懐平と決めていたが、それは受け入れられずに道長の意思が通ってしまっている。実資は、道長の行為を「軽々日に倍し、満座目を側《そば》だてる。綸言を蒙るの人、還って摧折《さいせつ》（うちこわす）の謀となす。抑《そもそも》造宮は天下の重事なり、豈かくの如きや」と難じ、しかも別当に年少の卿相三人を当てたのは極めて不都合であり、「物意を知る人、或は以て耳うちし、或は以て嘆きを傾く。天下の事、今に於て何を為さん、大悲の代なり」とその慨嘆は止まるところがない。

殿舎・門・廊以下の造作を国々に充てており、国の興亡によって軽重を加味しているが、当然であろう。この方の執筆には左大弁が当たっている。そのほか陰陽寮に命じて、杣入り（木の伐採）・造作始め・立柱の日を勘申させ、明年の三月までに竣工することを課している。一連の定文が最終的には所轄の部署に下されたことはいうまでもない。『栄花物語』（巻第十一）によれば、修理大夫藤原通任（皇后娍子の兄）が紫宸殿、木工頭藤原周頼が清涼殿の造作を受け持ったことがわかるが、この両人は期日に間に合わなかったため造宮叙位の加階はなかった（『御堂関白記』長和四年十月二十一日条）。

長和三年二月七日、奥州から帰京した鎮守府将軍の平維良は、道長に馬二十疋（八疋は家子らへ）と胡籙・鷲羽・砂金・絹など数万の品物を貢進するために土御門第を訪ねたが、それを見物する人で道路は市を成した、と藤原実資は『小右記』に記している。よほど珍しい光景だったとみえる。そもそも維良は、十年前に下総国の国府の館を焼いて官物を掠奪したことで押領使に追われたが逃走している（『百錬抄』長保五年二月八日条、『権記』九月五日条）。その後の経緯は不明だが、どうやらうまく逃れたようだ。その九年後に道長のところへ馬六疋を贈ってきており、これが維良の『御堂関白記』における初見で、道長は「故兼忠朝臣男維吉（良）」と明記している（長和元年閏十月十六日条）。言葉足らずの記述が顕著といわれる道長の日記だが、こういうところはきちんと書いている。

賄賂の効果

その維良が、ふたたび将軍に任命してもらうために道長への献上を行ったという次第である。その記述に続けて「件の維良、初め追捕の官符を蒙る。幾《いくばく》を経ずして栄爵に関わり、また将軍に任ず。財貨の力なり。ほかの土狼房輩、いよいよ財宝を濫りに貯え、官爵を買うことの計を企つ歟。悲代なり、悲代なり」との実資の慨嘆は並ではない。翌年の十一月三日条には「将軍維能（良）馬十疋を献ず」とあるから賄賂工作は功を奏したことになる。その威力の大小はあるものの、権力者への賄賂はいつの世でも見られるものだ。

土御門第行幸と枇杷殿への行啓

天皇への不忠に対する天罰といったら悪いが、道長は、四月始めに針を踏み抜いて歩行が困難となり、参内を取り止めるという事態になり、その後もかなり長引いている。そして「日ごろ夜々悩み苦しむ。初め瘧病《ぎゃくびょう》に似る。今に至りては他の祟り相加わるか」と、祟りのせいと思うようになり、臥しながら雑事を指示するような状態になった。しかし、十日後には賀茂社参詣を行っているから動けないということでもなかった（『小右記』四月六・十一・十四・十七・二十七日条）。

この頃のこととして道長が、義兄の道綱とともに「天道が主上を責め奉る」と天皇に奏上し、「皆思う所あるに似たり。主上具にその志を存じ給うと云々。これ右金吾将軍（右衛門督藤原懐平）密々に資平に談ず。僕射《ぼくしゃ》（大臣の官職唐名。執政大臣の道長を指す）、縦い思う所ありと雖も道綱、何ぞ同心か。愚なり愚なり。天譴避け難きか」と実資が訝《いぶか》る話が『小右記』三月十四日条に見える。自己主張の薄い道綱は、このように道長に迎合することが多いが、それゆえに大納言までいけたともいえる。意外と当人は自分の凡庸さを認めていたのかもしれない。

初夏になって天皇は道長の土御門第に行幸されているので、二人の間が常に緊張関係にあったということでもなかった。雨で鴨川の水が邸内に入り込んで水害のようになり、築垣が転倒したりしたために予定の日より二日遅れの行幸となった（『小右記』五月十三・十六日条）。里内裏の枇杷殿の東門を出た御輿は、東洞院大路を少し下がって陽明門大路（今日の出水通り）を東へ三町余り進んで、土御門第には南門（南大門と呼ばれたことが『御堂関白記』寛弘四年三月十六日条から知られる）から乗り入れ、その間、竜頭鷁首の舟からは奏楽が流れていた。そこで十番の競馬を挙行している。

なお両邸の間がそんなに離れていなかったので（距離にして五〇〇メートル弱）五位以上は騎馬だっ

たが、六位は歩行であったという。

半年後には、この行幸と逆のかたちで、東宮敦成親王の三条天皇への初めての朝覲行啓が挙行された（『小右記』長和三年十一月十七日条）。東宮が七歳と小さかったこともあるが、外祖父道長の力の入れようは格別のようだ。

昼前に御在所である土御門第の西の対を出発した御車（糸毛車）は西門から出て土御門大路（今日の上長者町通り）を西へ、東洞院大路を南下して枇杷殿へは東面する北の門から入られた。門から中宮妍子の御殿までは筵道が敷いてあり、そこを東宮は叔父の教通に抱かれて進んだとあるので、中宮とも会見されたものと思う。夫と父の軋轢を感じ始めていた中宮にとって、幼少の甥をことのほか可愛がっていたこともあり、心和むひと時となったに違いない。天皇と東宮との対面は南殿にて行われ、作法を失することが多かった、と書くいっぽうで、見守る卿相らは感嘆し、道長は感激の余り涕泣した、とも記す実資である。感情が高まると涙もろい道長の一面を伝えるものである。

対面のあと天皇は中宮の部屋を訪ね、東宮は子供ということもあって、日没までには土御門第に還御している。天皇と東宮の御在所が、いずれも所有の邸宅とあって、道長は心密かに誇りを感じていたことであろう。心安らぐ一日となった。

久しぶりの遠出

行啓のあった半月前の、紅葉も終わって冬に向かう頃、道長は敦康親王のお伴で宇治第に遊んだ（『小右記』十月二十五・二十六日条）。親王と道長は一つ車（網代車）に乗り、騎馬姿の物節《もののふし》（近衛の舎人で東遊《あずまあそび》に長じているもの）・随身・府生らが前駆を固め、これに頼通・教通兄弟と行成（同じ車）以下、多くの殿上人や上達部が続いた。実資は資平ら家族と、自宅の小野宮邸から東へ一町ほどの東洞院と大炊御門の辻でこっそり行列を見物している。一行は鴨川尻から舟を利用している。

この御遊で、親王と道長は着けていた衣を脱いで遊女に与えている。このことについて、三条天皇の言では、親王は道長の雰囲気を察してそうしたということであるが、道長は、親王に促されて自分が先ず脱いで与えたのだ、と両者の言い分に食いちがいがある。この話を聞いた実資は「軽々の極めなり」と記している。翌日の早朝に養子の資平から詳細を聞いた実資は、道長の主導で事が運ばれたとの考えに到ったようだ。

宇治の事、色に触れて軽々なり。作文・管絃の外、遊女四十余人相従う。相府（道長）一度に数重の衣を脱ぎ、已下、尽く以て衣を脱ぐ。或は被《かず》く単衣なき、といえり。また相府、絹百疋を遊女に賜う。そのほか米若干と云々。

（『小右記』十月二十七日条）

四十人の遊女とはさぞかし圧巻であったろう。この文だけでは判りかねるが、舟での移動の時のことと思われ、遊女たちも舟で近づいて来たのであろう。そのことで想起されるのは大山崎のあたりにたむろする九世紀末の遊女の姿を描いた、大江以言の「見㆓遊女㆒」と題する一文である（『本朝文粋』巻第九）。

山城・河内・摂津三国の接するところを河陽《かや》と呼び、東西南北いずれに行くにも通らねばならぬ「天下の要津」であり、遊女たちがたむろしていたという。そして客船が通ると、静かに近づいていって商売をするのである。「舟を門前に維《つな》ぎ、客を河中に遅《ま》つ」とあり、少女は化粧して歌ったり笑ったりして客の心をひきつけ、老女は簦《かさ》（柄の長い笠）を担って棹を動かし、夫もちの女は淫行を少なくし、父母のいる女は「徴嬖《ちょうへい》の幸（媚びへつらいて愛を得ること）」を多くする、といったぐあいに立場によって役割を違えていたことは興味深い。

話を戻して、どう見ても道長は率先して楽しんでいるようだ。経験もあり（一〇九ページ）、扱いも慣れていたはずだ。いっぽうの親王は生まれて初めての体験であったろうから、未知の世界を垣間見て興味津々ではなかったかと思う。

道長、最大の失態

東宮の行啓があった数日後の五節の童女御覧《わらわ》で、道長はとんでもない失態を演じている。毎年十一月の丑から辰にかけての四日間に亘って挙行される新嘗祭に伴う年中行事の五節が、この年は十九日から始まった。童女御覧のある二十一日、新中納言の藤原頼宗が殿上において食物を出し、弟の能信（この兄弟は明子腹）らと酒食し、酔ったうえに父の道長のところまで行った。道長は他に頼通・教通兄弟（倫子腹）を伴って舞を見物したのである。しかも頼宗は五節の舞姫を献じる一人に入っており、かの舞姫は禁制の衣を着し、他にも禁を破った装束を着けた人が数人いたという。かねてより過差《かさ》を禁ずる仰せが出されているにもかかわらず、道長は守らずともよい、などと言っている。

この行為に対して実資が黙っているはずがない。「強いて叡慮に乖《そむ》き、王化（君主の徳により善政が行き届くこと）の薄きことか。甚だ以て嘆息す、弛張は只執権臣の心に懸る」と述べ、明日の五節（四日目の辰の日は豊明節会といって正式に五節の舞が演じられる）にはそういうことのないようにとの勅命が出されたのに対して、道長は「この制無かるべし」と反対している。そして多くが道長の言に従ったと見え、「万人、善に背き悪に従い、主を侮り、臣を敬うのみ」と諦観する実資である（『小右記』十一月十九～二十二日条）。

こういう時には公正を期する道長の慎重さはどこへいってしまったのか。外孫の即位のことで頭がいっぱいで、平静さを欠いていたとしか言いようがない。どう見ても道長にとって不利なことであり、彼の政治生命のなかで最大級の汚点となったことは間違いない。

悪いことは続くものである。十二月に入ってすぐのこと、敦明親王家の雑人と右中弁藤原定頼《さだより》の従者との間で乱闘があり、父の天皇は不快感を示し、定頼側に非があるらしいということだった。そこで定頼の従者に対して追捕の宣旨が下ったが、道長は、自分を通さずに出されたことに悶着をつけて宣旨を止めさせ、それを怠った蔵人の藤原永信《ながのぶ》を召勘するよう迫った。天皇が不快に思うこと頻りである。定頼が公任の子であることから、道長はその方の肩を持ったが、調べが進むうちに定頼に利なしと判断したのか、「定頼朝臣の所為、極めて不善」と思うようになった。そうこうしているうちに定頼の従者が多く逮捕され、敦明親王の雑人が死んだ（乱闘の後日に定頼に打たれて疵したともいう）。その仕返しに敦明親王が定頼を打たんとした。そのことを聞いた道長は、大いに怒って計り知れない悪言を吐き、天皇の耳にまで達したので、聞いた者は心が寒くなったという。定頼は中宮妍子の宮司（長和三年十月五日に兼中宮権亮）になっているから「極めて片腹痛き御詞であった」と噂になった（『小右記』十二月一・四・五・八日条）。

穏やかに過ぎた長和三年だったが、後半になって不祥事が続出し、道長に不利に展開することが多く、外孫の帝位への焦りもないまぜになっているのか、今までの道長からは考えにくい行動をとった。その一年間、彼の日記がないのはますますもって偶然とは思えない。

第五章　この世はわが世

1　外孫を帝位に

長和三年春の終わり頃から三条天皇は病むことが多くなり、側近に漏らすようになった。その様子を実資は次のように書きとめる。

病む天皇に高姿勢

近日、片目見えず、片耳聞こえず、極めて悩むの内、夜に臨んで弥《いよいよ》悩む。〈三月一日〉

近日、左方の目見えず、鼻聞えず（鼻炎などで通りにくいか）、時々此の如し。〈三月十六日〉

今日、心神宜し。目なお快からず。左大臣今日参入す。気色宜しからず。これ吾が心地、頗る宜しきを見て「ムつかる」なり。〈四月十三日〉

いずれも『小右記』に見えるものだが、最初に掲げた記事の前には意味深の記述がみえる。それは、道長邸（土御門第）の南門に鹿が入りこんで「馬出屋」に登ることがあったので、陰陽師の賀茂光栄に占わせたところ、「君に不忠の臣あり、父に不順の子あり、然らざれば、身衰耗《すいこう》（衰え弱ること）を憂う」と出たという。これを道長はどう受けとめたのか、自分の非を感じとったであろうか、残念ながら知ることはできない。三番目の記事について実資は、天皇の言葉通りならば、道長は「大不忠の人」と酷評している。

病める天皇への投薬については、清原為信《ためのぶ》という男が、丹薬、紅雪、訶梨勒の服用を奏上し、「御目は肝臓に通じ、御飢致す所なり。腎臓また補さしめ給うべし。御飢と謂うは、若しくはまた御心労か」と語るなど天皇の病の治療に深く関わっている（『小右記』長和三年三月一・三・十六〜十八日条、『御堂関白記』長和四年二月十九日条）。その頼みの為信も、翌年の夏には卒去してしまい（『小右記』長和四年五月二十二日条）、その一カ月後、天皇は「日ごろ悩気御す。昨一昨、弥《いよいよ》倍し御し坐《おわ》す。御膳、都《すべ》て聞こし食《め》さず。尤も甚しく憔悴御し坐《ま》す」という状況に立ち到っている（『小右記』閏六月二十六日条）。

長和四年の夏頃から眼の悪化が短い周期で訪れるようになり、「近日は頻りに道長が譲位を促す」と嘆く天皇は、「新造内裏に遷幸するまでは譲位があってはならない、来月にでも遷幸しようと思う、と道長に話したら満足気だった」と仰せられた。

この一連の話を実資に内々にもたらした資平は、そのための遷幸は善いことではないし、道長の足は平復したとはいえ片足を引きずるなど歩行が不自由、と語っている（『小右記』長和四年八月四・十九日条）。この年の春に蔵人頭になったばかりの資平ゆえに、天皇が病気のためなにかと大変で、資平は事あるごとに養父の実資宅を訪れては報告し、指示を仰ぐ日々であった。この養父なくして資平は蔵人頭の任務をこなし得なかった、といっても過言ではなかろう。

天皇の眼疾は悪くなるばかり、回復を祈願して里内裏の枇杷殿で、等身の薬師如来画像を掛け、阿闍梨大僧正で天台座主の慶円ら七僧をして七壇御修法（七仏薬師法）を行ったりしている。天皇は一時的によくなるもののしばらくすると不調となり、等身の不動尊像を画かせ、心誉をして不動調伏法を修させたりしたが、一進一退を繰り返すばかりである。その間に天皇の眼疾は冷泉上皇（父）の邪気によるとか、藤原元方（娘の祐姫が村上天皇の更衣となって第一皇子を生みながら女御所生の皇子が東宮となったことで失意のうちに他界）の霊によるなどとの霊託が出たりもしている（『小右記』四月三十日、五月二・四・七・十六日条）。

悪いことは重なるもので、この年の春から夏にかけて咳病が流行して多くの死骸が京内の路頭に捨てられ、病死者は全国に及び、夏の終わりには「疫死者は数えきれず、路頭には死骸が連なっていて、五位以上のものが十余人もおり、病に苦しむ者も多数だ。それは身分の低い者ばかりでなく貴族にも及んでいる」という状況であった（『日本紀略』長和四年三月二十七日条、『小右記』四月十九日、六月一・十一日条）。病が蔓延すると、これに対処できない庶民層が犠牲となるのは世の常であろう。この流行病も秋口に入って気候がよくなるとともに終息に向かい、路頭にも死骸がなくなってきた（『小右記』

七月十四日条）。

天皇と道長の狭間で

御修法などの効果がもうひとつという時、明求が天皇の眼疾平癒の秘法を提案し、道長も賛意を表しながら一カ月後には態度を変えて反対し、さらには明求に圧力をかけて御修法の奉仕を下ろさせている。明求は、道長の名を出さずに憚りがあって、と婉曲に断っているが、天皇側では「左大臣不快の気あり、仍て奉仕すべからず」とお見通しであり、他人がもしこんな不条理なことをしたら手足を失うであろうに、道長の威を借りて、と言わんばかり。さらには「明求は本より愚悪の人なり」と虚仮《こけ》にしている。

三条天皇は道長の枇杷殿にいることを快しとせず、一日も早い新造内裏への遷幸を願っていた。道長は、これに不快感を示しつつも、天皇をいつまでも私邸の枇杷殿に留め置くのも恐れ多く、清涼殿などの造営を急ぐべき、と語っている（『小右記』五月十・十六日、六月十二・十三日条、『御堂関白記』六月十四日条）。

なお、明求が道長の言いなりになっているのは外でもない、彼は道長家お抱え僧であったのである。東三条院や道長の病気の際の御修法（『権記』長徳四年七月二日条、『御堂関白記』長保二年四月二十九日条以下）、中宮彰子の安産祈禱など道長家のための働きは大きい。明求は寛仁三年（一〇一九）に天台座主となって翌年に七十五歳で入寂している。

道長の妨害はそれに止まらない。平癒祈願のための丈六の五大尊像の造作および御修法の挙行など一切を承知せず、「深く思う所あるに似たり、善からざる事なり」と実資に漏らす資平である（『小右記』六月十九・二十五日条)。道長の思惑ははっきりしており、天皇に元気になってもらっては困るのである。

ところで道長が足を負傷したのは晩夏のことであった。『御堂関白記』閏六月十九日の記事に「北の屋の打橋に落ちる間、左方の足を損ね、前後覚えず」とあるもので、『小右記』同日条および二日後の記事によれば、厠の帰りに足を踏み外して階下に落ちて仆れて意識を失ったという。足が腫れ痛くて我慢できず、蓮や楊《やなぎ》の湯に足をつけたりしたが(『御堂関白記』二十日条)、二十日経っても立つことができず、足が細くなり、身や尻の肉がげっそりと落ち、しばらく坐していると痛さで堪えられない状態であった。しかし四日後には立って一、二歩は歩けるようになり、十日後には頼通・教通の肩に助けられて参内しており、不快を感じながらも一人歩きがなんとか叶うまでに回復している(『小右記』七月七・十一・二十二・二十七日条)。しかし八月に入って「蛭喰《ひるくい》」、つまり患部に蛭をくっつけて悪い血を吸い出させているから(『御堂関白記』八月十二日条)完治とまではいってないが、月末には歩行も叶うようになった。

そんなある日、道長は療養をかねて桂山荘に遊んだ。そんな時でも三条天皇に対しては、

主上の御目、恃《たの》むところ甚だ少なし。遠近の物、すでに覚らず。叙位・除目行わるべからず。また官奏に候すべからず。今の如きは皇政廃忘し、徒然に日を困《け》す。憚る所あると雖も奏さざるべからず。

と語って憚らず、天皇は、「遷宮の事、遂げ了わりて目なお見えざれば、相府の志に従うべし」と、覚悟のほどを仄めかしている。これらを受けて実資は「今に至りては御譲位せられる事に似たり。主上、入り御《たま》うの御志最も切なり。遷宮の後、天下相改まるべきや」と、譲位の近いことを予測する（『小右記』八月二十二日条）。

『御堂関白記』には桂への遊行記事は見えるものの上記の記述はなく、道長はこの類の記事は殊更に日記には書かなかったと見える。

孔雀の奇跡

譲位などをめぐり天皇と緊張関係にあった道長にとって、孔雀の話題は一服の清涼剤となったに違いない。物忌により籠もっていた四月十日の『御堂関白記』に道長は次のようなことを書き留めている。

蔵規朝臣献ずるところの孔雀、未だ雌雄を弁《わきま》えざるも、酉の時に東の池の辺に卵子を生み、近辺に食い置く草葉にこれを蔵《かく》す。見付くる者云く、この昼に至るも侍らず、今の間鶏の如く土を払い、その後またこれを見るにこれあり。巣の如き物を作りて卵子を入れ、塒《ねぐら》の上に置く。孔雀これを見て物を啄《ついば》み、また蔵すが如くす、と。御覧（『太平御覧』の祖本の『修文殿御覧』）の孔雀部を見るに云く、鳥たるや必ずしも匹号せず、正に音影を以て相交り、便ち孕むことあり、と云々。これを以て自然に孕むを知るなり。文書信あり。

そして二日後の記事には「孔雀また子を生む」とある。この孔雀は大宰大監の藤原蔵規が春に進上した「鵞二翼、孔雀一翼」のうちの孔雀で、宋から齎されたものであり、三条天皇に御覧に入れたあと道長に下賜され、土御門第の小南第で巣を作ってやって飼っていた。そして「去る四月晦日以後、卵十一丸を生む。異域の鳥忽ち卵を生む、時の人これを奇しむ。或人云く、この鳥、雷声を聞きて孕む。因縁は自然論に出ると云々。但し百余日を経て未だ雛に化せず。延喜の御時、かくの如き事ありと云々」ということである（『日本紀略』二月十二日、閏六月二十五日条）。

『小右記』にも孔雀の話はみえ、実資は、「孔雀が生んだ卵は鶏より頗る大きく、雄がいないのに卵が生まれるなんて不思議だ」と源政職の話に興味を示し、「雷声を聞いて子を生んだり、水に映る影を見て子を生むということだが書を見て確かめるべきだ」と記している（『小右記』四月十一・十六日条）。さらに『御堂関白記』八月二十九日条には「孔雀が卵を抱いて五カ月になって抱くのを止めてしまったので孵化はなかった」とある。無精卵だったので所詮、孵化はありえなかったようだ。

孔雀の話といえば、久安四年（一一四八）のこと、道長の四代あとの摂関忠実から「孔雀とは何《いか》なる物ぞ」と尋ねられた大外記《だいげき》中原師元《もろもと》が「雷の声を聞きて孕む……雷と孔雀とは一つ物なり」と答えていることが想起される（『中外抄』七十四）。

譲位と東宮問題

天皇の意思に従うかのように秋には枇杷殿から新造内裏への遷幸が行われた。九月二十日のことである（『御堂関白記』『小右記』）。東宮敦成親王も土御門第から新造内裏に遷っている。この日には叙位も行われたが、叙位簿は二枚あって男女各一紙からなり、対象は「中宮々司・女官・左大臣男女三人・家司等」というからほとんど道長にとって身内のことであり、しかも、その名簿を天皇の面前で書いた道長の手跡というから驚きだ。本来なら叙位の上卿が天皇の仰せを承って書くものである。どうしてそこまで、と思ってしまうが、うがった見かたをすれば、書類が読めないほどに天皇の目が悪化していたということか。

長和四年の冬から一段と動きが慌しくなって緊迫感が増してきた。

天皇は蔵人頭藤原資平を呼んで内密に次のようなことを仰せられた(『小右記』長和四年十月二日条)。道長は私に向って頻りに譲位のことを責め、天皇の皇子の中で東宮になれるような器の人はいないから、故一条天皇の三宮の敦良親王を東宮にしたらよいと言う。加えて藤原公任や源俊賢までもが、道長の尻馬に乗って譲位をすすめるのはけしからんことだ。臣下たる者が帝位を危うくするとは何たることか、一時たりとも心が休まらない、と憂いている。この道長の仕打ちに腹を立てたのか、天皇は譲位を思い留まると口ばしっている。

譲位後の東宮には第一皇子の敦明親王の立太子が予測されており、道長は反対していたが(『小右記』十一月十五日、十二月二十四日条)、成り行きからすれば妥当な線である。それなのに「器でない」などと言って東宮に外孫の名を挙げるあたり、天皇と皇太子を外孫で占め長期の摂関を維持するための磐石の態勢を築こうとする、五十歳という人生の終盤に立った道長の執念のようなものを読み取ることができる。新東宮大夫に藤原実資の名が挙がり、道長の心中を察して実資は内々に道長に報告し(『小右記』十二月二十四日条)、年あけには固辞している(長和五年正月十八日条)。東宮傅に藤原顕光、東宮大夫には藤原通任（東宮の伯父）というのが道長の意思であり、この通りに実行されている。

「准摂政」と除目・官奏

天皇は道長を摂政に准じて除目・官奏を行う宣旨を下したが、天皇の意思は、「いずれ譲位はするけれど即刻とは思わないので、政務を道長に譲る」というものであった。そして除目は十月二十七日に、官奏は十一月二十八日に、いずれも宮中の直廬の飛香舎において行われている（『御堂関白記』十月二十七・二十八日、十一月二十八日条、『小右記』十月二十六〜二十八日条）。

准摂政については、米田雄介氏の「関白または大臣が摂政の儀に准じて、叙位・除目・官奏を直廬において行うことを許されること。またその権限を与えられた者」との定義のもとに挙げた二型のうちの「天皇の不予の間、天皇に代わって大臣または関白が摂政に准じて政務をみたもの」が三条朝下の道長にも該当するという説がある（角田文衞監修『平安時代史事典』〈角川書店、一九九四年〉の「准摂政」の項）。

しかし道長が准摂政となったその日の『小右記』によると、宣旨には「病気の間」という文言がなく、「一上を行うべきの事」が盛り込まれていることは後述するように注目してよい。そして翌日の除目は道長の独断で行っており、「独身任意補任事太不便事」と実資を嘆かせている。この時点で道長は天皇を完全に抑えたと言ってよい。

その除目の内容は、内大臣藤原公季が左大将を辞した代わりに子の参議実成が権中納言に昇り、左大将について右大将からの転任を実資に打診したけれど辞退した（道長が当初から左大将には頼通をと考えていたことを察して）ので頼通になったが、実情は複雑のようだ。

そもそも道長は、早くから頼通を左大将に、能信（明子腹）を参議にして欲しいと天皇に頼みこみ、天皇も承諾の意向を示していた。このことを資平から聞いた実資は、「今、世間の形勢を見るに、万事すべて一家に帰す。向後、事弥《いよいよ》千倍か」と道長家への権力集中を嘆く。そのいっぽうで実子の資頼の任官を資平を通じて道長に頼みこんで了承を取りつけているから、正当論者の実資も、こういう時は長いものには巻かれろを容認するのだ。除目の当日は天皇の出御なく、右大臣・内大臣も顔を見せず、准摂政の道長が大納言らを近くに招いて行われたが、道長の独断による補任で「太不便」であったという。その様子は「除目の儀、御前の如し」とあることがすべてを物語っていよう（『小右記』十月十一・二十六〜二十八日条）。

また蔵人頭の藤原資平は参議を希望していて、天皇に奏聞したところ「深く恩気あり」、道長に打診をしたところ、「上臈を飛び越えてというのは不都合だけれど、奏上することには何の問題もないし、天皇が判断されることゆえ、そうしましょう」と。こうしたことを実資に報告した資平は、「道長の心のうちは知らないが、反対の様子でもない」と語っている。しかし道長は、いざ天皇から資平の任参議のことを持ちかけられると、いっさい承従せず、資平を新帝の蔵人頭にしてはどうか、との打診をも拒んでいる（『小右記』長和四年十二月十七・十八、二十五日条）。面と向かっているときには調子を合わせながら裏では批判ばかりする実資の態度を見ぬいたうえでのしっぺ返しと、それに道長は、資平をあまり好きではなかったのかもしれない。

譲位を迫る　この頃の天皇はといえば、「目弥見えず、足また動かず、更に堪えるべからず、今に至りて何をか為さん。譲位の事、正月を過ぐべからず」と、かなり思わしくない状態である（『小右記』十月二十二日条）。

そんななかで道長の五十歳の祝賀が、皇太后彰子の主導で土御門第において行われた。その日の早暁に道長は妻の倫子を伴って彰子の居所、西の対に渡っている。寝殿で挙行された大般若経一部・寿命経五十巻・両界曼荼羅を主とする法会には、大僧都慶命を導師とする十僧のほかに百人の僧が参列しているので、さぞや壮観であり、道長の長寿を祈る読経の声が邸の内外に響きわたったことであろう。数献の後、道長に盃を勧めながら藤原公任が祝賀の和歌を一首詠み、これに道長が返歌している。

相生の松をいとども祈るかな　千歳の蔭に隠るべければ

我（道長）

老いぬとも知る人なくばいたづらに　谷の松とぞ歳を積まし

「相生の松」とあるように、ともに五十歳を迎えた二人の長生を祈るもので、道長の蔭について、という公任の気持ちが表われている。これに対して道長は、歳をとってもあなたのような長年の友がいないと寂しく老いていくだけ、共に歳を重ねましょう、と。その場に居あわせた上達部以下の人々は褒誉の気持ちを表して、たびたび吟詠したという。右大臣藤原顕光（七十二歳）と大納言藤原実資ら数人を除いてほとんどの公卿が出席した。

法会のあとの饗宴では、道長が皇太后に御膳を供し、上達部が膳についたが、「膳の躰、具に記す能わず、風流殊に甚だし。……卿相・雲上人ら糸竹頻りに唱え、漸く酔興に及び、和歌の興あり」というものであった（『御堂関白記』『小右記』十月二十五日条）。

道長は、久しぶりに晴々としたひと時を味わったことであろう。

道長の五十の賀に娘の中宮妍子が顔を見せた形跡はなさそうだが、おそらく病気の夫、三条天皇を気遣っての行動であろう。その天皇を苦しめる事態が起こった。新造内裏の焼亡である。夜遅く知らせを受けて駆けつけた道長は、内裏の北門の玄輝門のところで東宮敦成親王（八歳）に出会ってほっとしている。その夜のうちに御在所定めがあって、二日後に枇杷殿へと決まり（道長は、天皇が枇杷殿の滞在に不快感をもって内裏に遷ったのに如何なものか、と語っている）、翌日に道長も赴いて所々を造り替えたり修理を加えたりして、翌十九日、強雨の中での遷幸となり、東宮は土御門第へ行啓した（『御堂関白記』『小右記』十一月十七〜十九日条）。中宮は内裏に入らずに枇杷殿に留まったままになっていたので、この方への行幸となったようだ（『御堂関白記』九月二十六日条、『小右記』十一月十五日条）。

この火事が天皇にいよいよもって譲位の覚悟を促したことは否めないが、それを見すえたかのように道長は火事の翌日に譲位を責め立てる。さすがの実資も「火事の間、大事を奏せらるは如何、憤懣に耐えざるか」と天皇の心中を察し、道長には呆れている。なお、天皇は避難する際に冠を被り忘れ、それに気がついた敦明親王が自分のを父に献じ、他人の烏帽子を取って被り、母后（娍子）を抱いて避難したという（『小右記』十一月十八日条）。なんと親思いの皇子であることか。

ところで三条天皇の歌として藤原定家が小倉百人一首に採択した一首が、「心にもあらでうき世にながらへば　恋しかるべき夜半の月かな」である。

「心ならずもつらい世の中に生きながらえていたならば、この夜更けの月を恋しく思うことであろう」というような意味かと思う。『後拾遺和歌集』（巻第十五、雑一）に「例ならずおはしまして、位など去らむとおぼしめしける頃、月の明かりけるを御覧じて」の詞書がある。『栄花物語』（巻第十二）には「十二月の十余日の月のいみじう明《あか》きに、上の御局にて、宮の御前に申させたまふ」とともに天皇の一首を載せている。

寒天の夜に皓々と照る月を中宮と見ながら、一カ月後に譲位を控えた天皇は、苦しい心のうちを一首に託したが、視力をほとんど失っていたであろうから、明月も朧月のように周りがぼやっと霞んで見えていたに違いない。

同じ頃、三条天皇は新年の正月に譲位する意向を道長に告げている（『小右記』十二月十六日）。そして年も押し詰まって、譲位の日を安倍吉平らに勘申させ、年明けの一月二十九日との決定を見ており、その際の三種の神器の授受について指示を行っている（『御堂関白記』十二月二十七日条、『小右記』二十八・二十九日条）。

2　磐石な摂関体制

即位前夜

長和五年（一〇一六）が明けた。月末に帝位交代を控えた半月前、公卿らが土御門第に集まって道長を中心に譲位並びに即位のことを定め、藤原公任が執筆、行成が醍醐・朱雀・村上・円融天皇たちの日記から前例を抄出している。因みに公任は、作成した御譲位の式の添削を実資に依頼し、彼は朱を入れて翌朝に返送している。実資の存在感をアピールする光景だ。当の道長は、「年来の志、甚だ深し。この時に臨みて悦びと為す所の思い、極まりなし」と待ちに待ったことへの実現を噛みしめるように日記に書き付けている（『御堂関白記』『小右記』正月十三日条）。

その日に向けて準備は着々と進められていくが、とりわけ内蔵寮に保管されている即位の雑具に関しては二年前に焼損（『小右記』長和三年三月十二日条）していることもあって、道長は責任者の内蔵頭源頼光に修理や造作を命じている（『御堂関白記』正月十七日条）。道長に臣従する頼光の腕の見せどころだ。そのほか即位用の童帝の御装束の準備などもあり、道長が直接に指示をするなど（『左経記』正月十三日条）熱の入れようもことさらである。

即位の十日前に「一条上」こと藤原穆子が東宮と会見している。時に八十六歳の穆子は東宮にとっては曾祖母に当たるから、なんとも微笑ましい光景であったかと想像する（『御堂関白記』正月十九日条）。なお、穆子は半年後に一条第で他界するが、道長は「実に年高しと雖も、この期に臨んで悲しい哉、悲しい哉」と記し、遺言に従ってその日の夜半に入棺を行っている（七月二十六日条）。

譲位と即位

外孫の即位が挙行される二十九日、道長は日記の冒頭に「天晴れ」と記す。天候について神経質な道長であるが、この年になって『御堂関白記』に初めて記載の天候記事だ。最大の儀式が行われる当日の晴れを幸先が良いとみるのは道長だけではあるまい。道長は早朝に皇太后彰子のもとを訪れ、その後に枇杷殿の三条天皇のもとへ赴いている。時に彰子は土御門第の寝殿を御所とし、道長は同邸内の小南第にいた（『小右記』長和四年十二月四・二十四日条）。

この日の儀の進行は『小右記』がもっとも詳しいが、『御堂関白記』も通常よりもはるかに記事が長く、両記を中心に見ていくことにする（二十九日条）。

当日の午の刻に公卿らが枇杷殿に参内して来て南殿（寝殿）において譲位のことが行われた（因みに清涼殿は北の対）。事に当たったのは内大臣藤原公季であるが、一上の道長は摂政補任のことがあり、右大臣藤原顕光は七十三歳と高齢のうえ譲位に伴う固関のことで大失態を演じ、実資をして「至愚の又至愚なり」と言わしめた（『小右記』二十七日条）ことによるか。譲位の宣命には「御譲位幷びに式部卿敦明親王を以て皇太子に立てる事、左大臣を以て摂政となす事」とある。

なお譲位が行われる以前のその日の朝に三条天皇が上皇となった時の別当以下二十一人の院司を道長の差配で定めている。

譲位の儀が終わると、天皇のもとから神璽・鏡・宝剱をはじめ大刀契《だいとけい》・鈴鎰・漏刻などが東宮のいる土御門第へ移された。それらは枇杷殿の東門を出て陽明門大路を東へ、土御門第へは南門から入っており、行幸の形をとっているが、当然であろう。運び込まれた「御所」つまり新帝の居所は西の対であり（『小右記』二月十八日条にもそうある）、そこには内裏にならって「昼御座」もあった。本来なら寝殿ということになろうが、ここは「母后御在所」つまり皇太后彰子が使っていた。宝釼以下が最終的に納置された内侍所は池の南の「書殿」が充てられた。

次いで東の対の南庇を充当した陣座において公卿会議を開き、天皇の側近として重要な任務に携わる蔵人頭および蔵人の補任を行っている。そして天皇の日常に必要な大床子・日記などを置く厨子などを運び込んでいる。また帝位の服を着した新天皇は母后に拝謁している。

東宮には三条天皇の第一皇子の敦明親王（母は藤原済時の娘娍子）がなり、立太子の四日後の二月三日に摂政道長の直廬において坊官除目が行われ、十八人が任じられている。同じ日、道長に牛車の宣旨、殿上人らに禁色・雑袍の宣旨が下っている。

外孫の摂政に

実資は譲位の儀がすんだ直後の記事のなかで道長のことを「左大臣摂政」としており、三種の神器が新帝のもとへ移された直後に摂政に任じられた道長は慶を奏上している。初の摂政として外孫と対峙した時の道長の胸中は「ついにやった！」という充足感で満たされていたことであろう。

道長が正式に摂政となったのはこの時がはじめてであった。即位した三条天皇から関白を再三にわたって打診されながら断り続けて内覧に留まり、譲位を三カ月後に控えた時点で准摂政を受けたことの理由などについてはすでに述べた。権力を掌中にした道長にとって、今さら摂関に執着することはなかったであろう。その意味では、この時点で摂政になったのは、初の外孫の即位という記念碑的な意味をでるものではなかったと考える。その証拠に摂政を一年ほどで子の頼通に譲っているのである。

践祚の一週間後には即位式が大極殿において行われた（『御堂関白記』『小右記』二月七日条）。午前十一時頃に宝剱や神璽を納めた莒とともに土御門第の寝殿を出立した九歳の幼帝の御輿（母の彰子皇太后が同輿）は、雅楽寮や修理職の官人の奏楽のなか西門を出て陽明門（近衛）大路を西へ、大宮大路を南行して待賢門から大内裏に入り、朝堂院（八省院）には北の昭慶門から入って小安殿で鳳輿を降りられた。この行幸はおよそ二キロメートルの道程である。

天皇は礼服を着けて（供奉の輩もみな儀服を着す）大極殿の高御座に就くと内侍が宝剱と神璽莒を天皇の左側に置き、皇太后が西幔内、摂政が東幔内に就いた。この経緯を公卿たちは大極殿の東壇から見物したという。儀式は二時間ほどで終わって北の後殿の小安殿に下がられた天皇は、装束を改めて朝堂院をあとにして六時頃には土御門第に還御された。

「いみじううつくしくめでたうおはします」（『栄花物語』巻第十二）幼い天皇にとっては長い一日となったが、摂政と皇太后にとっては晴れやかな一日となった。翌日には蔵人頭および蔵人と殿上人の補任があり、実資の養子の資平とその実兄の経通の兄弟二人が頭を独占した。この補任に対して道長は、兄弟が蔵人頭になることは不都合だけれど経通は新帝の東宮時から忠義があった（長和三年三月に春宮亮〈『公卿補任』同年条〉）のに即位（践祚）の時点では任じられず、即位式のこの日に補任となったが、これは後例とすべきではない、との見解である。

藤原資平は三条天皇譲位の一年前に蔵人頭となり、天皇は新帝の蔵人頭にも推していたが、道長は強硬に反対しており（『小右記』長和四年十二月二十五日条）、外孫の新帝に実資の直系は避けたかったのであろう。しかし、蓋をあけてみれば資平が蔵人頭になっており、三条の意思どおりになった。もう一人の蔵人頭は藤原道雅になったが、一週間後の即位式の前日に道雅は三位に叙され（非参議）、経通が蔵人頭になるといった経緯があった（『小右記』『御堂関白記』『公卿補任』『蔵人補任』の該年日条）。新帝の側近の実務官僚も固まって、いよいよ外祖父の摂政道長の後見のもと後一条体制がスタートした。

「飢渇相」道長

大事の後には決まって体調を崩すことの多い道長であるが、春の終わりに患っている方の足を「蛭喰」させており、おそらく前年に傷めた足の再発であろう。三月二十六日の冒頭にそのことを記した道長は、直廬（土御門第内）において権大納言藤原斉信・同公任ら六人のお気に入りの公卿と頼通はじめ四人の子息も加えて作文会を行ったこと、妻の倫子が皇太后彰子の部屋を訪ねたことを日記に書き、ついで左大弁源道方に語った次の一文を載せている。

一上に申す文、大納言以上の参入の人々に申すべし。先例はその人を差す。而るに次の人、年老い、恒に参らず。乃って人を定めざるなり。

摂関就任への勧誘を固辞して執着してきた「一上」を、外孫の即位で摂政となったことで離れざるを得なくなった道長が考えついた方策であろう。本来なら右大臣藤原顕光がその任に当たるべきであるが老齢（七十三歳。老齢でなくとも耄碌している顕光にはまわしたくないであろう）で叶わないので、政務の席に出席した大納言が当たるべき、と道長は言う。『小右記』によると、内大臣で六十歳の藤原公季も顕光と同様と道長は言うが（三月十六日条）、その理由はわからない。道長にとっては年の近い叔父であり、対立関係にあったとも思われない。意気のかかった大納言が何人かいるので、そこまで下したかったのが道長の真意であったかと思う。道長が三条天皇の准摂政を受ける際に一上に拘ったことが想起される。

この頃の道長は口がよく渇くので昼夜を分かたず頻りに水を飲み、時には発熱して赤ら顔になることもあって元気を失くしたりしている。

五月十日のこと、道長家の法華三十講に奉仕していた阿闍梨頼秀が実資邸を訪れて密かに次のように語った。道長はお勤めの最中に席を立って簾中に入ったが、それは飲水のためかと推察し、「紅顔減じて気力なし。慎まれるべきに似たり、その期遠からずや」と死期が近いのではないかと。これを聞いた実資は「朝の柱石、尤も惜しむべき矣」と述べており、翌日には道長の言葉を伝え聞くことになる。

法華三十講で仏前に坐していた道長は、居並ぶ公卿たちに体調不良の状態を次のように告白している。

摂政命じて云う。去る三月より頻りに漿水を飲み、就中《なかんずく》近日は昼夜多く飲む。口乾き力なし。但し食は減らず例なり。医師ら云く、熱気か、といえり。丹薬（不老不死の仙薬）を服せずと雖も年来、豆汁・大豆煎・蘓蜜煎・訶梨勒丸など不断に服す、この験か。仍って冷物を服す。風未だ発らず、今日より茶を服す。客亭に於て一度に飲み、両三度、簾内に入る。若しくは水を飲み給うか。命じて云う。今日、飲水多く減ず。然而《しかれども》太《はなはだ》無力なり……。

道長は口が渇いて飲水が多いのは日ごろ飲み続けている薬のせいではないかと語っているが、顔色は悪く憔悴しており、発熱と無力感に襲われるのは明らかに病気、というのが周囲の見解である。そこで薬を止めて口の渇きを癒すために茶を飲み、杏を嘗めたり、葛根〈久須〉を食べたところ飲水が止まって気力が出てきたという。そもそも葛根は、飢饉の時などに百姓らが掘って食べたもので、道長のような上臈が葛根を食べたなんて聞いたことがない、世間では道長を「飢渇相《きかつのしょう》」（飢渇の大臣）というであろう（五月十一・十三日条）、とは実資の弁。

この法華三十講は高倉殿において五月一日から始められたが、その前日に雑談のついでに道長は、日頃から心神不例で飲水の多いことを吐露し、昔の人なら重く慎んだものだ、自分の人生に満足しているので万一のことがあっても恨みなどしない、と周囲に語っている（『左経記』四月三十日条）。いやに弱気になっており、あたかも死を覚悟したような物言いだが、それほど重い病でもなさそうだ。なお高倉殿というのは、道長に仕えた高階業遠（丹波守を重任）の所有宅であったが、寛弘七年（一〇一して知られる。

○）の卒去後、その後家から道長が買得したもので（『左経記』長和五年三月二十三日条）、後に頼通邸と
ところで道長の症状は、服部敏良氏の診断によると飲水病つまり糖尿病ということである。その病も法華三十講の結願を迎えた十六日には尋常に復し、直廬において卿相とともに諸寺の別当補任の事を行っている。

以上のことはすべて『小右記』によって知られるもので、『御堂関白記』も三・四月は連日記載があるが五月に入って十一日までは四日分しかない。体調を崩していたその間に病のことを吐露しているのは法華三十講の間の「悩事（病気）あると雖も捧物を立つ」（五月七日条）のみである。きっと道長は、摂政としての任務に忙殺されていたからであろうし、確かに政務を差配している記事も多く、けっこう動き回っているので、言われるほどのことでもなかったようだ。

なお法華三十講結願の二日後の『小右記』に実資は、夜に訪ねてきた藤原公任から聞いた話を載せている。夕刻に会った摂政は、心身ともに回復して飲水も止まったが、「枯槁《ここう》の身体、未だ尋常の如くあらず」と語ったという。そして心誉律師が見た夢の話を記している。故大僧正観修と上﨟僧が云うには、道長は今年は大丈夫だが明年は必ず死ぬ、と。そこで心誉がどうしてかと尋ねると、種々の善事によって今年までは……、との返事。「夢は虚実に通ず。然而、御禱を奉仕す。未だ此の如きの夢を見ず。また彼の痾恙《あよう》（病気）を推し、夢想と合うべきや」と（五月十八日条）。観修と弟子の心誉（加持祈禱の名僧）ともに道長の信任が篤く、それだけに道長の心胆を寒からしめたのではなかったか。

そんなさなかのこと、『小右記』に「摂政、賀茂に参られず」「摂政、祇園に参られず」（四月二十四日、六月十五日条）とあって、道長は賀茂祭の日の賀茂詣と祇園臨時祭への参加を取り止めているが、その理由が振るっている。

妾の異常懐妊

故太政大臣藤原為光の娘の五君の懐妊によるもので、しかも懐妊して十六カ月にもなるという。故源兼資《かねすけ》の妻であったこの女性と道長との関係についての記載はないが、社参を中止している以上、特別の関わりがあったはずであり、実は妾の立場にいたのである。六月の時点では十七、八カ月になり「世以て怪となす」と実資は記す。その後、どうなったかは判らないが、出産した形跡はないので想像妊娠の可能性が高い。

道長は賀茂祭のことを詳しく書きながら懐妊のことは記さず、祇園臨時祭のほうは「障りがあって行かなかった」としか書いていない。万が一にも日記を妻子に見られたことを案じてのことであろうか。五君のことは『御堂関白記』に二度しか見えず、その一は、長和四年九月二十日に三条天皇が枇杷殿から新造内裏に遷幸したおり、為光の二人の娘が正五位下に叙されたことを記すもので、そこには為光の娘と書きながら「□子・□子」と二人の名を伏せている。しかし『小右記』同日条によって儼子・穠子ということが判り、後者が五君のようである。もう一カ所は、皇太后になったばかりの妍子が土御門第に行啓されたおりに女房として付き従ってきた二人のうちの一人として登場している（寛仁二年十月二十一日条）。

藤原為光の娘といえば、花山天皇の女御（弘徽殿女御と呼ばれた）となって懐妊中に亡くなった忯子が有名だが、その後、上皇となった花山は四女に通いだした。また三女には藤原伊周が通っていたが、花山も同じ女性に通っていると勘違いした伊周兄弟が襲撃するという事件については前に触れた。その後、四女は道長の寵愛を得ている（『大鏡』第三）。そして五女は、夫の兼資と死別後、中宮妍子ついで禎子内親王の母娘に仕え、道長の寵愛を得るようになったらしい（『栄花物語』巻第八・十一）。道長が娘の女房を大切にするといった信条はここにも表われているが、総じて女性にはまめであったようだ。

なお、為光は娘について「女子はただ容貌《かたち》を思ふなり」と言い放っていて忯子と同腹の三人の娘は美しかったようだが、異腹の四女と五女はそれほどでもなかったらしい（『栄花物語』巻第四）。

妻ともども准三宮に

道長が復調したころ後一条天皇の土御門第から新造一条院への遷幸があった。一条院については、道長は即位式の三日後にそこへ赴いて調度類の下見をし（『御堂関白記』二月十日条）、十日後の記事を初見として造作の進捗状況を視察すべくたびたび赴いている。新帝が外孫だけに念入りである。そして当初、三月二日に予定されていた遷幸が、御燈の潔斎の期間中で魚鳥を食べることができないので延期し、卜占の結果、六月甲戌の日（二日）が吉日と出た。その日は摂政の衰日に当たるけれど忌まずに済む、ということになり、予定通りに敢行されたのである。天皇は母の皇太后と同輿で土御門第の西門を出て一条院へは東門から入御されたが、それは夜の九時頃であった（『御堂関白記』『小右記』二月二十六日、六月二日条）。

新帝の遷幸の八日後に道長は倫子とともに三宮に准じられて年官年爵を賜っているが（六月十日条）、

道長にとって経済的な優遇措置は二の次であって名誉に浴することが重要であった。その前日は「朝より雨気あり。申の時許《ばかり》より風雨あり。天雲陰気普くし、異風の如し。雷雷あり。丑の時ばかり雨止み、月光明晴なり」と天候の記事に終始しているが、天候にうるさい道長ではあるが、こんなに長い記事も珍しい。きっと体調が思わしくなかったのであろう。

土御門第焼失

新帝が一条院に遷ってからの道長は、その東の一条院別納を居所としていたようで（『御堂関白記』七月五・十九日条）、ここで自邸の火事を知ることになる（『御堂関白記』七月二十一日条、『日本紀略』二十日条）。「丑の終りばかり東方に火あり」という記載はそのことで、夜明け方に西隣の近江守藤原惟憲《これのり》宅から出た火は折からの風に煽られて北は土御門大路から南は二条大路、東は京極大路から西は万里小路まで被災し、五百余家が焼亡したという。道長も駆けつけているが、南北二町の土御門第は灰燼に帰し、大饗用の朱器や文殿に納めてあった重要書類を運び出すのがやっとで、多くの宝物をはじめ庭木まで焼失したという（『栄花物語』巻第十二）。さらに東京極大路を越えて二条北にあった摂関家ゆかりの法興院にも飛び火して一屋も残さず焼きつくしているので、かなり強い西風が吹いていたらしい。

この火事は後一条天皇が土御門第を離れて五十日ほど後のことで、倫子は母の病で一条殿におり、皇太后彰子も父とともに一条院にいたので難を免れた。

翌日には実資以下の公卿たちが道長を見舞い、その二日後には土御門第焼失と藤原穆子の病気を理由に相撲を停止している。穆子が道長の丈母（妻の母）ということよりも皇太后彰子の祖母ということが重要視されたと思う。二日後に穆子は他界している。

火事で注目されるのは、道長の息のかかった受領たちが任国から見舞いに駆けつけていることである。二十四日の播磨守藤原広業《ひろなり》をはじめとして月末までに伊勢、越前、八月に入って尾張、美濃、備前、備中などの国守たちが上京しており、日を追って遠国へと広がっている。彼らは見舞いのみに止まらず、再建にむけての有力なメンバーでもあった。

その造営責任者が火元の藤原惟憲《これのり》というから振るっている（『御堂関白記』八月七日条）。惟憲といえば甲斐、播磨などの国守や大宰大弐《だざいのだいに》（大宰府の次官）を歴任した家司受領の一人で、道長の家司の中でもトップクラスで、公卿（非参議）になっているのは彼だけである。道長・頼通の「家事を執行」するほどに信任も篤かった。惟憲の貪欲さは格別で、大宰大弐の任を終えて帰京の際には「隋身する珍宝、その数を知らずと云々。九国二嶋の物、底を掃いて奪い取る。唐物また同じ」というもので、「已に恥を忘れるに似たり。近代、富人を以て賢者となす」との実資の非難を浴びた（『小右記』長元二年七月十一日条）。これは道長他界の二年後の話であるから、それらの珍宝は関白頼通を楽しませたにちがいない。

ところで惟憲が再建の陣頭指揮を執ったわけだから道長にとって不足はない。火事の四日後には早くも造作始めと立柱上棟の日の勘申を行い、造作始めは火事から一カ月後のことで（『御堂関白記』八月十九日条）、十月二十九日に礎を据え、二日後には寝殿・西の対・東の対代・北の対・西北の対代・馬場殿・堂などが建ち、道長は見に行って人夫たちに禄を与えている（十一月二日条）。以後もしばしば赴いている記事が散見する。しかし翌年の工事の進捗はあまり芳しくなく、翌年夏の完成まで二年近くを要している。

この大火が呼び水になったかのように秋から冬にかけて火事が相次いでいる。八月八日の烏丸一条辺をはじめいずれも左京の二条以北の高級住宅域である。そして九月二十四日には三条上皇の御所の枇杷殿が焼亡している。道長は東方に火を見るとあるから、引き続き一条院別納を居所としていたようだ。道長が駆けつけてみると上皇と中宮妍子は同車して近衛大路に避難し、ついで枇杷殿のすぐ東北に所在する高倉殿に渡御している。そして一カ月後には新造の三条院に遷御され、さらに二カ月後には中宮妍子が遷っている（『御堂関白記』十月二十日、十二月二十日条）。

長和五年の秋には道長の邸宅が二カ所も焼失したことになる。これら一連の火事は放火によるもの、と枇杷殿の火事のところで道長が記しているが、いずれも夜の火事であったことがそれを暗示していよう。

左大臣を辞し、摂政を頼通に

この年も押しつまった十二月七日、三度目の上表が受け入れられて道長は左大臣を辞職した。これにより二十年余に及んだ公卿会議の主宰者としての任を離れることになるが、その背景には頼通の成長があろう。年あらたまった春に頼通は父の摂政を引き継ぐことになる。左大臣を辞した翌日の朝、京都では十五センチほどの積雪があり、思い立って道長は桂山荘に赴き公卿たちと雪見を楽しんだが、雪を眺めながら廟堂の頂点を走ってきた日々が走馬灯のように道長の脳裏に去来したことであろう。

迎えた寛仁元年（一〇一七）の元旦、大晦日からの雪が掃くほどに積もり、そんな銀世界のなかで元日節会が例年通りに行われた。道長にとっては外孫が天皇となって初めての節会であったから感慨も一入であったろう。

晩春に道長は摂政を頼通に譲り、従一位に叙せられ（『御堂関白記』三月十六日条）、同時に氏長者も譲っている（『公卿補任』）。

道長が摂政を一年余で頼通に譲った理由は何か。元木泰雄氏は「外祖父の権威は摂政を凌ぐ強大なもの」との自説のもと、もうあえて摂政に止まる必要がなかったという（前掲「三条朝の藤原道長」）。筆者もこの見解に賛同する。外戚の地位も磐石で政権も安定しているこの時期、道長は自分の目の黒いうちに政権の移譲を行ってその擁護にまわり、頼通政権が軌道に乗るのを見とどける意図があったのではないかと思う。そこには父の兄弟や兄たちの急死による摂関をめぐる紛争が教訓としてあったに相違ない。さらには健康上の理由も介在していたことと思う。すでに述べたように摂政になってからの道長は、それ以前と比べて病むことが多くなった。

任摂政に備えたかのようにその直前に頼通は権大納言から内大臣へと進んでいる（『御堂関白記』三月四日条）。空席となっていた左大臣には右大臣藤原顕光（七十四歳）、右大臣には内大臣藤原公季（六十一歳）がなり、内大臣に頼通が滑りこんだのである。この祝いの宴席で「桜花」の題で和歌の興があり、道長は次の一首を詠んだ。

このもとに我は来にけり桜花　春の心ぞいとどひらくる

冒頭の「こ」は木と子（頼通）を掛け、末尾の「ひらくる」は心が晴れやかになることと花が開くのを掛けており、桜の木の下にやってきて美しい開花を目の当たりにすると心が晴れ晴れとするが、それは子の出世をみる思いだ、というような意味であろう。

この時点で頼通の上席は高齢の二人のみということになるが、摂政頼通は左右大臣の上に列したのであるから（『日本紀略』三月二十二日条）、頂点に立ったといってよい。

摂政となって十日後のこと、内裏から退出の道長と行き逢った頼通は下車の礼をとり、同乗していた藤原行成も同様にしたら、道長も当惑して車を止め、出立するように促したが立たなかったので、やむなく自分の方から過ぎ去ったという。「路頭の者、感悦尤も深しと云々」の言葉に道長の悦びが感じとれる（『御堂関白記』三月二十六日条）。

三条上皇の崩御と東宮の辞退

初夏の京を彩る賀茂祭が終わったころから三条上皇は病に苦しむ日が続き、ついに出家して間もなく三条院において崩御された（『御堂関白記』四月二十一〜二十四日、二十八・二十九日、五月九日条）。享年四十二歳。折から疫病が流行しており、疫病退散を祈願する読経が紫宸殿（一条院内裏）において行われた二日後のことであった。上皇の死因も流行病による可能性が高いと噂された。道長が一条桟敷において施行を行ったところ三千人余りの人が施しを受けたというから（『日本紀略』五月三日条）、疫病の影響も察して余りある。その後も疫病は鎮まることがなく一カ月後にも内裏で読経が挙行されている（『日本紀略』六月十四日条）。

道長も体調を崩し、上皇の葬送には行っていない。その理由として正月の除目以降、歩行が困難で、数日来の病後の無力感が甚だしく、「志なきに非ず、身に任せず」と述べている（五月十二日条）。

上皇の崩御は、父の存在を頼りに東宮として過ごしてきた敦明親王に東宮辞退という道を選択させることになった。

思い返せば敦明親王の立太子を巡っては、それを避けて自ら堀河院への渡御を言い出したり、いっぽうで弟の敦儀親王を東宮にしてはという話がでたり、敦明親王は東宮に適さないといった世評があるなど（『小右記』長和五年正月二十四日条）当初からぎくしゃくしていた。こうした背後には、敦良親王の立太子を画策する道長の意思が介在しているように思えてならない。

それが上皇の死を契機に辞退へと動いたのである。『御堂関白記』によると、八月四日に東宮は藤原能信（明子腹の子）を介して「東宮を辞めるにはどうしたらよいのか」と道長に面談を求めてきた。そこで道長は「お召しがあればいつでも参上します」と答えている。そして二日後に東宮の御前に参上し、東宮から辞意が告げられると、「皇后宮娍子や左大臣（娘延子が東宮妃）はどう申されているか」と尋ね、東宮の答えは、母は「不快」つまり反対で、岳父は意のままに、ということであり、自分は日頃から思い定めていたことだ、と語った。

道長は東宮との話の経緯を実資に逐一報告しているのが注目されるところで、東宮の辞退はもっぱら本人の強い意思によるもので、自分が追い込んだのではない、ということを敢えて実資に伝えたかったのではないかと思う。聞いたことを日記に詳述するところなどいかにも実資らしいが、それによると東宮の悩みはこうだ（『小右記』八月七日条）。

自分には輔佐してくれる人がなく春宮坊の存続も危ぶまれ、とりわけ上皇の崩御後はなす術がない。加えて東宮傅（岳父の左大臣藤原顕光）と春宮坊の長官である大夫（藤原斉信）とが不和で、自分には何の益もない、と。岳父も形無しだが、とかく無能呼ばわりされることが多く、そこへ七十四歳という老齢とあっては如何ともし難い。

かくして道長の外孫の敦良親王が一条院内裏において九歳で東宮となり、坊官除目が摂政頼通の直廬（一条院別納）で行われ、東宮傅に右大臣の藤原公季、東宮大夫に権中納言藤原教通以下が決まった（『御堂関白記』『小右記』八月九日条）。新東宮は天皇の弟ゆえ皇太弟ということになるが、これは守平親王（円融天皇）が兄冷泉天皇の皇太弟となってから半世紀ぶりのことである。

ここに道長は天皇と皇太子を外孫で占めるといった快挙を成し遂げたのである。

小一条院を婿に

前東宮の敦明親王は小一条《こいちじょう》院と号し、年官年爵および封戸・随身を賜うなど東宮の時と同様に遇された（『左経記』『御堂関白記』『小右記』八月二十五日条）。これは道長の配慮によるものと思われ、当面の敵でなくなると手厚く対応するといったかれ特有のやり方がここにも顔を覗かせている。

さらに三カ月後、道長は小一条院（二十四歳）を寛子《かんし》（明子腹、十九歳）の婿に迎えている（『御堂関白記』『小右記』十一月二十二日条、『栄花物語』巻第十三）。その夜、小一条院の車は「近衛御門」(『御堂関白記』では明子の居所を一貫してこう記すが、『小右記』などから高松殿と判る)の東の対に到り、教通と頼宗(寛子の義兄と実兄)が指燭つまり明かりを持って先導し、小一条院が寛子の待つ寝殿に東妻戸から入られたのは夜の八時ごろであった。必要な装束や衾などは母と皇太后彰子から贈られたとある。この母は明子か倫子であるが後者の可能性が高いと思う。この結婚について実資は、三条上皇の喪中の間に行うなど聞いたことがなく、重喪の小一条院が自ら笛を吹くなんてもってのほか、と非難している。

三日目の夜、頼宗が二人の寝所の帳内に入って餅を供し、次いで御膳を供している(『御堂関白記』十一月二十四日条)。この時の三日夜餅《みかよのもちい》・露顕《ところあらわし》をはじめとする祝儀のことは『栄花物語』に詳しく、そこでは道長も登場している。小一条院の妃となった寛子は高松殿女御と呼ばれ、数人の子を生み、万寿二年(一〇二五)に他界してしまう。享年二十七歳。話のついでに当時の結婚の様子を垣間見ておこう。

婚儀──男が通う

まず男の方からしかるべき女のもとへ消息を送る。そして女の意思を確認したうえで男は夜になってから従者を伴って車で女の家に行く。女の家では指燭を手にした案内人(女の近親)が男を女の待つ帳《とばり》の内(寝所)に誘《いざな》い(新枕)、指燭を帳の前の燈籠に移し、三日間消さずに置く。女の家族は男を迎える準備はするものの男の前には顔をださない。一夜をともに過ごした男は、明け方に女の家族に気づかれないように去り、女のもとへ消息を遣わす。これを後朝文《きぬぎぬのふみ》というのは、衣と衣が離れた翌朝ということからくるようだ。これに対して女の方から返事《かえりごと》をする。

これを三日間続けると、三日目の晩に露顕といって、女の家族が寝所へ押しかけ、男と初めて対面し祝儀の宴をもつ。露顕とはよく言ったもので、いわゆる結婚の披露である。なおその時に男女ともに祝いの餅を食べるが、それを三日夜餅といった。これは、男に自分の家の食物を与えることで身内としての待遇を意味しており、ここに正式に結婚が成立したことになる。露顕は必ずしも三日目と決まっていたのでもなさそうで、二日ないし四日以後の例もある。なお、三日夜餅の儀は今日の皇室で今なお行われているようである（谷部金次郎『昭和天皇と鰻茶漬』）。

このほかに「沓抱き」という習わしがあり、通って来る男の沓を女の親が三日間抱いて寝るというもので、これは婿の足が永く止まるようにとの願いをこめてのもの。また「衾覆《ふすまおおい》」という儀は、帳の中（寝所）に入った男女に衾（夜具）を掛けてやることで、衾覆人は原則として女（新婦）の母が務める。寛子の場合には明記されてないが、威子が後一条天皇に入内の時、さらには妹の嬉子が東宮敦良親王（後朱雀天皇）と結婚した時には、いずれも母の倫子がその役をつとめている（『栄花物語』巻第十六）。

今と違って婚姻届も何も書類はいっさい必要なく、男が通って来れば婚姻が成立し、来なくなれば離婚ということになる。そういう点では自由恋愛のように思われがちだが、そこには家の問題が大きく立ちはだかっており、家格がほぼ同等であることが前提であって、当人同士は二の次であった。好きという感情以前に家格が優先したのが当時の結婚であり、近親婚が多いゆえんだ。

なお妻一人と限ったことではなかった。小一条院もしかりで、寛子との結婚によって、先に妃となっていた延子（堀河女御。顕光は父の兼通から堀河殿を伝領して延子も居所としていた）の悲嘆は大きかった。老齢ながら左大臣の重責を担っていた父顕光も失望の余り政治での失態で多くの公卿・殿上人らに嘲弄され、逆恨みされて呪い詞を吐かれた実資は「これを如何とす」と嘆き、そのことを道長にも報告し、延子の髪を切って御幣とともに奉げ、庭に出て諸神に呪詛するといった顕光の異常な行動に呆れ顔で、「相府、万人を軽賤せられること少年より今に及ぶ」と記している（『小右記』十一月十二・十八・十九日条）。

延子は悲嘆の余り病を得て一年余り後に喀血して頓死してしまう（『小右記』寛仁三年四月十一日条、『栄花物語』巻第十三・十六）。顕光も二年後に他界し、二人は怨霊となって道長家に祟ったと噂された。

太政大臣に任ず

寛仁元年の夏から秋にかけては雨が多く、法興院の法華八講結願の日には、一条以北の賀茂川堤が決壊して河水が京内に流れ込み、京極大路と富小路あたりが海の如くになって流損した家も多く、法興院へ詣でようとした道長は、院内は疎か前の道路も水浸しとなって行けず、押して参入した人たちは「渡海の如し」であった。実資も日記に「年来、大水今日の如くにあらず。天災熟か云々、疫疾・飢饉・洪水の災もっとも愁うべし、」と記している。この雨で三条大路末の賀茂川西に所在の悲田院に収容されていた三百人余りの病人が流されたという（『御堂関白記』『小右記』『左経記』七月二日条）。三日後には丹生・貴布祢両社に止雨の奉幣使が遣わされている。造作中の土御門第や法興院が流失を免れたのは幸いであった。大雨による賀茂川堤の決壊でよく被害を蒙るのは賀茂川に近い左京の東北部の高級住宅街であった。

この年は雨ばかりでなく火事にも見舞われることが多かったようで「火事重畳、天下滅亡」とある（『小右記』十月二十三日条）。

後一条天皇の即位で改元（一年後）された寛仁元年も押しつまった十二月四日に道長は太政大臣に任じられた。任太政大臣の宣旨のことは寛子の婚儀の日にも取り沙汰されたが（『小右記』十一月二十二日条）、多事ゆえに後日にということになり、五日後に摂政頼通が父を訪ねて伝えた（『御堂関白記』十一月二十七日条）。

そもそも任太政大臣の話は一カ月後の後一条天皇の元服に備えて皇太后の意思によるものであった。天皇の元服式で加冠の役は太政大臣が務めることになっていたからであろう。任太政大臣のことについて道長は、「摂政を退いた今日、そのようなことは思っていないが、ほかならぬ孫の元服とあってには左右を申すべきではなく、定めるところに従う」と神妙であり、その日の記事を「世間の事退くと雖も天道（天皇）授くるところ辞すべきにあらず」と結んでいるが、外孫の仰せはことのほか嬉しかったのであろう。太政大臣は常置の官ではなく、居る時のほうが少ない名誉職である。

当日、内裏（一条院）で太政大臣の宣制があり、その大饗は新造の二条第に公卿らを招いて行われた（『御堂関白記』『小右記』『左経記』）。道長が二条第にはじめて移徙したのは十一月十日の夜十時頃で、それは二条大路北、東洞院大路西に所在し、対角の西北には実資の小野宮第があった。つまり「壁を隔てる如」く近いので実資は駆けつけたという。しかし行ってみると家子・近習のほかは憚って参入者がなく、示し合わせて参入を促したという。そのことについて実資は「当時の尊、帝王に異ならず。誰が謗り、誰が難ずるや」と道長の尊貴さを述べるが、果たして心中は如何なものか（『小右記』十一月十日条）。

後一条天皇の元服式は年明け早々に一条院内裏において行われた。道長は朝暗いうちに妻と参内し、午後三時ごろに始まった儀式で予定通りに加冠の役を務め、理髪の役は摂政頼通が務めた（『御堂関白記』『左経記』寛仁二年正月三日）。母の皇太后彰子が太皇太后となったのは四日後のことである。

その十日ほど後のこと、十五センチほどの積雪のなか道長は威子と嬉子を伴って吉方に当たる世尊寺に参詣し、創建者の行成が同道している。そして夜には妻の倫子とともに法性寺に詣でている。また同じ日に栖霞寺に預けてあった一切経を新造の二条第に移している。これは奝然《ちょうねん》（九三八～一〇一六）が宋より持ち帰った経典で、その遺弟から道長に献じられたものである（『御堂関白記』正月十五日条）。その後に法成寺に移されたことが成尋（一〇一一～八一）の『参天台五台山記』にみえる。

3　栄華の頂点

娘を外孫に配す

外孫の元服式のあと道長は風邪に罹って終日、床中で過ごす日もあり、五日間ほどは訪ねてきた人にもいっさい会わず、除目の最中に頼通が問い合わせてきたが、応じることが叶わなかった（『御堂関白記』正月二十五～三十日条）。「去月十日許りより連々と雪降る。

風また激し」（二月八日条）とあるように、暮れから新年にかけて天候不順で寒い日が続き道長も体調を崩したようだが、元気を取り戻した二月三日、道長は太政大臣の上表を行っており、形式に則って三度目に受理されている（『御堂関白記』二月九日条）。太政大臣就任が元服に備えてのものであったことが明らかである。

太政大臣を退いた数日後のこと、道長は中宮妍子の一条第（寛仁元年八月二日に移住）を訪ね候宿しているが、その日の記事は「風雪が続いて晴れる日がなく、十センチ余りの氷柱が隙間のないほどに垂れ下がり、このようなことは数年来なかったことで、一カ月前から降り続く雪が消えたことがない」（二月十二日条）とあり、あいかわらず天候に敏感な道長である。

しかし春もたけなわ桜便りが聞かれる頃ともなると、道長は不調を訴えることも少なくなり行動的になる。そんなおり三女の尚侍威子（二十歳、倫子腹）が十一歳の後一条天皇に入内することになった（『御堂関白記』『左経記』三月一・五・七～十日条、『小右記』七日条）。

まず天皇から求婚の「御書」がもたらされたが返書せず、二度目の時に応じている。そして当日は夜来の雨もあがって晴れとなり、威子は二条第の寝殿の南階から糸毛車に乗って東門を出立（母倫子の車は西の対から）、東洞院大路を北行し、近衛御門大路を烏丸小路まで西へ行って北上、土御門大路を西へ、さらに大宮大路を北へ進んで天皇の待つ一条院へは西門から入った。一条院内裏の西北の対に充てられた威子の直廬は「帳台・几帳など帷織物なり。自余の物など甚だ華美なり」とある。入内は夕刻六時となっていたが実際にはかなり遅れたようだ。

天皇から早く参上するようにとの御書に促されて威子が天皇のもとへ参り、「母、御衾を供す」と道長は記している。『栄花物語』（巻第十四）には寝所入りの描写が具体的である。妻が九歳も上ということもあってか、きまり悪さを隠せない威子と一途に恥ずかしがる天皇。気がねしながら夜御殿（一条院内裏での清涼殿は北の対）に上ってじっと坐っている威子を、近江の三位（天皇の御乳母）が「なんて愚かしいこと、なにをもじもじとして」と御帳台の傍まで伴い、天皇は起きあがって威子の袖を引き御帳台の中に誘《いざな》う。そこで倫子が衾覆を行ったわけで、「入らせたまひて後のことは知りがたし」とある。御帳台の近くには御乳母たちが控えていた。夜明けになって威子は直廬に下がった。なお、入内に際しては彰子や妍子と同様、威子にも四十人の女房と六人の童女らが調えられたという。

入内の夜に道長が退下したのは夜明け頃であった。その後の二日間に亘って天皇からの使いがあって威子が参上し、いずれの時にも頼通ら数人の兄たちが送迎につき従っている。そして三日間とも道長の二条第と威子の直廬において饗饌が行われた。

この甥と叔母の結婚は当時においても珍しいことで、今日では法律で禁じられている。年齢から考えても当人同士の意思ではなく、より強力な外戚関係をつくるべく、道長が仕組んだ政略結婚であった。そして道長の主導による、この類の婚姻をもう一度目にすることになる。

花見の後に病む

威子の入内を果たしたその月末に異母兄の道綱、子息の頼通・教通・能信らが道長の二条第を訪れ、咲き誇る庭前の桜花を観賞しているうちに、花見に出かけようということになり、心許せる殿上人ら十数人もやってきて花の下で蹴鞠を楽しんだ。『年中行事絵巻』に描かれるような光景であったろうか。そのあと連れだって東山の大白河・小白河へ赴いたが、興が尽きなかったので、そこから馬に乗って紫野の雲林院まで足をのばしている（『御堂関白記』三月二十九日条）。

この年の桜は遅咲きのようで、初夏になっても充分に楽しめたという。『御堂関白記』四月一日条には以下のようにある。

昨今日の間、桜花なお盛んに開く。年来の間、四月に及ぶ時なし。若しくは是れ二月の間、寒気盛んにして氷雪烈しきによるか。この二月、三月の間、牛馬多く以て斃る。京幷びに外国かくの如しと云々。是れまた天寒によると云々。

前にも触れたように寛仁二年の春は天候不順で強い寒気と積雪に悩まされた。そういう中で大きな儀式をこなした後の花見は格別であったかと思う。花見でほっこりした道長ではあったが、五日後には「日ごろ熱発動し、他行なし」と体調を崩している。

その数日後の道長は、内裏・中宮御所・土御門第（再建中）・小一条院御所・内裏と目まぐるしい訪問をこなし、妻の倫子と中宮妍子のところへ落ちついた後の夜の十時ごろに「胸病」に苦しみ、一時的に治まったので翌日の昼に二条第に戻った。しかしその後、心神不覚となり、なす術を知らないほどに苦しみ、調子の良い時と悪い時をくりかえす日々であった（『御堂関白記』四月九〜十二日条）。実資は「近所に住まいしている自分に病気のことを言ってくれないのはどうしてか」と、道長と親しい公卿に手紙で尋ねている（『小右記』四月十日条）。知らないでいたほうがよいと思うのに、こういう点を気にかけるあたり、いかにも実資らしい。

『御堂関白記』の閏四月十一日から月末までは記載のない日が多く、あっても「心神不覚」「悩胸」か僧を召しての修善であり、ついに法性寺の五大堂に参籠しているが、倫子や頼通をはじめ家子卿相・近習公卿らも従った（閏四月十六日条）。実資は「大殿の御心地、太だ思い悩む。去夜悩み給うの間、叫び給うの声甚だ高し。邪気に似たる」と記しており、亡き三条天皇の御霊のしわざとか、「院御息所の呪詛」によるとの噂が立った（『小右記』閏四月十七日、五月二日、六月二十四日条）。院の御息所とは、寛子より七年早く敦明親王（小一条院）の妃となっていた藤原顕光の娘である。

「近日の枯槁（痩せ衰えること）殊に甚だし。去年より倍す。また一昨胸病発動し、悩み苦しむ間いよいよ無力」（『小右記』五月二十一日条）とまでに弱った道長であるが、夏の終わりには症状もひとまず治まった。しかし、この症状は他界するまで道長を苦しめることになる。

土御門第の造作と新造内裏への遷御

土御門第の再建は焼失後間もなく着手され、道長も時おり見に行っており（『御堂関白記』寛仁元年二月三日条以下）、寛仁二年（一〇一八）に入るとその頻度も多くなる。しかし四月十七日の日記に「土御門に行く。造作なお荒涼たり。二十八日の造り合わせは見難し」と記し、当初は内裏との同時移徙（四月二十八日）を意図していたが、土御門第の工事が間に合いそうになくなったのである。けっきょく土御門第への移徙は二カ月余り遅れることになる。

いっぽう内裏の方は二年余を経て完成し、予定通り四月二十八日に遷御が行われた（『御堂関白記』『左経記』『小右記』）。行幸は申二点（五時）と決まっていたのに遅参者が多くて叶わなくなり、あらためて安倍吉平に勘申させたところ六時間後の亥二点と出た。

天皇は母の太皇太后彰子と同輿で一条院の西門を出発、大宮大路を四百メートルほど下がって陽明門から大内裏へ入り、内裏へは北の建礼門を通って清涼殿の昼御座に着かれた（母の太皇太后彰子は御座所の弘徽殿へ）。また行幸の前に女御となった威子も渡って来て飛香舎（藤壺）に入られ、同時刻に東宮の渡御もあって凝花舎（梅壺）に入御している。それが子の刻というから驚く。行幸が大幅に遅れたことに道長は大いに立腹したが、それも道理だと実資も同調している（四月二十九日条）。道長は、天皇の居所を取り囲むように娘や孫が集住したことに満足したことであろう。

後日になって新造内裏を初めて巡見した実資は、紫宸殿に昇った際に「度々の造殿に似ず極めて以て不便なり。殿幷に廊など煩倚《はんき》（かたよる）殊に甚だし。就中《なかんずく》紫宸殿は言うに足らず、紅梁に附木を打つ」など見苦しいところが多かったという（『小右記』閏四月二十七日条）。手抜き工事は今に始まったことではなかった。

豪邸の出現と移徙

夏の終わりには土御門第も完成し、六月二十七日に道長は新邸に移っている。しかし『御堂関白記』六月条は二十日から月末まで記述がなく道長は病んでいたのであり、移徙をはじめとする造作の詳細は『小右記』（六月二十～二十九日条）によって知られるのである。

移徙の日が迫っていたことで道長は土御門第の馬場の埒（柵）の造作に近衛府の材を用いるように命じているが公私混同も甚だしい。移徙の前日に新邸の様子を見に訪れた道長は、寝殿の敷設や作庭の指示を行い、庭石の運搬に四、五百人の人夫を動員しているが、中には往来の人まで駆りだし、彼らは民家に乱入して戸、支木《ささえぎ》、屋根の圧木《おさえぎ》、敷板などを取り外して石の下に敷いて転がしたので、京中の人たちの愁苦は甚だしかったという。やりたい放題で壊された方はたまったものではない。また田の用水（京外の東には田畑があった）を邸内に引き入れたりしたので稲苗の死が案じられている。

新邸に必要な家具・調度類の一切を伊予守源頼光が献上した。二年前の土御門第の焼失の折には十日目に任地の美濃国から見舞いに駆けつけた男である。頼光邸は一条堀川にあったので、東方の土御門第までは一キロ余りの道のりを幾日もかけて運び込まれる品々を一目見ようと人垣ができ、なかには目録を取る人もいたという。

実資自身も滅多にないことと断りながら、個々の品目や厨子ないし唐櫃入り（夏冬の御装束）といった形状、管絃具・釼・枕筥、二十帖の屏風ならびに几帳に到るまで実に詳細に書きとめ、そのいっぽうで「道長の徳は帝王の如し、世の興亡は只我が心にあり」と述べ、「連日、京中の人、彼第に到り風流を見る。比肩能《あた》わず、還って怪と謂うべき歟」と記している。

土御門第の寝殿の造作は一間ずつを受領に請け負わせたが、それは未聞のことで「造作の過差は往跡に万倍」する豪華さ。頼光ともども奉仕の受領たちには莫大な出費となったが、それを可能にするほど受領の財力は計り知れず、彼らの人事権を握る道長の権力の大きさが察せられる。

なお道長が二条第から移徙した同夜、類焼の火元であった西隣の藤原惟憲宅も再建なって同時に移っているのを人々は不思議がったという。土御門第では三日間に亘って盛大に落成披露の宴が行われた。

源頼光の摂関家追従

新邸への桁はずれの献上で人々の注目を集めた頼光は清和源氏の嫡流である。父は清和天皇の曾孫で、すでに触れた安和の変で活躍した満仲であり、当時の清和源氏のあり方は頼光の弟の頼親のところで述べた。摂津源氏、多田源氏の祖とされる嫡男の頼光といえば摂津国の多田荘を経営して武士団を組織し、四天王の故事や酒呑童子の話で喧伝されるなど武士としての印象が強いが、記録から知られる頼光像は、摂関家との結びつきを通じて暮らしを維持し、平安京での生活に終始したといってよい。

歴史の舞台への登場は永延二年（九八八）、摂政藤原兼家の二条京極第の落成の宴で賓客に馬三十頭を贈った。貴族たちの度肝を抜く華々しい登場の仕方である。そして五年後の長徳の政変では弟の頼親らと内裏の警護に動因されたことは先述のとおりである。この政変での警護をもって「これこそ比較的信用できる史料に記された、頼光の武的活動に関する唯一の史料」との元木氏の指摘（前掲『源満仲・頼光』）が貴族として都で生きた頼光の生き様を物語っていよう。このほかには花山天皇出家事件の際の護衛ぐらいであろう（『大鏡』第一巻）。また頼光は摂関家との結びつきを深めるために婚姻にも配慮したことが、藤原道綱や源資通（倫子の甥）に娘たちを嫁していることから察せられる。

備前・但馬・美濃・伊予など数カ国の受領を歴任することで得た財力をもって頼光は摂関家への奉

仕に励み、中央の官界に身を置いたのである。とりわけ四半世紀に及んだ三条天皇の東宮時代のほとんどを春宮坊の官人として過ごし、上皇時代には院別当をつとめた。ついで後一条天皇のときには内の昇殿を聴されている。

頼光の『御堂関白記』への登場は、寛弘元年（一〇〇四）四月二十日の賀茂祭の時に道長から馬を給わったことを初見とし、次の年の記事は、頼光から聞いた話として記す他愛ない話だ。故源満季《みつすえ》（頼光のおじ）の北辺の家地（左京の一条大路以南）に放牧していた母牛のところへ牡馬がやってきて交尾したところ牛が斃死してしまった。紀伊国でも馬が牛と交尾したという（寛弘二年七月六日条）。得てして重要事項でも書かない道長が、こんな話を書き留めたのは興味本位としか思えない。そして頼光は道長の金峯山詣での帰途に途中まで出迎えたことは先述のとおりである（寛弘四年八月十二日条）。

また道長は、土御門第の回廊普請中や犯土《ぼんど》を避けて頼光宅を利用することもあった（寛弘六年四月十七日、同七年十一月四日条）。さらに賀茂祭の東宮使となった時には道長から馬を借用している（寛弘八年四月十八日条）。土御門第再建の次の年の寛仁三年春の除目で伊予守となった頼光は、道長邸へ赴任の挨拶に訪れ、餞別として馬や装束を給わっているが、それらは前年十月に後一条天皇が新造の土御門第へ行幸（後述）の時に道長が着用したものであった（二月十八日条）。頼光にとってこれほど名誉なことはなく、道長家へのけた外れの奉仕が功を奏したのである。頼光は摂関家への臣従で活路を見出したといってよい。それは弟の頼信にも通じることで、実資は頼信を「入道殿の近習の者なり」と述べている（『小右記』寛仁三年七月八日条）。十一世紀初頭段階での武士層の生き様を象徴しており、彼らの子孫が武士として社会を切り開く新時代の到来までには二世紀近く待たねばならない。

三后を我が娘で独占

寛仁二（一〇一八）年十月十六日、後一条天皇の女御であった威子が中宮に冊立された。その三カ月ほど前、太皇太后彰子は訪ねてきた道長と摂政頼通に対して立后のことを口にされ、三人の間で以下のようなやりとりがあった。

太皇太后「尚侍（威子）立后すべきこと早々たるを吉とすべし」
道長「宮（中宮妍子）お座しますを恐れ申し侍る。是を以て未だ此くの如きことを申さざるなり」
太皇太后「更に然るべきことにあらず、同じ様あるを以て慶び思うべきなり」
摂政「早く日を定めらるべし」

妍子を皇太后とし威子を皇后（中宮）に冊立するというもので、威子の立后は道長自身が望んでいたことであり、太皇太后の賛意を心強く思った道長は「慶びの由を申して」退下したと記す。母后の力の偉大さを示すものだ。その夜に立后日を安倍吉平に勘申させて十月十六日と決めている。

十月五日に威子は内裏から土御門第へ退出した。後一条天皇が威子の直廬へ渡御された後、夜の十時ごろに出発しているので威子が土御門第の寝殿に入ったのは夜中近くであろう。随行した十数人の公卿をはじめ殿上人らに饗饌がふるまわれ、土御門第まで付き従ってきた内裏の女官（典侍・掌侍・命婦・蔵人）十九人には禄が与えられた。翌日には天皇から女御のもとへ御使が遣わされている。

立后を控えて道長は邸内を見てまわり、多くの工匠に命じて念入りに手直しを行っているが、その場を訪ねた藤原実資は、一家に三后という未曾有のことの慶びを道長に伝えている。土御門第への行幸が二十二日というのもこの日に決まった（『小右記』十月七日条）。

そして迎えた十月十六日（『御堂関白記』『小右記』）、立后の宣命が下るのが正午と決まった。早朝に摂政がやって来て本宮の儀に備えて土御門第の準備をし、道長の命によって早めに内裏に向かった。ところが内弁（儀式の首席）役の左大臣藤原顕光は、遅れたうえに皇后とすべき宣命の趣旨を誤って皇太后と内記に伝えるなど失態を演じ、道長から罵辱されている。愚鈍の評ある彼も七十六歳の高齢とあっては無理もない。天皇が南殿に出御して式典は終えたが、実に細やかな動きの連続で先例と異なる点が多かったようだが、実資にかかっては堪《たま》らない。

摂政・新中宮の官司（立后宣命のあと摂政の直廬で除目があって大夫藤原斉信、権大夫能信以下が決まった）が、この二人は道長の命による）、諸卿らが威子の待つ土御門第へ移動してきたのは暗くなってからである。木の香も新鮮な新邸において本宮の儀が始まった。中宮が慶賀を受けるために御椅子に坐し、諸卿以下が庭中に列立して拝礼、終わって東の対へ移動し宴座（母屋・南廂・南廊を用い御簾を懸けずに屏風を用いた）に着いて三献のあと饗宴に移った。やがて摂政はじめ諸卿らが中宮の御前、つまり寝殿南の簀子に召されて御膳を給わっている。宴もたけなわとなった頃、三后を我が娘で独占した悦びに、ほろ酔い気分の道長の口をついて出たのが有名な「この世をば」の一首である。この歌は『御堂関白記』には見えず、道長は日記に「また階下に伶人（楽人）を召して数曲。数献の後、禄を給う。大掛一重。ここに於て余和歌を詠む。人々これを詠ず。事了りて分散す」と記すのみ。道長の歌とともに宴席の様子を詳しく伝えるのは『小右記』であり、ここで詠歌の前後の情景を再現してみよう。

「この世をば……」

さしつさされつと盃が回り、堂上の公卿・殿上人らが絃歌を始めると皆が応じ、地下の伶人たちの演奏と相和した。そんななか盃が三、四度巡ってきた時、道長が戯れて実資に向かい「我が子摂政に盃を勧めてはくれまいか」と言った。仰せのままに実資は頼通に盃を勧め、頼通から左大臣（顕光）、左大臣から道長、道長から右大臣（公季）へと流巡し、給禄があった。その直後、道長は実資を呼んで次のように切りだした。

道長「これから和歌を詠もうと思うので、そなたも必ず応じて欲しい」

実資「どうして（私のような者が）応じることができましょうか」

道長「やや誇った歌だけれど即興ですぞ」

「この世をば我が世とぞ思ふ望月の　欠けたることもなしと思へば」

実資「なんと優美な歌でしょう。これに応える術を知りませんので、皆で唱和いたしましょう」

と云って諸卿たちで数度吟詠した。高級住宅街の東北に位置した（今の京都御所の東で仙洞・大宮御所のすぐ北）土御門第から道長の「この世をば」が夜のしじまを破って響いたことであろう。このことで気をよくした道長は、応じなかった実資を責めなかった。「夜深く月明らかなり、酔いを扶けて各々退出す」とあるから、客人が土御門第を後にしたのは夜も更けてからであった。この日は十五夜の翌日だったので円い大きな月が夜空で皓々と照り、道長をして望月の歌を詠ませることとなった。かの元稹の菊の詩に白楽天が和せずに深く賞嘆して終日吟詠したという中国の故事に倣っているあたり実資ならではだ。応じなかった本音は「こんな自慢たらしい下手な歌に付き合えない」というところか。

この歌を道長は日記になぜ書き残さなかったのであろうか。その理由を文化勲章授章者の歴史学者、竹内理三氏は次のように分析する（「『この世をば』の歌を日記に書きとめなかった藤原道長」）。

案外道長は、「誇りたる歌」にわれながら照れたのではあるまいか。さらに「誇りたる歌」と自称する底に深く盈満思想にとらわれていたのではないか。それが己の日記にかきとめることをためらわせたのではあるまいか。この思想こそ、放胆な彼を救う道となったのではあるまいか。

このほか書き留める気持ちがなかった、などという見解もあるが、ひょっとして泥酔しすぎて翌朝になって日記に向かった時に思い出せなかった、というのは下種の勘ぐりか。

実資は「一家に三后を立てること未だ曾てあらず」と言うが、この言辞は今日に到るもなお生きており、史上この時かぎりの現象であった。

栄華の立役者、新邸に勢揃い

立后の六日後、後一条天皇の行幸に合わせて東宮・三后の行啓もあり、道長の栄華の担い手たちが新造の土御門第へ集結した。こんな豪勢な顔見世はかつてなかったことだ。立后の日の記事も長いが、土御門第への行幸の記事はその三倍近くあり、『御堂関白記』における最長文であろう。これを中心に『小右記』で補足しながら当日の様子を追ってみよう。

後一条天皇（十一歳）は母の太皇太后彰子と同輿で内裏を出発し、二時間ほど後の朝九時頃には土御門第の西門に到着、道長は西中門のところで跪いて出迎えた。この時の道長のいでたちは、赤色白橡の表衣《おもてぎぬ》、葡萄染の下襲《したがさね》、紫浮紋の表袴に瑪瑙で装飾した巡方帯（石帯）を着ける、というものであった。ぞくっとするような豪華な服装に身を包んだ道長を想像する。御輿が寝殿の南階に寄せられると、降りて御座に着かれた。ついで東宮敦良親王（十歳）の行啓があり、西門のところで道長と摂政頼通の出迎えを受けてひとまず西の対へ。この間、竜頭鷁首の船や庭上で楽人による奏楽があったが東宮の入御で止めている。

天皇は腰輿で馬場殿に移動、東宮も渡って来てともに馳せ馬を見物した。新しくできた馬場殿のお披露目でもあった。その後に寝殿に移って作文会が催され、饗宴があり、池の上の特設舞台や橋の上では童舞ほかが舞われ、奏楽が流れていた。暮れから夜にかけて時おり小雨がぱらつき明かりが灯され、いよいよ三后の対面である（皇太后妍子は前日に行啓）。

三后の対面は東泉殿の「善を尽くし美を尽くし」た特設の御座で行われ、揃って泉を御覧になった。この泉は三カ月ほど前から水が涸れたため北隣の清和院の水を引き入れていた。天皇と東宮、それに妍子所生の禎子内親王、倫子、嬉子たちも同席し、泉の辺りでは諸卿らが管絃の演奏を行った。「過去にこんなことはなかった」と驚く傍らの実資に、道長は「見るは感悦多端、我が心地覚えず、言語に尽くし難し」とご満悦だ。

天皇から盞を給わった道長は飲みほして左大臣へまわし、庭へ降りて拝舞したあと着座した。ここで道長から天皇へ馬十疋と書籍・笛などが献上され、太皇太后へも琴・書籍などの贈り物があった。また東宮に対しても書籍や笙が贈られ、ついで叙位が行われた。天皇が土御門第を後にしたのが夜の十時ごろという（『小右記』では丑の刻、つまり午前二時とある）。

この日の寝殿における座の配置は、母屋については中央に天皇の御帳を置き、その西の間に天皇の座、御帳の南に太皇太后の座、帳台の東に東宮の座、その東は中宮の御帳というものであった。また南廂においては中央に天皇、その東に東宮、反対側の西に道長、その西から渡殿にかけて公卿の座が設けられた。白木の匂いも残る土御門第はいっそう耀いており、道長にとって生涯で最良の一日であった。

中宮威子が内裏の直廬である藤壺へ戻ったのは四日後の夜十時頃で、同道した卿相以下に饗饌がふるまわれ、天皇の召しにより参上したのは深夜になってからである（『御堂関白記』十月二十六日条）。なお威子は、立后の宣命を里邸で受けてから初の参内であり、翌日には「中宮庁初」、つまり中宮職の役所開きが行われた。

道長の栄華の舞台となった土御門第も寛仁四年冬の時点では頼通に所有権が移っていることが焼失記事から知られ、道長もひき続き居所としていた（『左経記』十月二日条）。また太皇太后彰子は土御門第の寝殿を居所としており（『左経記』六月十日条、『栄花物語』巻第十八）、彼女の上東門院（万寿三年正月に出家後の院号）はこの邸宅名に因んだ女院名である。

栄華の影で忍びよる病

寛仁二年は五十三歳の道長にとって画期的な一年となったが、その陰で病に苦しむ姿もしばしば見られた。また天候も思わしくなく、春からの日照り続きで農作物に影響が出はじめ、朝廷では祈雨の読経を試み、丹生・貴布祢両社へ再三に亘って奉幣使を派遣したりしたが芳しくなく、夏の終わり頃から凶作にあえぐ国々から、被害状況や官物の納入がままならぬ、といった愁状が道長や卿相のもとへ届いている。しかし、なかには「公私ともに進済が叶わぬ」と言っておきながら道長家だけに奉仕を約する受領もいた。

備後守藤原能通は「旱魃による損害で今年の公事は進済できず、道長以外の卿相にも進物が叶わぬ」と報告している。また備前守藤原景斉は「国の損害は他国と比較できぬほどに大きく、公事の進済など考えられぬ」と言ういっぽうで道長には五百石、頼通には三百石の米を献上している（『小右記』十二月三日条）。この話を直接に聞いた実資にいつものような批判の言葉がないのは自身も潔白でない証か。公事をなおざりにしてまで権力者に擦りよる体質は時代を超えて見られる現象だ。

道長は冬に入って視力の衰えが出はじめていた。望月の歌の翌日、実資と清談していた道長が「目が見え難く、近くのそなたの顔も見えない」と語り、「夜と昼とでは如何ですか」との実資の問に「いずれも同じ」と、視力がかなり衰えていたようだ（『小右記』十月十七日条）。それは日を追ってひどくなっていき、道長は安部吉平をして祓いをさせ、心誉に仏眼法を行わせたが（『御堂関白記』十一月六・二十四日条）効果は思わしくなく、「明年以降は常には人に対面しない」とまで語っている（『小右記』十二月二十二日条）。年末には参内中の昼頃に胸が苦しくなり、案じた公卿たちが馳せ参じたりしたが、夜になって自邸に戻り、熱があったので薄着で筵上に臥していたら平復したという。これらの情報を実資は養子の参議藤原資平を介して得ている（『小右記』十二月二十八・二十九日条）。

道長の胸病は、その症状から判断して心臓神経症と診断され、視力の低下は持病の飲水病（糖尿病）から白内障を併発したものであるという（服部敏良『王朝貴族の病状診断』）。

道長は病を案じながら年を越し、寛仁三年（一〇一九）を迎えたのである。

正月五日の叙位の日、道長は打ち合わせにきた摂政に指示をだし、その後に訪ねてきた兄の道綱や実資ら卿相とは病を理由に会わなかった。数日後には胸の発作で前後不覚となったりし、視力の低下も進んで頼通の依頼で書いた経書の外題の字が別人の手のようだと嘆いている（『御堂関白記』寛仁三年正月五・十・十五・十七日条）。

道長をモチーフにした糖尿病の記念切手

二月に入って道長は摂政頼通と同車して造作中の高陽院を見ていったん帰宅し、夜になって妻と参内したその夜中に「心神不覚、霍乱の如し、前後を知らず」と急性胃腸炎で一時的に失神状態となり、明け方になって帰宅している。翌日も調子が悪く麦粥を食し、実資以下の公卿たちが見舞いに駆けつけている。いっぽう二、三尺離れた人の顔は見えず、手に取った物だけが見える状態となり、後世を願う精進のためにこの二、三年は肉食を絶っていたことが眼のためによくないと指摘され、思い嘆いた末に仏法のためと開き直って五十日の暇を申して魚肉を食べ始めている（『御堂関白記』二月三・四・六日条、『小右記』二月四・五・九日条）。

寛仁三年の晩春から初冬を対象とする『栄花物語』巻第十五は、病がちとなって加持祈禱や修法の効果も思わしくなく、ついに出家に到って御堂造営に着手する道長を描いて余りある。そのなか道長の語りとして綴る述懐の場面で作者は歴史を的確に捉えている。

天皇・東宮は外孫、三后は娘、左大臣（摂政）・内大臣以下の公卿に子息たちがおり、次々の帝の後見役を務めるであろう、自らは四半世紀の間、頂点に立って三代の後見を務め、無事に今日まで過ごした、こんなことは忠平でも、師輔でも果せなかったことだ、と。したがって思い残すことはなく、今年は五十四歳、死んでもけっして恥にはならない。将来ともこれほどの偉業はなかろう。ただ気掛かりなのは、前年の十一月十五日に尚侍となった嬉子（十二歳）を東宮に入れることと妍子の娘の禎子内親王の行く末だが、太皇太后彰子や摂政頼通がいるから安心だ、と。因みにこのことは後にいずれも実現している。

ついに出家

わが栄華を望月になぞらえて満足感にひたった道長ではあったが、その後そんなに間をおかずに出家の気持ちを増幅させていった。その原因が病にあったことは言うまでもない。東宮御所の火事騒ぎで「所労（病気）により膝堪え難し」と日記に記し、外孫の東宮を案じながら参上しなかった（三月十四日条）。

『御堂関白記』は寛仁三年三月十七日条の「未時許従㆑内罷出、従㆓此間㆒雨下、深雨、」以降、記事はまばらで、八月の四日間、九月の六日間の記事が断片的にあるのみ。続く寛仁四年は上（一〜六月）が最後の自筆本として存在するが、記事は三月二十二日の無量寿院供養と翌日の関連記事および六月二十九日の同院に仏像を安置した記述のみである。あとは寛仁五年（治安元年〈一〇二一〉）九月の一日から五日までの五日間だけが忽然としてあり、それも「一日、初念仏、十一万遍」「五日、十七万遍」というぐあいに唱えた念仏の回数のみを記す記事である。この数値がどれほどの実数なのか判らないが、道長は寝食を忘れて唱え続けたというところであろう。これが『御堂関白記』の最後の記事となっている。

道長出家（『石山寺縁起』重要文化財）

道長は寛仁三年三月十七日の午前二時ごろに胸病の発作を起こして不覚となり、出家の前日には悩むこと重く、大声を発し、苦しそうであった、と資平は語る。この数日、卿相が雲集したというから、道長の容態はかなり深刻であったようだ（『小右記』三月十八〜二十日、四月四・五日条）。

不覚の状態が続くなか道長は、三月二十一日に天台僧の法印院源を戒師として出家した。場所は土御門第内の御堂、小一条院や三后の行啓をはじめ公卿らが参列したことはいうまでもない。法名は当初、行願であったが、皮聖（行円）が建立した寺名（行願寺、一条革堂）と同じということで行観に改めた（『小右記』三月二十一・二十二日条）。この法名は後に行覚と改められるが、時に五十四歳、病と付きあいながらも男性の平均寿命は超えていた。

一週間後に道長と御簾越しに面談した実資は、その容顔は老僧の如くであったといい、隠遁の意思はなく月に五、六度は天皇の尊顔を拝したい、との道長の言葉を書きとめている（『小右記』三月二十九日条）。

二日後に控えた夏の更衣《ころもがえ》（四月一日）に際して道長は、娘たち宮々に装束を配っているが、大宮こと太皇太后彰子への献上に一首を添えた（『栄花物語』巻第十五）。

唐衣《からごろも》花のたもとに脱ぎかへよ　われこそ春の色はたちつれ

大宮御覧じて、いみじう泣かせたまひて、御返し、

唐衣たちかはりぬる春の世に　いかでか花の色も見るべき

殿の御歌を聞きて、和泉式部が大宮にまゐらせたる、

脱ぎかへんことぞ悲しき春の色を　君がたちける衣と思へば

道長からの、春の花の色の美しい装束に着替えてください、私は墨染めの衣しか着れません、との問いかけに対して大宮は、出家ということですっかり変わってしまった春の世に、どうして私だけが

華やかな色を着れましょうか、と涙とともに返歌した。

このあと死までの道長の八年の生涯は墨染め姿とともにあることになり、そのいでたちは『石山寺縁起』に見られるようなものであったか。

東大寺で受戒

出家から半年後に道長は東大寺において受戒しているが、このことについて出家の戒師を務めた院源《いんげん》が憤ったという経緯がある（『小右記』寛仁三年四月二十四日条）。それは、僧正済信《せいしん》（倫子の弟）を師として先ず東大寺で受戒し、次いで大僧正慶円を師として延暦寺で受戒するといったことに対して、出家の時に天台僧（院源のこと）によって菩薩戒を受けておきながら、さらに声聞《しょうみょう》戒を受けるのは「過差」であり止まるべきだ、と。そんなことで止める道長ではない。道長はそれに先立って実資に、東大寺で受戒した円融上皇の日記の借用を申し、実資は貸すことはせずに関連の記事を書き出して届けさせている（九月六・七日条）。

受戒日が九月二十九日と決まり、二十七日に京都を発った道長の車の前後には僧綱四人（心誉・永円・懐寿・定基）と六人の凡僧（騎馬）、子息の教通・能信（騎馬）、摂政（車）、天皇・東宮・三后の使者ほか五十名を越す輩が同道した。翌日が往亡日《おうもうにち》（一年に十二日ある凶日で外出を忌む）に当たることから、この日は宇治で一泊している。当日、道長は登壇して（戒壇院か）済信以下二十数名の僧を従えて受戒し、次いで大仏殿において誦経があり、さらに食堂にて千僧供養が行われた。その後に興福寺と春日社に赴いているが、これは氏寺・氏社への報告であり、三十日には東大寺の勅封の宝蔵（正倉院）から宝物を運びだして拝観している。これは奈良についてから思い立ったようで、京都から大監物平惟忠に蔵の鍵を持って来させている。これが摂関による正倉院の宝物観覧の初例ではなかろうか。

行列をはじめとする受戒の様相は法皇の御幸のようであったという（『小右記』『左経記』九月二十七～三十日条、『栄花物語』巻第十五）。この受戒で正倉院ほかいくつかの寺社に詣でているが、やがて登場する法成寺の構想を秘めてのものであったかと思う。

なお比叡山での受戒は一年後のことであった。当日は降雨のため山上は雲に覆われて暗夜のごとくとあり、参列の卿相以下の衣装が泥だらけになったという。天皇はじめ東宮・三后から使者が派遣されたこと、千僧供養などは東大寺の時と同様である。別に七仏薬師法と不断薬師読経を執り行っているが、これは「目見え給わず」により行うとある（『小右記』『左経記』寛仁四年十二月十三～二十一日条）。道長の眼病はかなり進んでいたとみえる。

不安な世相

道長の出家が原因でもあるまいに春から夏にかけて世上の静かならざること異常であった。まずは左京の高級住宅域の打ち続く火災である。年明け程なく三条南、万里小路西の五十家ほどが焼失、翌日には道長の子息頼宗が居住していた四条の藤原為盛《ためもり》宅が焼亡し、三月には内裏付近、翌日に内裏内の東宮御所（放火）、そして穀倉院の火事である（『御堂関白記』正月十三・十四日、三月十二・十四日、『小右記』正月十四日、三月十四・十八日条）。

さらに四月四日の夜中には大炊御門から二条大路の間で富小路東西の多くの家が焼亡している。そして翌日のこと、藤原実資が帰宅して間もなく北隣の藤原佐光《すけみつ》宅の西廊に火が投げ入れられて燻っているのを資平宅の人が見つけて消し止めたが、夜になって一条と土御門大路の間で帯刀町（油小路）

東西の小宅が焼亡している。また前月末の雨夜には四条の小宅が焼亡し、常陸介藤原惟通の旧妻宅に群盗が入って放火し惟通の娘が焼殺されるといったことが起きている。このように京中の所々で昼夜を論ぜず群盗による放火が頻発する世情を実資は「当時すでに憲法なし、万人膝を抱えて天を仰ぐ」と嘆き、公卿たちも嘆息するばかりであった。それが宮中にまで及んだのである。

ある夜、主殿司《とのもづかさ》（後宮十二司の一）の女が後涼殿《こうりょうでん》の北道において盗人に衣服を剝ぎ取られた。刀を抜いて頸にあてたというから恐ろしいことだ。「御所に最も近し」とあるように廊下で続く東隣の清涼殿では天皇がお休みになっており、実資は「末世と謂うべし。悲しいかな」と嘆いている。次いで襲芳舎が焼け落ちるなど放火は止まず、朝廷もついに動きだした。実資の提案を受け入れて、蔓延する盗賊を取り締まるために検非違使をして夜行させ、条ごとに道守《ちもり》舎を造って宿直させる、といったことを実行している（『小右記』四月四～六日、十二～十四日の各条）。

衣服をねらった強盗ということでは『紫式部日記』に記す寛弘五年の大晦日の夜の事件が想起される（一八七頁）。

夷狄の襲来

期を同じくして刀伊《とい》の入寇（外国人の来襲）という大事件が京都の貴族たちを震撼させた。というよりも日本人全体というべきだが、今とちがって情報伝達および識字率が格段に低い当時にあっては、直接に被害を蒙った現地の人と都の貴族や官人といったいわゆる知識層ぐらいしか知り得なかったのである。われわれは『小右記』（四月十七・十八・二十五日、六月二十九日、八月三日条）によって事件を知り得るのである（『日本紀略』四月十七日条も）。因みに刀伊とは朝鮮語で夷狄を意味し、朝鮮半島の東北部に居住する女真族の称である。

賀茂祭を控えて祭事のことなどを議している会議の席に、大宰府からの飛駅使がもたらした大宰権帥・中納言藤原隆家《たかいえ》の四月七日付けの文書が持ちこまれた。後日には四月七日・八日付けの大宰府からの二通の解《げ》（下意上達文書）が届き、合戦の詳細などを伝える四月十六日付けの隆家からの書信も届いた。それらによると、三月下旬に刀伊国から武装した賊徒が五十余艘に分乗して対馬・壱岐を襲って壱岐守藤原理忠を殺し、多くの島民が殺されたり捕虜として船に連行されたりした。さらに本土に到って筑前国の能古島、博多に襲来し、民家を焼き略奪の限りをつくした。

当初は「かの賊、多く来りて敵対すべからず。その迅なること隼の如し」といわれた刀伊軍も藤原隆家率いる府軍（大宰府軍）をはじめ在地の豪族らの奮戦によって徐々に後退していった。しかし先方は不利になると乗船して遁れるので、兵船のない大宰府軍は追撃できず陸路から馳行するしかなかった。二日ほど猛烈な北風で刀伊軍が船を出せない間に四十艘余りの兵船を造って備えた府軍は、陸地での激戦に勝利し、勢いに乗って船で追撃したら刀伊軍は自国へ向けて遁去しはじめた。勝ちに乗じて追進する府軍を隆家は日本の領域内までにして高麗領には入らぬようにと戒めている。けっきょく一週間ほどで決着はついたが、三五〇人余りの犠牲者と千人を超す捕虜がでた。四月の終わりには戦闘の詳しい状況が実資ら公卿間でも共通認識として把握されていた。

「異国」人の合戦に勝利した理由の一つに藤原隆家が大宰帥の任にあったことは看過できない。剛毅さをもって知られる彼は、道長との政権争いで失脚した藤原伊周の弟であったが、兄とちがって豪放磊落な性格の持ち主で、道長もそれとなく目をかけてやっていた。子息経輔の元服を土御門第で行わせ、馬や釼などを引き出物として与えていることもその現われである（『御堂関白記』寛仁二年十二月六日、『小右記』十二月五〜七日条）。隆家は日本のために辣腕を振るって奔走したのである。

一線を退いたとはいえ、実質的には頂点に君臨する道長にとっては、まさに内患外憂そのものであった。

頼通政権を後見

道長は摂政を子息頼通に譲った後も政権からは引退しておらず、それを示す事例がいくらもある。たとえば、除目が始まったその日に宇治別業に赴いた道長のもとへ使者がやって来て頼通の書を渡し、これに道長は返書している。おそらく除目の任官者についての相談で、道長は指示を与えたものと思う。頼通ばかりでなく実資までもが道長に行幸の雑事に関して指示を仰いでる（『御堂関白記』寛仁元年八月二十八・三十日、十一月十九日条）。

また、蔵人補任について日頃から相談を受けていた摂政に対して道長は、「知るべからざるを称し、只心に任せて補すべしを示す」と突き放し、人事権を委譲したかのようだが、十日余り後の受領の除目では家司の藤原惟憲《これのり》をして「然るべき人々の申文二十枚」を届けさせており、彼らは「常に在る者」であった。除目が終わった翌日には早速、数人が道長邸を訪れて慶びを伝えている（『御堂関白記』寛仁三年正月九・二十一・二十四日条）。完全なる人事への口入れである。

道長の介入は時に宗教界にも及んでおり、園城寺（三井寺）に五人の阿闍梨を置く件について「入道殿の気色」としている（『小右記』寛仁三年九月二十五日条）。これは出家後のことであるが、道長の人事権は健在である。

また賀茂社神領の四至《しいし》をめぐる紛争について、実資は道長の意見を聞くように源経頼に指示している（『小右記』三月二十日条）。この翌日が道長の出家の日だが、その後も政界への影響力は強大で、任官・昇進を求める貴族たちが道長邸を訪問している状況は以前とさほど変わっていない。除目を控えて拝謁を願う公卿が「連々候せらる」のに閉口した道長は、面会を断る一幕もあった（『小右記』寛仁四年十月二十九日条）。

時には頼通を叱責することもあった。宮中の官人たちの懈怠を勘責しなかった関白を勘当するといったものである（『小右記』治安三年六月十九日条）。

道長の政治への口入れは、頼通からの下問に応えるといったことが多いけれど、除目の場合には自発的に口を挟むことが目立っている。

愚鈍な義兄

出家した道長に昇進のことで泣きつく男がいた。道長に腰ぎんちゃくのように纏いついて生きてきた義兄の道綱その人で、愚か者の聞こえが高い。彼は言う、「自分が大臣にならないと一家の長兄として恥に耐えないので一、二カ月でいいから大臣にして欲しい、それが叶ったらたとえ元気であっても、その地位に長く止まらない」と。理由が振っているが、これを聞いた実資は、大納言としては最古参だから理屈はとおるが、「一文不通の人、未だ丞相（大臣）に任ぜず、世以て許さず」と手厳しい（『小右記』寛仁三年六月十五日条）。母は『蜻蛉日記』の作者として知られる才女だが、その才能は遺伝しなかったようだ。

時に病んでいた道綱は、藤原惟憲や倫子を通じて道長に働きかけており、左大将で権中納言の教通を内大臣にすえて、それを拝借し一カ月出仕して辞退する、これによって恥を隠すことができる、と切々と訴えたという。そういうことをするほうが恥と思うけれど、こういう考えが衆目の非難の的なのであろう。

そもそも発端は七十六歳になった藤原顕光が左大臣を辞退するとの噂にあり、その代替として二人の外孫の親王宣下を望んでいるという（後に実現）。顕光の娘延子は小一条院の妃となって一男一女を生んでおり、道長の娘寛子が入ったことを恨み、二カ月前に心労で急逝している（『小右記』寛仁三年四月十一日）。いっぽう右大臣藤原公季は太政大臣を望んで祈禱までしており、実資を大臣にすべきとの世評もあるという。道長は道綱を気にかけており、教通はどうかとの周囲の噂に対しては、息子とはいえ大納言になることが先決と語り、教通自身は実資こそ相応しいと語っている。しかし、道長の最終的な見解は、摂政頼通の内大臣を左大臣とし、内大臣を空席にしておくというものである。そのいっぽうで顕光の辞職が当人から出たうえで対処すべきで、頼通が左大臣、内大臣に道綱、教通を大納言という線に落ちついたようだ。この件で奔走した藤原公任は道長に実資を推挙しているが、聞き入れられることはなかった。

昇進問題に関心がいっている間、政治が疎かになっていた。左大臣顕光は諸国司が提出の申請雑事定めの決裁を怠っていて、国司からの愁申により上卿を右大臣公季に振ったが芳しくなく、摂政の命で上卿の役が大納言の実資に回ってくるといった体たらくであった（『小右記』六月九・十四・十七〜二十日条）。

その顕光が病を理由に左大臣を辞職するのは二年後のことであり、その前年に道綱は病死（六十六歳）、頼通が左大臣となり、内大臣には教通（任大臣をめぐる問題の半年後に権大納言に昇進）がなった。

第六章　迫りくる死

1　彼岸へ傾斜

御堂の創建　寛仁四年（一〇二〇）五十五歳となった道長にとっての最大の出来事は、自邸に隣接して京外に御堂を創建したことであろう。

出家後の道長はいずれに住むべきかを考えていたらしい。加えて病は癒えず、悩み苦しむ声もせつなく、子息の教通を介して「この先永くない」と実資に弱音を吐くほどになった（『小右記』寛仁三年四月三日、五月二十五日条）。死の影に怯えながら道長は、「出家したならば土御門第の東に御堂を」という年来の本意を遂げることにした。その構想は「わが御堂もかやうにせんと思しめす」とあるように、東大寺での受戒のおりに堂舎を巡覧しながら得たという（『栄花物語』巻第十五）。

出家の四カ月後には早くも造作に着手していることが『小右記』寛仁三年七月十七日条によって知

られる。

入道殿忽ち発願し、丈六の金色阿弥陀仏十躰・四天王を造り奉らる。彼殿の東地京極東辺、十一間の堂を造りて安置せらるべし。受領一人を以て一間を充て造らるべしと云々。昨より木作を始む。摂政甘心せずと云々。

道長の配慮により除目で甘い汁を吸ってきた受領たちは、ここぞとばかりに競って奉仕したにちがいない。こうした動きを頼通は良しとせずとあるが、立場を考えると複雑な心境であったろう。

秋から冬にかけて丈六の九躰阿弥陀如来像は出来あがり土御門第内の小南第に仮安置された（『小右記』寛仁三年九月二十一日、十二月四日条、『左経記』十一月三十日条）。御堂の建設に取りかかったのは寛仁四年（一〇二〇）正月からであるが（『左経記』十四・十五・十九日条）、三月末には供養を行っているからその早さに驚く。『栄花物語』（巻第十五）によると、しかるべき殿方（『左経記』に「上達部已下受領・諸大夫」とある）をはじめ三后の荘園などから一日に五、六百人ないし千人の人夫が徴発され、百人ほどの仏師が造仏に関わり、受領たちも納入すべき官物などを後まわしにして御堂の方を優先させたというから、何をかいわんやである。世をあげて御堂の造営に傾いていたのである。

四町（二万坪弱）の広さの敷地に瓦をのせた築垣を廻らせ、昼夜分かたず造作に奔走したという。西の東京極大路では大木を縄で縛り付けた力車（人が引く車）が行き交い、東の賀茂川を見ると、板

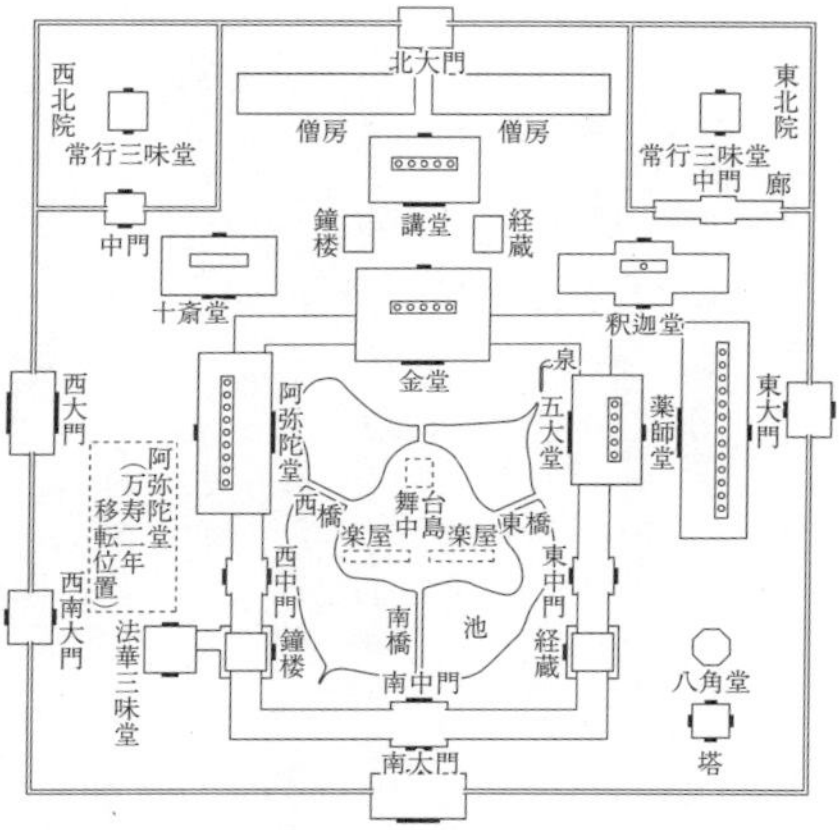

法成寺伽藍図（福山敏男想定復元図）

現在の法成寺跡の碑

材を積んだ筏が船頭の威勢のいい歌声とともに上って来る。なかには岩のような大きな石を積んで沈みそうになっている筏もある。造作の賑わいを道長は目を細めて眺めていたことであろう。仏を安置する仏壇は、「道長・関白頼通・公卿・殿上人・僧綱・諸大夫ならびに六位已上、兼てまた雑人・雑女、同心合力して或は土を持ち、或は木を運び、各々御堂の仏壇を築く」（『左経記』二月十五日条）といった共同作業で造ったという。

このことに関連して上島享氏は、仏への結縁という大義名分のもとに道長は、貴族層に負担を強いることで編成の原理を生み出し、新たな権力を築いていった。それは法成寺造営にかぎらず邸宅造営や法会の布施調達にも見られることである。造営された法成寺は外戚として得た現実の権力を寺院という形に表現したものであり、道長の権勢は制度化・構造化されていって貴族社会の頂点に立つ摂関家が確立していくと分析、法成寺の延長上に白河上皇の法勝寺が存在するとし、両寺院の性格の類似性が道長の王権と院権力が似かよった性格、と説く（「藤原道長と院政」、「中世王権の創出と院政」）。従来の学説に鋭くきりこんだ卓見である。

供養の日　鐘は土御門第の北隣の清和院で鋳たが一尺ほど破れて使用に堪えなかったので、大和国から鋳師を呼んで鋳替えさせ、仮安置の阿弥陀仏九躰、観音・勢至菩薩各一躰が土御門第から新造御堂に運び込まれた（『左経記』『日本紀略』二月二十・二十七・三月十八日条）。そして迎えた供養当日の『御堂関白記』（自筆本）寛仁四年三月二十二日条には以下のようにある。

この日、无量寺供養す。寅の時、皇太后宮・中宮同輦にて西院より渡り給う。諸司の供奉常の如し。同時に仏開眼す。法印（院源）、この間、神分して乱声す。卯の時、会集の鐘を打つ。同時に太皇太后内より行啓す。巳の時、諸僧堂に入る。両證者（済信・深覚）中門に入り、南階より登り座に着く。

无（無）量寿は梵語「阿弥陀」の漢訳で無量寿院は阿弥陀堂とも呼ばれたのである。道長の文章は日記の終焉を物語るように途中で終わっているようなので、『左経記』当日条ならびに『無量寿院供《むりょうじゅいんく》養記《ようき》』（『群書類従』巻第四百三十二）によって見ておこう。

当日の寅の刻（四時頃）に院源を導師として御仏の開眼が行われた。その時分に皇太后妍子と中宮威子が土御門第から渡られ、朝六時頃には太皇太后彰子も内裏から渡御され、小一条院や関白以下多くの公卿が列席して鐘を合図に供養が行われ、天皇・東宮と三后らも誦経された。僧・舞人・楽人らに被物が与えられ、夜になって念仏のことがあった。

堂の荘厳さは『栄花物語』（巻第十八）の次の一文によって想像できよう。

> 西によりて北南ざまに東向きに十余軒の瓦葺の御堂あり。榱《たるき》の端々は黄金《こがね》の色なり。よろづの金物みなかねなり。御前《おまへ》の方の犬防《いぬふせぎ》（仏堂の内陣と外陣を隔てる格子の低い柵）はみな金の漆のやうに塗りて、違目《ちがひめ》ごとに、螺鈿の花の形《かた》を据ゑて、色々の玉を入れて、上には村濃《むらご》の組して、網を結ばせたまへり。北南のそばの方、東の端々の扉ごとに、絵をかかせたまへり。上に色紙形をして、詞をかかせたまへり。はるかに仰がれて見えがたし。九品蓮台の有様なり。（中略）これは聖衆来迎楽と見ゆ。弥陀如来雲に乗りて、光を放ちて行者のもとにおはします。観音、勢至、蓮台を捧げてともに来たりたまふ。もろもろの菩薩、聖衆、音声伎楽をして喜び迎へとりたまふ。

新堂に入るや扉に描かれた極彩色の九品来迎図に目を奪われ、金色に耀く九躰の阿弥陀像と対峙した人々は、目も眩むばかりの感動を覚えたにちがいない。その華麗さは今日の平等院鳳凰堂も及ばないだろう。阿弥陀堂と九躰阿弥陀如来像（定朝様式）の姿は南山城（京都府木津川市）の浄瑠璃寺（平安後期）に見ることができる。

この日の請僧（法会などに招かれた僧）は百五十人を超え（東大寺僧も加わっている）、倫子の弟の大僧正済信も最上の僧として証義役（法会の論義のとき問者・講者の問答の可否を判定する役）で参列している。供養会が御斎会に准じて行われたことは注目される。その日に阿弥陀堂と薬師堂に供奉の僧や別当・検校・三綱などを定めている。

こうして出現した無量寿院は九躰阿弥陀堂で、敷地の西、東京極大路に沿って流れる中川の名に因んで「中河御堂」、「京極御堂」の呼称もある（『左経記』）。

時あたかも世上では疱瘡が流行して人々の苦しみは計り知れず、彼らにとっては御堂のことなど念頭になく、天皇も罹ったとあって清涼殿で不断の御読経と常赦を行い、無量寿院でも疫病を除くために誦経を行っている（『左経記』三月二十一日、四月十五・二十二日、六月二十二・二十三日、七月二十二日条、『栄花物語』巻第十六）。

出家後も任免権を握る

『小右記』がこの年の前半の記事を欠いているのは残念だが、初記事の七月十日条には実資が道長を無量寿院に訪ね、雑事を申承して内裏に向かい、その後に道長家の法華三十講に出席した記述が見える。道長は無量寿院から徒歩で土御門第へ渡御して三十講に顔を出しているが、日ごろは無量寿院に居ることが多かったようだ。三十講には多くの公卿らが参列し、参議藤原資平《すけひら》は兼官のことを道長に頼み、「太だ和顔」と道長の様子を書きとめる父の実資もなかなか計算高い。また弁官への任用をしきりに訴えた式部大輔藤原広業《ひろなり》（二年後の金堂供養の際の願文を執筆）に対しては「許容の気あり」とし、頭弁藤原定頼《さだより》は参議を望んでいるが許容あるだろうなどと記している（両人は十一月二十九日に参議に昇任している）。

さらには非参議藤原道雅《みちまさ》の昇任を太皇太后彰子が推挙しており、それは妹の縁故によるか、との記載がある。道雅の父は藤原伊周、母は源重光の娘であるが、『尊卑分脈』（第一篇）によると道長の子で僧籍に入った長信の母を「源重光女《みなもとのしげみつのむすめ》」としている。つまり道長は重光の娘を妾妻としていたことが知られ、長信（一〇一四年生まれ）の母と道雅（九九二年生まれ）の母は姉妹で、道雅は彰子の異母弟になる。こんな関係を言っているのであろう。また源重光と倫子は又従兄妹という間柄にある。道雅にとってこれほど強い縁もなかろうが、二十六歳で従三位非参議となって以降、死までの四十年近く昇任がないので、よほど凡庸な男であったようだ。

彰子の推挙に関連して実資の「近日、上下品、女縁を以て所望し成就するのみ」が振っている。道長と父兼家が政権の座につけたのは詮子のおかげであり、兼通が関白になれたのは安子といったぐあいに確かに女縁の力は大きかった。

ともあれこのような仏事の場においても昇任人事を口にするほどに猟官運動は凄まじく、出家しても政治への介入になお健在な道長の一面を垣間見ることができる。

道長の人事権が薨去まで行われていたことの認識を物語るのが『小右記』万寿四年十二月二十日条

である。

関白（頼通）初めて明春の除書（除目）を行わるべし。若しくは道理を行われて天下の帰服に適う歟。また理に非ざる者上下に相背く歟。

参議藤原資平（左中将）が法成寺の阿弥陀堂において耳にした何人かの卿相の談話を養父の実資に伝えたもので、道長の死から二週間ほど後のことである。頼通の力量のお手並み拝見といったところか。

寛仁四年の冬、道長はひどい咳病に悩まされ、かつてないほどに苦しんだけれど一両日もするとよくなり、湯治を試みている（『小右記』十一月六・七日条）。

金堂の供養

「御堂あまたにならせたまふままに、浄土はかくこそはと見えたり」とあるように（『栄花物語』巻第十八）阿弥陀堂を嚆矢として多くの建物が出現することになるが、なかでも伽藍の中心となる金堂の供養は二年後のことである。それ以前の建物としては寛仁四年末の十斎堂の供養があり（『左経記』閏十二月二十七日条）、その半年前に十斎仏のうちの造作なった三躰を安置したことを伝える道長自筆の六月二十九日条が『御堂関白記』の実質的な終わりとみてよい。

この年の暮れには、院源を戒師として二月に無量寿院で出家した倫子が発願となって西北院（五躰の金色阿弥陀仏ほかを安置）の供養が行われた（『小右記』二月二十九日、十二月二・三日条）。そのほかに三昧堂、経蔵、鐘楼なども出現している（法成寺における伽藍の出現と配置については杉山信三「法成寺について」ほか）。

かねてからの念願だった金堂の供養は、治安二年（一〇二二）七月十四日のことであるが（『小右記』『左経記』『法成寺金堂供養記』〔『群書類従』巻第四百三十二〕）、その数日前には無量寿院から法成寺へと改名され、供養の前夜に太皇太后と中宮は同じ輦車で土御門第から、皇太后は枇杷殿から行啓され、公卿たちは徒歩で渡っている（『左経記』七月十一・十三日条）。なお『栄花物語』巻第十七は、一巻をすべて金堂供養のこと（三日間）にあてており、豪華絢爛の具体相が伝わってくる。

そして当日には後一条天皇の行幸（城外の儀を用いる）があり、皇太弟の敦良親王（後朱雀天皇）の行啓もあり、尚侍嬉子、姫宮こと禎子内親王（妍子所生の三条皇女）も渡られた。阿弥陀堂供養の際には行幸はなかったので、金堂がいかに重要と考えられていたかが判る。供養会は御斎会に准じて行われ、公卿以下の官人そして僧たち夥しい数の人々が寺内を埋め尽くした。

午前四時頃に大日・釈迦・薬師如来、文殊・弥勒菩薩、梵天・帝釈天、四天王といった新造の仏像の開眼が行われた。十時ぐらいに天皇の御輿が西大門に到着、その由を母后に報告、「乗輿ながら直ちに入御すべし」との母后の令旨に従って西中門に到って下輿された。次いで北に所在の阿弥陀堂に入って中尊を三度拝され、金堂の方へ。阿弥陀堂の階《きざはし》で跪いて迎えた道長は、天皇の拝礼の姿を見て涕泣している。ほどなく東宮も到着、関白以下がこれを迎えたが、束帯を着けていたうえに糸毛車の御簾が厚くて通風が悪く、十四歳の東宮は暑気にあたり、着くなり御冠や襪《しとうず》（下沓。沓の下にはく布製の足袋のような履物）を脱いでしまい（後に直衣に着替えている）、内々に氷を口に含んだところ気分が戻ったという。その後に阿弥陀堂へ向かい中尊を拝し（叔父の東宮大夫藤原頼宗が介添え）、金堂の休息所に入られた。そのあたりは兄と同様であるが、金堂までの筵道が天皇の場合は錦文の黄絹を敷いたのにに対して東宮は紫絹と異なっていた。

この日は相当に暑かったようで、一献の後に水飯が供されたが、太政大臣藤原公季は「苦熱の間、その所に向かうに耐えず」と休息したほどだ。金堂の供養が終わったあと道長は非常赦のことを奏上して勅許されている。十五歳の天皇のこと、外祖父の意に沿う結果は初めから判っていたようなものだ。導師をつとめた院源をはじめ奉仕した僧侶たちに給禄があり、夜の宴席で道長は太政大臣に盃を勧めながら語り終わらぬうちに涙が落ち、盃が一巡してもなお涙が止まらなかったという。そして道長が実資に耳うちして言うことには、重罪の輩を救うために赦令を申し出たが、今は偏に後生のことを念ずるのみである、と。実資も、今日の善根は未曾有のことで、赦令は極まりない慶事と同調している。天皇の還御は夜の十一時を過ぎていたし、実資らが帰宅したのは一番鳥が鳴きだしたころであった。この日の供養には在京の公卿は全員顔を見せており、同じ日に五大堂の供養も行われた。

書の家、行成一門

寺名の額字は当代きっての名筆家、藤原行成の手になるが、供養の三日前に行成はその字を道長に見せている（『左経記』七月十一日条）。この行成の字のことが、二〇〇年後の法勝寺南大門の額字に触れて藤原定家の『明月記《めいげつき》』（建保元年四月二十二日条）に次のようにある。

（前略）但し新額の三字の様、太だ以て優なり。昨日内に叡覧（順徳天皇の御覧）す。普く通ずる法勝寺を用いらるべしと云々。また古文、一つまた法勝寺などの様なり。但し叡覧の額なおその様に直さる。今日定めらる所もっとも神妙か。伊房卿本額もとより写し置かれる。時に当たるの時、太だ尋常ならざるは如何。目及ばざるか。法勝寺と云々。予モ〔云ヵ〕古老の説モ〔云ヵ〕、行成卿法成寺の額を書く。山水太だ遠ざけて去字を書く。御堂（道長）仰せて云う、この字如何と。申されて云う、この伽藍鴨水もっとも近し。水の恐れあり。仍て水を遠ざけて去らんためにこの字を書く、といえり。御堂御感と云々。往年このことを聞き、今伊房の額また水もっとも遠ざける。若しくはこの字に倣《なら》うか。またなお白河の水を去るか。

つまり藤原行成の法成寺の「法」の字は編の山水の「氵」（水に通じる）と旁の「去」の間が離れているというもので、道長にその理由を尋ねられた行成は、法成寺は鴨川に近いので水難を危惧して水を遠ざけたと答えた。いっぽう白川が近くを流れる法勝寺（十一世紀後半に創建の白河天皇の御願寺）も法成寺に倣ってそうしたという。寺額（創建当初のものであろう）を写し置いた伊房（一〇三〇～九六）は行成の孫というのが味噌で、彼は祖父に肖ったわけである。書の世尊寺流のなかでも傑出した両人である。

法成寺金堂が供養された治安二年は初夏から水害が多く、年号の「治」の字の編が水と関係あるからだとも言われた（『小右記』五月十七日条）。

横暴な行為

この一年前、講堂の礎《いしずえ》を築くために公卿の奉仕で数個の土塊を鴻臚館から曳いてくるようにとの道長の命があり、一個を曳くのに二百人余りを要して二日がかりという。疫病の流行で下人の死者が多いなか誰が曳くのだろうか、万人が悲嘆するであろう、とは実資一流の弁である（『小右記』治安元年二月二十九日条）。鴻臚館は朱雀大路を挟んで七条大路北の東西に設けられた外国施設の接待所であったが、外国との国交廃止などによって九世紀中頃から十世紀前半にかけて荒廃していったものと思われる。礎石は残っていたようであるが、ここから法成寺まで距離にして五キロは優に超えるので大変な作業だ。

これが実行されたか否かは不明だが、同年六月二十日の『小記目録』には「被立無量寿院講堂事」とある。いっぽう永承五年（一〇五〇）に講堂の供養が行われたことは明白なので（『春記』三月十五日条）、治安元年に創建され、三十年後に再建されたとみるか、長年かかって創建されたとみるか、意見の分かれるところであろう。

さらには金堂供養の翌年のこと、道長は「今新に東に立つべき長堂」のための礎石として諸所の石を曳かせるといったことを命じている。頼通（二十個）・教通・頼宗・能信・長家らの子息をはじめ大納言八個、中納言六個、参議四個、諸大夫は各一個を請け負わされ、それが穀倉院、神泉苑や諸司・諸寺にまで及んでいるから驚きで、多くの人を嘆かせたという。実資は養子の資平に寺の石を曳くべきではなく家にある一個を運ぶように指示している。実際に集まった礎石は、宮中の諸司、神泉苑の乾臨閣、坊門、羅城門、京職、寺院にわたっており、「嘆くべし、悲しむべし」とは実資の言葉である（『小右記』治安三年六月八・十一日、万寿元年三月二十七日条）。これが一年後に供養をみる薬師堂であり（『小右記』万寿元年六月二十六日条）、阿弥陀堂と池を挟んで東に南北に細長い建物として出現するのである。そして伽藍は阿弥陀堂と対照の形をとっていた。

法成寺のその後

このように法成寺は道長・頼通の手によって造作が続けられ、万寿元年の薬師堂（『小右記』六月二十六日条）、翌二年に三昧堂（『左経記』十一月十二日条。これは八月に十九歳で他界した嬉子の菩提として造作）、同四年に釈迦堂などの供養があり（『小右記』八月二十三日条。その三カ月後に道長は他界）、その頃には五重塔も出現した。この後は長元三年に太皇太后彰子発願の東北院（上東門院御堂）、永承五年に講堂、天喜五年に彰子発願の八角円堂などが出現している。しかし、翌年の天喜六年（一〇五八）に法成寺が全焼している（『扶桑略記』天喜六年二月二十三日条）。その後の法成寺に関しては吉田兼好の『徒然草』（第二十五段）に、

京極殿（土御門第）・法成寺など見るこそ、志とどまり、事変じにけるさまはあはれなり。御堂殿（道長）の作り磨かせ給ひて、庄園多く寄せられ、我が御族のみ、御門の御後見、世の固めにて、行末までとおぼしおきしとき、いかならん世にも、かばかりあせ果てんとはおぼしてんや。大門・金堂など近くまでありしかど、正和（一三一二〜一七）の比、南門は焼けぬ。金堂は、そののち倒れ伏したるまゝにて、とり立つるわざもなし。無量寿院（阿弥陀堂）ばかりぞ、その形とて残りたる。丈六の仏九体、いと尊くて並びおはします。行成大納言の額、（源）兼行が書ける扉、なほ鮮かに

見ゆるぞあはれなる。法華堂なども、未だ侍るめり。これもまた、いつまでかあらん。かばかりの名残だになき所々は、おのづから、あやしき礎ばかり残るもあれど、さだかに知れる人もなし。

とあって十四世紀初頭にはかなり廃れていたが、九躰の阿弥陀如来像は尊い姿で並んでおり、行成筆の額も健全であったことが知られる。

四町に及ぶ広大な敷地を有していた法成寺の跡地は、東西を寺町通りと河原町通り、南北を広小路通りと荒神口通りに挟まれた地域に求められ、その中にある京都府立鴨沂高等学校の敷地から法成寺瓦が見つかっている。寺町通りはかつての東京極大路の一部にあたるから、この寺院の真西（京都御苑の東部）に南北二町の土御門第があったのである。

今世紀になって京都御苑内に京都和風迎賓館が出現したが、建設に先立つ三年がかりの発掘調査によって道長時代の大量の白色土器（皿・椀・高杯など）と十点の緑釉軒瓦、それに熨斗瓦が出土している。前者は宮中や皇族、上級貴族邸でしか出土しない高級品で、後者は大極殿、豊楽殿と東・西寺か神泉苑といった国家の重要な建物ぐらいにしか用いられていなかった。調査地は道長の土御門第の北に位置しており、東南には法成寺があったことから、道長のところの儀式などで用いて不要となったものが北の地に廃棄された可能性が高いという。いっぽう緑釉瓦については道長の法成寺で異例として使用されていたことも判った（京都市埋蔵文化財研究所・京都市考古資料館編「リーフレット京都」一七一号・一七三号）。和風迎賓館の建立地がもう一、二町南になっていたら土御門第の遺構の発見につながったかと思うと残念でならない。

仏師定朝

仏師定朝が法橋の地位を所望していることで思い悩んだ道長は実資に意見を求めた。そこで実資は「定朝数躰の大仏を造り奉る、希代の勤と謂うべし。非常の賞傍難なかるべき歟」と応えている。この実資の口添えにより定朝は法橋の地位を得ることができたのである（『小右記』治安二年七月十六日条）。定朝および父の康尚《こうしょう》は当代切っての仏師であり、先の阿弥陀堂の造仏には五十代の康尚が中心となって仏師集団を率いてあたり、そのなかに定朝も加わっていた。そのことを教えてくれるのは『中外抄《ちゅうがいしょう》』（関白藤原忠実の談話〈十二世紀中期〉を大外記中原師元が筆録したもの）で、寛仁四年の供養を控えて土御門第から運び込まれる諸仏の様子などについて次のように言う（「新日本古典文学大系」三十二『江談抄・中外抄・富家語』岩波書店、一九九七年による）。

御堂に渡し奉らるるに、車八両（『左経記』には十一両とある）にて四方に布を引き廻らして、雲など書きて、その内に仏を安んじ奉る。楽人は鼓を打ち、近衛の官人は車を引き、僧は行列す。御堂に居え並べられて後、御堂の仏師康尚に仰せられて云はく、「直すべき事ありや」と。申して云はく、「直すべき事候ふ」と。麻柱《あななひ》（工事用の足場）を構えて後、康尚の云はく、「早く罷り上れ」と云ひければ、廿許りなる法師の、薄色の指貫、桜のきうたい（薄紅色の裘代つまり僧服）に、裳は着して、袈裟は懸けざりつる、つちのみ（槌と鑿《のみ》）を持ちて金色の仏の面をけづりけり。御堂の康尚に仰せて云はく、「彼は何《いか》なる者ぞ」と。康尚の申して云はく、「康尚の弟子、定朝なり」と。其の後、おぼえつきて、世の一物に成りたり」と。

平安時代の仏師の頂点を極めた定朝の二十代での才能を物語るものである。康尚は宮中や道長の浄妙寺・法性寺・無量寿院や中宮の念持仏、藤原行成の世尊寺といった摂関家をはじめ上級貴族とゆかりの寺や比叡山、高野山といった大寺院の仏像制作を手がけ、彼らを後援者としてその名を広めて当時の造像界の主流を占め、時あたかも形成されつつあった寄木造りという造仏法の完成を目指していた。これを子の定朝が受け継いだのである（田中嗣人『日本古代仏師の研究』）。今に遺る康尚の作品とされる唯一のものは東福寺の同聚院（五大堂とも）の本尊、丈六不動明王坐像（重要文化財）であろう。これは道長が寛弘二年に四十の賀を迎えた時に法性寺境内に五大堂を建てて五大明王像五躰を安置したが、その中尊（丈六五大尊）と推定されている。

父の康尚は金堂供養の一年ほど前に他界しているので、金堂の造仏には定朝が中心となったのである。そして金堂には三丈二尺の大日如来像をはじめ二丈の釈迦・薬師如来像と文殊・弥勒菩薩像や梵天・帝釈・四天王像、五大堂の不動明王像などを手がけ、この功績によって法橋の地位を手に入れたのである。また翌年の薬師堂創建に際しては金色薬師如来像七躰、観音菩薩像六躰、十二神将像などを造像している（『小右記』治安三年十二月二十三日条）。その後も皇族、貴族とりわけ道長・頼通に重用され、天喜五年（一〇五七）に五十代後半で亡くなるまで大仏師として造像に関わった。他界の四年前に造像された平等院鳳凰堂の本尊、丈六阿弥陀如来像が定朝の遺作として今に伝わる唯一の作品となっている。定朝他界の翌年に法成寺が全焼しているのは皮肉な話だが、復興に際して造仏に当たったのは定朝の子とされる覚助《かくじょ》である。

法成寺と谷崎潤一郎

意外に知られていないかと思うが、谷崎潤一郎に『法成寺物語』という四幕ものの戯曲がある。大正四年の『中央公論』六月号に載ったもので、後に『谷崎潤一郎全集』第三巻に収められている（中央公論社、一九八一年）。

時は寛仁四年の春、法成寺の建築が終わりに近づいたころで、登場人物は、道長、院源（道長出家の際の戒師、翌年天台座主、治安二年七月の法成寺金堂落慶供養の導師）、四の御方――故太政大臣藤原為光の四女で道長とは従兄妹にして妾妻（前出）、大宰帥藤原隆家、仏師定朝と弟子の定雲《じょううん》、仏画師宅摩《たくま》為成《ためなり》、法成寺の造作に携わる人々、それに道長邸の女房たちである。

うららかに晴れた日、工事に奔走する国々から寄せ集められた人夫たちが故郷や家族、堂内の絢爛豪華な装飾のことなどを話しながらその日の仕事を終えて堂を後にする。仏工と画工は夜になっても仕事を続けている。制作に余念がない為成の扉絵に見惚れる定朝。「当代に双びなき仏師と云はる、其許《そこもと》から、さほどのお褒めに与《あずか》れば此の上もない面目でござるわい」と為成に言われる定朝だが、扉絵の見事さや御堂の普請の立派さに圧倒されて本尊を刻む鑿《のみ》が振るえず、夜もおちおち眠れないと訴える。それに脇侍の勢至菩薩を彫り続ける弟子で十九歳の定雲が自分を凌ぐ仏師であること、自分は長年の修業によって業《わざ》を磨き現在の地位を築いたが、定雲は生まれながらの天才で比べものにならぬ、その定雲に蹴落とされるのが無念である、と吐露する。そして、かくなる上は道長の許しさえあれば自分の役目を譲ってしまいたいと語る。

そのことを耳にした道長は胸を痛めつつも、この大役は定朝をおいて他にない、早く彫るように、と女房を介して言ってくる。そして道長と定朝との対面。法衣を纏いゆったり太った健康そうな赤ら顔の道長が堂に入って来るなり、内陣の阿弥陀仏に礼拝して蹲る。おりしも日が西に傾き堂内にあかあかと射し込み、入相の鐘が聞えてくる。定雲作の観世音菩薩の前に立ち、傍に控える定雲を見やって「卑しい生れの者と聞いたが、はてさて色の黒い、顔の醜い、むくつけき男ぢやなう。此のやうな男の手から、なまめかしい菩薩の姿が作られるとは、不思議なこともあるものぢや。あは丶丶丶」と道長。これを受けて定朝が、顔の醜さは去年の春頃に流行した疱瘡によるもので、「哀れと申せば申すもの丶、此奴の為には其の不仕合せが、励みの種となったのでござります。己れの顔の醜うなつたを怨むあまりに、美しい菩薩の御姿を生みだす業が、身に備わつたのでござりまする」と答え、道長も定雲に満足する。そこへ筑紫から上京してきた隆家が姿を現わし、刀伊の賊徒を追い払った功を道長から讃えられ、隆家は御堂創建の功徳を述べ、うけて女房が道長を厩戸皇子（聖徳太子）の再来と申し上げる。いっぽう道長は定朝の願いを聞き入れようとしない。

ここで一幕が終り、二幕は道長と妾妻の四の御方との語らい、その傍らで定雲がこの女性をモデルとして勢至菩薩像を造っている。四の御方は、私に生き写しの観音勢至など余りに勿体なくて末恐ろしいと言う。「麿はそなたが気に入ったのぢや。心の中の清々しさをそのま丶形に現はして居る器量のめでたさは云はずもあれ、紫式部や清少納言にもおとらぬほどの、賢しい性質《さが》まで備はつて居る、そなたのやうな女子は珍しい……才《さえ》があつて、みめ美しい女子の胸には、煩悩の炎も強いものぢやに、そなたの心が浄らかなのはほんに不思議ぢや」と語る道長に対して彼女は、胸が清々しいのは恋を知らないだけ、情の炎を燃やしてくれる男がいないだけと言う。すかさず道長は「年は取つても麿こそは、其方に適はしい立派な男子ぢや。これほどいとしう思うて居る麿の心が分らぬかなう」と言う。「それは分つて居ります。妾はまだうら若い女子でござりまする。さればこそ妾の体は大殿へお任せ申したのでござります。しかし御推量下さりませ。身体は許しても心は許さぬのじゃな、と迫る道長に頷きながら彼女は、言い寄る男は沢山いたけれど心に叶う男は今までに一人もおらず、恋の楽しみはあきらめて「ただ大殿につめたい屍骸《むくろ》をお任せ申して居りまする」と痛烈な皮肉を込めて語る。道長に身を任せたのは兄弟たちの立身出世のためであってその犠牲となったと吐露する。

けっきょく四の御方の心の姿までも見事に写し取ったのは定雲というわけだ。道長にお引き取りを願った四の御方は定雲を相手にいろいろと聞き出す。「其方も大殿と同じやうに、仏の御手に救はるゝより、妾の手から救はれたいと、願うて居やるのぢやなう」との彼女の言葉を受けて定雲は「大殿様と私ばかりではござりませぬ。来世の幻に憧れるより、現世の真実を頼みたいのは、誰しも同じ人情でござりまする。あなた様と一つ時代《ときよ》に生れ来て、幻ならぬ菩薩の色身《しきしん》を仰ぎ視る、今の世の人は皆仕合せでござりまする」と語る。そして定朝が手付かずにいる本尊の阿弥陀如来の顔を私の姿に勝る貴い像に刻んで欲しい、その如来こそ私の拝む真実の御仏である、と完成を定雲に頼んでいる。

三幕では、定朝の激励と定雲作の像を拝するために叡山からやってきた院源が定朝に造像の心構えを説いて聞かせ、「其方が定雲の菩薩に勝つた如来を作らうと企つるなら、此の木像より美しい人間の顔を捜すがよい」と語り、引き合わせてくれたのが「定雲の観音勢至に匹敵すべき、如来の相を備えた男」である叡山の若き僧、良円（十八歳）である。この僧の顔を写し取って定朝は如来の顔を完成させたのである。

四の御方は、一緒に如来の尊顔を見てほしいと定雲に懇願するが、四の御方に本尊を拝ませてはならぬ、と道長から厳しく言われていることを伝え、あの本尊を拝すると必ず忌まわしいことが起こると告げる。制止を振りきって本尊と対峙した四の御方は「お丶、此れじゃ、此れじゃ、此れこそ、妾が胸に描いて居る恋人のお姿ぢや」と、山へ帰ってしまった良円を慕う言葉を発する。声が大きいと押し止める定雲の声など耳に入らんばかりに。そこへ道長が入ってきて警護の者を呼び（入ってきたのは源頼光の四天王の坂田金時と渡辺綱）、「此の霊場の仏を汚した憎《にっく》き痴者《しれもの》、急ぎ庭先へ曳き出して、有無を云はさず斬り捨てい」と命じた。「金時と綱とが二人の男女を荒々しく戸外へ曳き摺り出す。道長は独り柱に靠《もた》れて腕を拱《こまね》いて居る。や丶暫くして両人の斬り殺される呻り声が響いて来る。道長嘆息しつ丶瞑目する」の解説をもって四幕が終わる。

美と醜、思いもかけぬ終わり方であるが、美の象徴である如来の対極にあるものを作者は教えたかったのではなかろうか。

法成寺が語るもの

無量寿院の壮麗さは鎌足の多武峰（妙楽寺）、不比等の山階寺（興福寺）、基経の極楽寺、忠平の法性寺、師輔の楞厳院《りょうごんいん》といった先祖たちの創建の寺院を凌ぎ、「極楽浄土のこの世に現れけると見えたり」というものであった（『大鏡』第五）。そして道長は聖徳太子、弘法大師の生まれ変わりという話まで登場する（『栄花物語』巻第十五）。

家永三郎氏は法成寺の伽藍組織を、阿弥陀堂が西方信仰、金堂が天台密教の教義、五大堂が密教修法、三昧堂が法華信仰を象徴しているとし、これらは道長の信仰を裏付けるもので、中心伽藍は金堂であるものの出家後の道長の生活と切実に結びつくのは阿弥陀堂であったとみる（「法成寺の創建」）。

いっぽう道長を摂関の中で浄土教に深く帰依した最初の人とみる井上光貞氏は、阿弥陀堂建築は死者の追善を目的に周忌の法会を行うために造られるものが少なくなく、なかには墓所的な役割も担うものもあったが、道長の場合は、晩年そこに起居して念誦したように宗教生活と一体となっていたとし、加えて末法の世が意識されてきたとみる（『日本古代の国家と仏教』）。

また建築史の清水擴氏は、当初、阿弥陀堂（無量寿院）とともに薬師堂（浄瑠璃院）の建立が道長の思いであったが、それは病の治癒を薬師に祈願するという意図が込められていたとし、来世のみならず現世利益もねらった構想は道長らしく、それなのに薬師堂の建立が延引（万寿元年〈一〇二四〉六月二十六日供養、『薬師堂供養記』〈『群書類従』巻第四百三十二〉参照）したのは病の一時的回復と寺院としての体裁上から金堂を先行させた結果とみる。そして伽藍内で法名（院名）を持つのがこの二堂ということからも道長の構想の中での重要さが判ると説く（『平安時代仏教建築史の研究』）。

法成寺は極楽往生を願う浄土信仰に裏付けられた、つまり後生（来世）を意識したものであり、過去の道長の浄妙寺創建や金峯山参詣や造像などにもみられた思想であった。法成寺でまっ先に創建されたのが阿弥陀堂であったこともそれを示唆していよう。念仏を唱えれば極楽浄土に往生できると説くのは源信の『往生要集』であるが、それが成った十世紀末あたりから阿弥陀信仰が流行し、寛弘二年（一〇〇五）には藤原行成にそれを書写させている（『権記』九月十七日条）。道長の往生極楽思想への傾斜に源信の影響があったことは疑えない。

法成寺の出現に伴い道長はこの方にいることが多くなり、その居所は、妻の倫子発願の西北院の東方に所在の「五間ばかりの檜皮葺の寝殿に、廊、渡殿などして、廻に立蔀しこめて」ある東殿と呼ばれた建物で、立派な御厨子所を備え、公卿はじめ高僧たちが四・五位のものに給仕をさせながら飲食する様子が『栄花物語』（巻十八巻）にみえる。

2　穏やかな日々

妍子の荘厳経供養

二十四歳で夫の三条天皇を失い皇女の禎子内親王と静かな日を送っていた皇太后妍子は四年後の治安元年（一〇二一）の晩秋、女房たちに請われて法華経の供養に同意し、一品ずつ三十人が書写し、経函は皇太后が用意された。紺紙金泥、綾地に下絵、経文の上下の空白に絵、見返しには経の内容の絵画といったもので、経巻というよりも歌集のようなできばえで、軸首は玉、経函は紫檀で綾地に種々の色の玉を嵌め込んであるなど趣向を凝らした絢爛豪華なもので、『平家納経』を彷彿とさせる。供養は無量寿院（阿弥陀堂）において永昭（興福寺僧）を講師として行われ、十数名の公卿らが聴聞に駆けつけ、書写の経巻は経蔵に納められた（『小右記』治安元年九月十日条、『栄花物語』巻第十六）。皇太后は写経、講師、場所のことなどを道長に相談しながら進めており、僧への布施を含めてスポンサーは道長であったことはいうまでもない。

この一カ月前、道長は一切経や法文類を土御門第から無量寿院の経蔵に運び込んでおり、公卿・殿上人や多くの僧が奉仕し、舞楽や饗饌があった。それが終わった後、道長は騎馬で八人ほどの僧俗を伴って石山寺に参詣しているが、眼病の平癒祈願が目的であったようだ（『小右記』『左経記』治安元年八月一日条）。

五月二十五日に左大臣藤原顕光が七十八歳という高齢で他界した。従兄弟の道長の左大臣と同時に右大臣となって二十一年、彼の下で目立たぬどころか失態をしては物笑いになる日々であった。道長のあと左大臣を五年間、けっきょく四半世紀に及ぶ大臣生活を送ったが凡庸な生涯といってよく、亡父兼通の狡猾な生きざまとは対照的だ。そしてちょうど二カ月後に関白の頼通（三十歳）が内大臣から左大臣に、筆頭大納言の実資（六十五歳）が右大臣に、右大臣藤原公季（六十五歳）が太政大臣に、そして権大納言教通（二十六歳）が内大臣に進んだ。

皇太后は半年後に仮住まいの一条殿（母倫子の邸）から新造の枇杷殿へ娘の禎子内親王とともに遷っている。焼失から七年、行啓を控えて道長は終日滞在して作事や装束の総仕上げを監督している。

行啓は子の刻つまり夜中のことで、十歳になった姫宮も一部屋を与えられているが、三条天皇との想い出の詰まる枇杷殿に入って皇太后も心和む日を送ることになったと思う（『小右記』治安二年四月二十五・二十八・二十九日条、『栄花物語』巻第十六）。この二カ月後に金堂供養を迎えたわけである。

治安二年の冬、道長は十二神将像を供養するために延暦寺中堂（根本中堂）に参詣しているが、受戒の時から二年ぶりの叡山行きとなった。道長は早暁に子息の関白頼通、内大臣教通以下を引き連れて山に登った。供養は翌日に権少僧都永昭《えいしょう》を講師として行われたが、この南都僧の絶妙な説法に山徒（叡山の衆徒）は感嘆し、座主院源は身に着けていたものを脱いで永昭に与えたという。なお十二の数は子息の人数（道長の子は倫子腹と明子腹に各六人）に擬して彼らの栄禄を祈願してのものという（『左経記』治安二年十一月二十三日条、『天台座主記』（『続群書類従』巻第百）「第廿六法印院源」、『叡岳要記』（『群書類従』巻第四百三十九）上）。

永昭という僧は抜群の声の持ち主であったようで、阿弥陀堂で仁王経を講じた際にも「言語絶妙なり。落涙禁じ難し。禅閤（道長）数度涙を拭う」と実資は記す。時に道長は病んでいて実資に「所労不快にして枯槁尤も甚だし」と漏らし、読経の間に氷水を飲むためしばしば座を立ったという（『小右記』治安三年六月十日条）。

田植え見物

治安三年も明けて道長は五十八歳、妻は還暦の年を迎えた。そして四月に入って夫婦ともに病に罹り、倫子は同居の太皇太后彰子を心配させ、皇太后妍子や中宮威子が駆けつけるほどで、道長も「もう生きられない」と口ばしった（治安三年四月十五・十九・二十日、五月一日条）。それも癒えたころ道長は太皇太后を慰めようと田植え光景を御覧に入れたのである。『栄花物語』（巻第十九）に以下のようにある。

賀茂祭なんど過ぎて五月になりぬ。大宮（太皇太后彰子）の土御門殿におはしませば、殿の御前何わざをして御覧ぜさせんと思しめして、この殿の御厩《みまや》の秣《まぐさ》の田は、殿の北わたり清和院のもとにぞ植ゑける、このごろ植うべければ、御厩司を召して「この田植ゑん日は、例の有様ながらつくろひたることもなくて、ものをこがましうもあやしうも、ありのままにて、この南の方の馬場《むまば》の御門《みかど》より歩みつづかせて、埒の内より通して北ざまに渡すべし。丑寅の方の築地をくづして、それより御覧じやるべきなり。東の対にてなん御覧ずべき」と、仰せうけたまはりて、今二三日のほどに何わざをせんと思ひて、その日になりて、かの隅の築地くづさせたまひて、東の対に、大宮の御前をはじめたてまつりて、殿の上（倫子）渡らせたまふ。さるべき人々、女房たちさぶらふかぎりは参る。さて御覧ずれば、若うきたなげもなき女ども五六十人ばかりに、裳袴といふものいと白くて着せて、白き笠ども着せて、歯ぐろめ黒らかに、紅赤う化粧せさせて続け立てたり。田主《たあるじ》といふ翁、いとあやしき際衣《きはぎぬ》着せて、破れたる大傘ささせて、紐解きて、足駄はかせたり。あやしの女に黒掻《くろかい》練《ねり》（古びた練絹）着せて、白粉といふものむらはけ（まだらに）化粧して、それも傘ささせて足駄はかせたり。また田楽といひて、あやしきやうなる鼓、腰に結ひつけて、笛吹き、ささら（簓、編木）といふもの突き、さまざまの舞して、あやしの男ども、歌うたひ、心地よげに誇りて、十人ばかりゆく。そがなかにもこの田鼓といふものは、例の鼓にも似ぬ音して、ごぼごぼとぞ鳴らしゆくめる。

芸能の描写は原文の方が意が伝わるかと思い長文の引用となった。太皇太后と母たちは土御門第の東の対に坐し、東北隅の築地を崩して、土御門大路の北に位置する清和院で行われる田植えの様子をご覧になったのである。五、六十人のこぎれいな早乙女たちの風貌、大きな破れ傘を持ち足駄を履いた翁のおどけた様子、そして田楽というぐあいに日ごろ目にすることのない光景に見物人たちは驚きをもって眺めたことであろう。編木・腰鼓・田鼓とくると十一世紀末に大流行した永長の大田楽を記した大江匡房の『洛陽田楽記《らくようでんがくき》』の描写が想起される。道長夫婦にとっては病みあがりだけに心和む一日であったかと思う。

妻の還暦祝い

この年の十月に妻倫子の還暦祝賀の宴が太皇太后彰子の主催で土御門第において挙行された。それに備えて伯耆守藤原資頼が料としての綾掛二重を献上するよう彰子から命じられた。彼はそれ以前に法成寺の垣を五本も築き、さらに三本の垣の造作を命じられているが、それは南面に匹敵する大垣で大変な工事、そのうえに賀料まで命じられて、「近来、天下人の手足は措《お》き難し」と嘆く実資だが、当の資頼が子息とあっては語気も強くなる。それに三后の造仏・写経のための請僧の禄・御装束・楽人の禄などの分担調進で期日が迫っているのに臣下は大変だ。そのことを源俊賢（妻明子の兄）が道長に語ったが、いっさい聞き入れなかったという（『小右記』治安三年九月十二・十三日条）。

そして迎えた当日の午前中に皇太后妍子（娘の禎子内親王も）と中宮威子の行啓があり、太皇太后彰子と尚侍嬉子はこの邸を居所としていたので娘たちが寝殿に勢揃いし、少し間隔をおいて倫子の座があった。そして彰子の女房たちは寝殿の北の間から西の渡殿にかけて出衣をしており、妍子の女房は西の対の東面、倫子の女房は寝殿の東の間、威子の女房は東の対の西面、嬉子の女房は東の対の西南にかけて出衣をしていた。このように女房たちは主人を華やかに見せるためにも美を競いあったことだろう。

土御門第の寝殿母屋に御簾を下して両界曼荼羅を掛け、その東西の仏殿に仏像を安置し、廂から東西の渡殿にかけて六十人（還暦数に合わせて）の僧の座を設け、公卿らが仏前の座に着し、僧の読経とともに始まった。四曲の舞楽（一曲に「賀殿」が含まれる）はいずれも素晴らしく、道長以下卿相たちは衣を脱いで舞人に被《かず》けている。御唱経、講説、行香など一連のことが終わり、舞人や僧たちは禄を受けて退出、饗宴に移った。管絃、余興、和歌などがあり、皇太后と中宮が還啓のあと十時過ぎに人々は退出した。この日は過差が甚だしかったという（『小右記』治安三年十月十三日条、『栄花物語』巻第二十）。

妻の賀によって延引された高野山詣では四日後に出立している。そして前日になって行く予定の関白頼通を「関白が数日も平安京を離れるのは極めて不都合」との理由で内大臣教通に交代している（『小右記』治安三年九月十四日、十月十七日条）。南都七大寺、飛鳥の諸寺、四天王寺などを経由して高野山へ参詣したことはすでに述べたとおりである。

年も押しつまって新造の薬師堂へ丈六金色仏像を十五躰、つまり七仏薬師、日光・月光菩薩、六観音像を安置した。運搬には力車二台を並べ、蓮華座を置き一躰を載せ、力車を曳く人々は頭に蓮華の冠をかぶり赤い衣を着けていたという。仏の前後左右は楽人や僧たち（すべて法成寺の供僧）らで取り囲むようにして進んだ。見物人たちはご利益に預かろうと手を合わせて送ったことであろう。天台座主院源以下の僧が仏前の地上に坐し、道長・関白以下は群居し、僧たちが高々と薬師観音品偈を誦えた。その後に堂入りして仏を迎え入れたが、道長以下は我を忘れて南無と拝み、みな感涙を抑えられなかったという。

さらに夕刻になって千手観音像と五大尊像が運び込まれている。そして功労者の大仏師定朝に、院源が先ず衣を脱いで被け、ついで道長・関白以下の諸卿もそうしたので仏前には山のように積まれ、これを見て殿上人や地下人も皆衣を脱いで次々と仏師たちに与えたという。実資は痢病（腹痛を伴う下痢）が起こったので衣を脱いで退出しようとしたら引き留められたが、我慢できずに出てきたと記している（『小右記』十二月二十三日条、『栄花物語』巻第二十二）。

華麗なる競馬

道長の五十代最後の年は万寿と改元され、同四年にはこの世を去るから、万寿は道長の最晩年を象徴する年号となる。他界の半年後には長元と改元されるが、それは疫病流行と兵乱（平忠常の乱）によるものであった。因みに道長が政権の座についてからの改元をみると、長徳・長保・寛弘は災異、長和・寛仁は即位、治安（辛酉）・万寿（甲子）は革命年によるものであった。

万寿年間で象徴的なことといえば、万寿元年（一〇二四）九月十九日、関白頼通が自邸の高陽院に天皇、東宮（皇太弟の敦良親王）、太皇太后彰子、公卿以下を招いて盛大に催した競馬《くらべうま》であろう（『小右記』）。太皇太后宮は五日前に土御門第から高陽院に渡っており、道長は八月二十五日に高陽院に赴いて邸内を巡検し、馬場において三番の競馬を観ているが（『小右記』）、いずれもこの日に備えてのことであった。当日の豪華絢爛さは『栄花物語』巻第二十三「こまくらべの行幸」と、この絵画版である『駒競行幸絵巻《こまくらべぎょうこうえまき》』（鎌倉末期の成立）によって具に知ることができる。

後一条天皇の乗った鳳輦は早朝に紫宸殿を出立、承明・建礼・待賢門を通って東へ、堀川小路を南下して西門から入御したが、内裏からは距離にして七、八百メートルほどである。天皇は西の対、渡殿を経て寝殿の御簾内に入られ、次いで東宮の行啓があって西の対の直廬に入られ、その後に渡殿の簀子を通って寝殿の平座に着かれた。

母の太皇太后は寝殿を御座所としていた。饗饌の後に天皇以下が馬場殿（東の対）に渡御し、二番の競馬が終わったところで酒肴が供され、結番の十番が終わった時には黄昏に及んでいたという。勝負は混沌としたようだけれど関白が「左勝」と言って陵王が奏せられた。競馬の催しがすんで寝殿に還御した天皇と東宮は同座し、管絃が流れるなか饗饌にあずかった。傍に太皇太后も同席しており、天皇や東宮が還御されたのは夜も更けてからであった。

華麗な寝殿の例としてよく挙げられる『駒競行幸絵巻』の寝殿の場面（久保家本）は、南面の中央の大床子《だいしょうじ》に天皇（裾のみ描く）、一座下がった右手前の褥《しとね》に東宮が坐し、その東西の間には御簾が下がり女房装束の出衣がのぞく。簀子には束帯姿の公卿らが並んで着座し、華やかな絵柄の裾が勾欄に懸かる。西へ渡殿、対屋、回廊、釣殿が臨まれ、庭には色づいた紅葉が季節を感じさせる。池に浮かぶ竜頭鷁首では楽が奏でられている。この前段は東宮の行啓の描写であるが、西門からの入御なのに東門からのような描写になっているのは描法の制約によるものか。門前には東宮が乗ってきた豪華な唐車から二頭の牛が解き放たれ、門内を見ると黄丹《おうだん》の袍を着る束帯姿の東宮が筵道を歩いて進む。また『駒競行幸絵巻』静嘉堂本は、五日前の太皇太后の行啓の様子らしく、土御門第からだと高陽院へは東門から入る描写となる（『日本絵巻大成二三』『駒競行幸絵巻』中央公論社、一九七九年）の小松茂美氏の解説参照）。

四町の広さをもち「方四町にて、四面に大路ある京中の家」は後院の冷泉院とこの邸のみ（『大鏡』第二）と言われた高陽院は、焼失の後に関白頼通により三年近くを費やして治安元年秋に完成している。築山立石による庭園の豪華さは比類なく、建物の方も多くの貴族らの協力により、その華美なことは道長に倍するほどであったという（『小右記』治安元年九月二十九日、十月二日条。朧谷「藤原頼通の高陽院」参照）。庭園に関して『栄花物語』によると、寝殿の四方に池があって中島に釣殿を配し、よく見られる貴族邸と趣を異にしているが、これは四町の広さのゆえと思う。当日の競馬は、東の対を馬場殿に充て、その前に南北に馬場を造っている。

これまでの発掘調査の結果、広大な池や州浜および南に接する大炊御門大路の遺構を検出しており、焼失による立て替えに合わせて池も造り替えていることが判明しているが、建物の部分については未確認である。

有馬温泉へ

競馬からちょうど一カ月後のこと、中宮威子は土御門第の東の対において七宝小塔の供養を行っている（『小右記』万寿元年十月十九日条、『栄花物語』巻第二十三）。小塔は東の対の御帳内に安置され、傍らには瑠璃の仏器、筥に納められた色紙の法華経と般若心経があるなど宮中の御読経ないしは法華八講に似ていたという。関白以下の諸卿らは西の対南庇での饗の後、鐘を合図に寝殿の南簀子を通って東の対に移動し、天台座主院源以下が務める儀に参列している。なお天皇が在位中で両親が健在の中宮による法華八講は例がないという。

この一週間後に道長は摂津国の有馬温泉に赴いており、明子腹の大納言頼宗・長家兄弟がお伴をし、大納言藤原斉信（五十八歳）も風病の治療と称して同道している。斉信の行動について実資は「齢は耳順（六十歳）に及び、左右を思慮し、追従すること甚だ切欤」と批評している。十五日間に及ぶものであった（『小右記』十月二十四・二十五日、十一月九日条）。このとき道長は、持病といえるほどに悩まされることが多い風病を患っていたものであろうか、効果があるとされた湯浴治療のための有馬行きであったようだ。帰京してほどなく今度は長谷寺へ赴いて七日間の参籠を行っている（『小右記』十一月十六日条）。

3　最晩年の悲劇

嬉子の懐妊と功績

万寿二年（一〇二五）の春、倫子腹の四女で時の東宮敦良親王（十七歳）に入っていた嬉子（十九歳）は、懐妊して梅壺（東宮の御在所）から一条院別納に退出し、一カ月後には土御門第の東の対に遷った（『小右記』三月十一日、『左経記』四月十六日条）。やがて行啓してきた東宮は、母の太皇太后彰子と寝殿において対面し、ついで東の対へ渡って身重の妻と対面した。随伴の殿上人らは女房たちが居並ぶ御簾ぎわを通る際に恥ずかしくて汗が流れ赤面したという。ふっくらとしたお腹、二藍のお召し物から透けて見える胸や乳の辺りが人工的な造作のようで美しく可憐な感じがし、腹帯もはっきり見える容姿、それを東宮に見られるのが恥ずかしくて打ち解けられないでいる嬉子、そして東宮までもが恥ずかしく思うのであった。女性がもっとも耀いてみえる年ごろであり、さもありなんと思う。こういう描写は貴族の男日記には書かれないので興味をそそる。風病で外出を控えている道長も邸内ゆえに嬉子のところへ渡ってはなにかと慰める。東宮は十日ほど滞在して還啓された（『左経記』六月二十五日、七月三日条、『栄花物語』巻第二十五）。

出産のせまった嬉子は赤斑瘡を煩ったため修法を止めて加持に切りかえたが、思わしくなかった（『小右記』七月二十九日、八月一日条）。「今年は懐妊した女性が早産となりお産がうまくいってない」という状況を殊のほか心配し、うろたえる道長である。当の嬉子は瘡《かさ》が乾いて治癒に向かったが、大声をあげて騒ぐ物の怪（藤原顕光・延子父娘の霊）に苦しめられ、御修法や御読経に余念がないものの効き目が思わしくない。そんな状況のなか嬉子は土御門第の東の対において無事に皇子を出産するのである。

産時を陰陽師の安倍吉平は午の時、賀茂守道は辰の時と占申したが、それよりもかなり遅れて、生まれたのは酉の時であった。それは女房が召した陰陽師中原恒盛の占申のとおりとなり、吉平・守道の二人に占勝したことで禄を給わっている。恒盛は男子であることも占申していた。この出産は難産であったため皆が嘆息し、母の倫子は雨のような涙を流して悲しんだという（『小右記』八月三・四日条、『栄花物語』巻第二十五・二十六）。

三・五・七夜の御産養は関白・道長・太皇太后が主催者となって催すなど道長一家は悦びのなかにあったが、嬉子はひどく欠伸《あくび》をし苦しそうにされるので、道長は僧などを遠ざけていたため物の怪が取り憑いたのだろう、と多くの僧を呼んで読経をさせた。しかし苦しみは増すばかり、道長は御帳の中に入って子供に対してするように添い寝して泣きながら抱いていたといい、その場を立ち去った後は臥せってしまったという。嬉子は蚊の鳴くような声をだし、御帳の周りにいる多くの僧俗は「観音」の名を口にして祈るばかり。母の倫子は嬉子を抱きすくめ、丸く折り重なって正体なく臥せっていたという。薬湯も受けつけなくなった嬉子は、やがて消え入るように十九歳の生涯を閉じた。薄手の白い衣装を着けて腹帯はしたまま、硬く張ったかわいい乳、長い黒髪はゆるく結んで枕もとに置いている、その姿は寝ているようであったという。

これは『栄花物語』(巻第二十六)の伝えるところだが、『小右記』八月五日条には「未の時ばかりより鬼籙に入るが如し、遂に以て入滅す」(『左経記』は「申剋」)とある。嬉子の他界は皇子出産から二日後のことであった。翌日に土御門第を訪れた実資は、悲泣状態にある道長夫婦・頼通・教通のことを耳にして会うことを取り止めている。

その日に造棺のことがあり、夜遅くなって遺骸を棺に納めたが、その際に小式部の乳母(藤原泰通の妻)が沐浴させて身体を清め、道長夫婦は、「われらを見捨てて何処へ」、と言って泣くばかりで入棺のおりには見ることができず、東の対を出る時には道長は正体ない様子であったという。その後、遺骸を吉方に当たる七百メートルほど南の法興院(京外)に移送し、道長、頼通、教通をはじめ明子腹の男子や卿相らが付き従っている。道長は、法成寺に居ると亡き嬉子のことを思い出すので近くには住みたくなく、北山の辺り(「長谷・石蔵・普門寺間歟」)に隠居したい、と親しい人に漏らし、嬉子が蘇生した夢を見るほどであった(『小右記』八月六〜九・十二日条、『左経記』八月五・六日条、『栄花物語』巻二十六)。

法興院から石陰《いわかげ》(船岡の西野)への葬送には道長と教通・頼宗・能信ほか五、六名の道長家に近い公卿が歩行で従ったが、太皇太后以下の宮たちは道長の命で行かなかった。また関白頼通は衰日により顔を見せていない。導師を天台座主の僧正院源、呪願を権僧正の慶命が務めたが、天台座主が凶礼に関わった例はなく、任務で参列した四十人余りの官人たちは当色(通常服)、というぐあいに「作法はなはだ猛し」という状態であった。

茶毘に付された遺骨は、故人の乳母子の藤原範基が頸に懸け、浄妙寺別当（『小右記』治安三年十一月二十九日条には「木幡別当」とある）の定基が付き添って木幡の墓地に向かったが、途中から騎馬にしたのは奇怪という（『小右記』『左経記』八月十五・十六日条）。なお『栄花物語』（巻第二十六）には「木幡へは別当僧都、播磨守泰通（前出の故人の乳母夫）」とあって範基の記載はない。道長は嬉子の彼岸への旅立ちを案じて「かの世にはわれよりほかの親やあらむ　さてだに思ふ人を聞かばや」と詠んでいる。あの世では私ほど尚侍を愛する親がいるだろうか、聞きたいものだ、と。

二カ月後のこと、頼通以下四人の子息と参内した道長は、登華殿を通り過ぎる際に「涕泣雨の如く」とあるが（『小右記』十月十二日条）、そこは生前の嬉子の居所であったから思わず込みあげたのであろう。

疱瘡や邪気に悩まされながら最後の力をふりしぼっての出産ゆえに嬉子の生命はすでに尽きていたといってよい。そして、この出産が道長家に大きな効果をもたらすことになった。誕生した若宮は親仁親王と命名され、藤原頼成（村上天皇皇子の具平親王息で藤原伊祐の養子〈『尊卑分脈』第三篇〉）の妻となっていた道長家司、藤原惟憲の娘（『尊卑分脈』第二篇）が乳母となり、太皇太后彰子が養育することになった（『栄花物語』巻第二十六）。親王は、二十一歳で即位して後冷泉天皇となって四半世紀近い帝位を保ち、頼通の半世紀に及ぶ摂関に大きく貢献した。姉の威子も叔母と甥の結婚であったが、そこには皇子の誕生をみなかったから嬉子の功績は大きかった。道長の意思に従った彼女たちは、お家のための犠牲者といっても過言ではない。

相つぐ娘の死

嬉子の死の直前に小一条院妃で明子腹の寛子（二十代後半）が他界しているので、一カ月ほどの間に二人の娘に先立たれた道長の悲しみはいかばかりであったか、察するに余りある。危篤状態にある寛子を見舞った道長に「何をお考えですか」と尋ねられると「小一条院に圧迫を加えて東宮を辞めさせたことを辛く思い、その派生で延子と顕光が生前の怨みを晴らそうと物の怪となって取り憑き、私が死を迎えることになった」と言って父を怨む涙の寛子である。このころ風病に悩む道長は「いつまでも傍にいてあげたいが、嬉子のご懐妊があるので」と言って帰ってしまう（『栄花物語』巻第二十五）。寛子の悲しみを受け止めながらも一方では、やがて生まれてくる孫への期待に意欲を燃やす道長である。

寛子は「年来、霊気を煩って水気を摂らなくなって数カ月に及ぶ」とあって出家してほどなく他界しているが（『左経記』七月八・九日条、『栄花物語』巻第二十五）、小一条院にとっては母の娍子（五十四歳）を失って三カ月後のことであり悲嘆は大きかった。娍子と寛子の死因は藤原顕光と娘の延子（小一条院妃）が連れ立って物の怪となって取り憑いたものという。寛子の同母妹の尊子（源師房〈具平親王の子で頼通の養子〉の妻）も顕光らの物の怪に悩まされたというから（『栄花物語』巻第二十四・二十五、『小右記』三月十八日・八月八日条）彼らの執念には驚く。折りしも旱魃が続き赤班瘡（疱瘡）が全国的に流行して多数の死者がでており、

今年は赤裳瘡といふもの出で来て、上中下分かず病みののしるに、初めのたび病まぬ人のこのたび

病むなりけり。内、東宮も中宮も、督の殿など、皆病ませたまふべき御年どもにておはしませば、いと恐ろしういかにいかにと思しめさる。

とあって（『栄花物語』巻第二十五）、天皇（八月十二日に罷り十六日に治癒している〈『小右記』〉）、敦良親王・威子・嬉子も罹り、道長の不安は計り知れないものがあったろう。実資をして「誠にこれ凶年」と言わしめている（『小右記』七月二十七日条以下、『左経記』八月二日条）。

前に触れたように道長は亡き嬉子のために法成寺に三昧堂を建立したが、そこに安置された銀の仏像は嬉子の七七日（四十九日）法会を法成寺の阿弥陀堂において営んだ際に安置された二尺の金銀阿弥陀如来像で、生前に嬉子が用いていた食器で造ったものであった（『小右記』『左経記』九月二十一日、十一月十二日条、『栄花物語』巻第二十七）。

還暦と彰子の落飾

この年に道長は還暦を迎えているのに祝事の記述は見あたらず、ただ『千載和歌集』（巻第十六　雑歌上〈後白河法皇の命で藤原俊成撰、十二世紀末〉）に採られている次の歌からそのことが判る。

上東門院より六十賀行ひ給ひける時よみ侍り　　法成寺入道前太政大臣

数へ知る人なかりせば奥山の　谷の松とや年をつままし

（数えてそれと知る人〔女院〕がいなかったならば、私は奥山の谷の松のように人に知られることなく徒らに年

を積んだことでしょうか。〈久保田淳校注の岩波文庫本による〉)

娘の太皇太后が道長の六十の祝賀を主催したようであるが、『小右記』や『左経記』などにその記載はない。道長らしくない詠いぶりであるが、娘たちの死や病の流行などでそれどころではなかったのかもしれない。

年が明けた正月に太皇太后彰子(三十九歳)は土御門第(上東門第、京極殿)において出家し、御所に因んで女院号を上東門院とし、別当以下の官人が任命された(『左経記』万寿三年正月十七・十九日条、『栄花物語』巻第二十七)。関白左大臣の頼通は姉の女院号について右大臣藤原実資に意見を求め、実資は女院の嚆矢となった正暦二年の藤原詮子(東三条院)の例を教示した。頼通から指示を仰がれた道長は大筋では了承し、官人のことなどで二、三の意見を述べている。当日は東三条院の例に准じて行われ、出家の儀は天台座主の院源僧正を戒師として夜の十時に挙行された。涙なみだの道長である。この日に六人の女房も出家した。

中宮の出産　中宮威子(二十八歳)が結婚から八年目にしてようやく懐妊した。時に夫の後一条天皇は十九歳、結婚から懐妊までの年数は夫の成長も一因か。産所は安倍吉平の卜定によって中納言藤原兼隆の大炊御門第〈洞院家〉と決まり、そのために兼隆は故藤原娍子の三条宮へ移り、中宮を迎えるために自邸を造作している(『左経記』六月十七日条、『栄花物語』巻第二十七)。また、この邸の寝殿において安産祈願を期して等身の二十七仏を造っているが、それは釈迦・普賢・文殊・

七仏薬師・六観音・五大尊・六天の諸像で、造作には法橋定朝率いる仏師たちがあたった。そのために道長は御仏料として砂金百六十余両ほかを準備している。いっぽう天台座主の院源をして薬師供を修させたのをはじめ叡山の延暦寺・釈迦堂・横川中堂、法成寺、金峯山、東大寺、興福寺、石清水・賀茂・祇園・北野・大原野・春日・住吉社などの寺社で出産に到るまで安産祈願の読経を行わせている（『左経記』八月八・十七日・二十七日、九月六日・八日条）。

九月に入ってすぐに中宮の行啓があり、道長も昼は法成寺の阿弥陀堂にいるけれど夜にはこの邸で過ごし、やがて倫子も渡ってきた（『左経記』九月二日条、『栄花物語』巻第二十八）。行啓から三カ月後、いよいよ産気づいた時に白御帳以下ご在所の装束を取り替え、昼になって無事に生まれた。とうぜん道長は皇子を期待したが、誕生したのは皇女（章子内親王）であった。しかし道長は妍子のときのような落胆ぶりはなく、「頗る本意に相違すと雖も、平安（安産）を以て悦びとなす」とあるように、物の怪が恐ろしかったのと嬉子のことがあったので安産で満足している。なお前日に主計助賀茂守道と野寺別当仲尹に占わせたところ前者は男子、後者は女子と答えている（『左経記』『日本紀略』十二月九日条、『栄花物語』巻第二十八）。

話は変わるが、道長家で法会があって公卿・殿上人や僧たちが饗饌に移っていたとき、大納言藤原能信は濫行におよんだ従者を無実と庇い、あろうことか兄の関白頼通に「頗る冷淡な詞」を吐いた。これに対して「関白大いに怒り罵辱尤も甚だし」とあり、道長は能信を追い立てたという（『小右記』七月八日条）。同じ道長の子でありながら明子腹は低い地位に甘んじていたので、日頃からの鬱積が爆発したのではなかろうか。その矛先が関白左大臣として時めく三歳上の異母兄に向けられたのであろう。そしてこの確執が能信を七十一歳の薨去まで四十五年間も権大納言に据え置くことにつながったといえなくもない。

この兄弟の不和は摂関家の弱体化に拍車をかけた。つまり能信は藤原氏と外戚関係にない後三条天皇の擁立に動き、東宮時代の尊仁親王に養女の茂子を入れた。茂子所生の皇子が、摂関政治に終止符をうち、上皇による政治——院政を創始した白河天皇である。能信は摂関家に対して意趣返しをしたことになるが、道長の死から六十年後のことである。

不吉な年明け

年が明けて万寿四年（一〇二七）は道長が彼岸へと旅立つ年となるが、正月早々に大火に見舞われた。正月三日、後一条天皇と東宮兄弟は母の居所の土御門第へ朝覲行幸・行啓され、中宮威子は皇女をつれて産所の大炊御門第から内裏へ還御しているが、火事はその日のことである。それも行幸列が大宮大路を北上して土御門大路を東へ堀川小路辺にさしかかった時に東南方向の火事を目撃している。火は中御門富小路から南は三条大路まで南北一キロ余りに及んでおり、官人や天台座主ら高僧の車宿など千余家が被災している。火は法興院にも移って多くの経典などの寺宝も焼失し、道長にとっては大きな痛手であった。折りからの風が火事を大きくしたが、「今日の風は災風と謂うべきや」とは実資の弁である（『小右記』『日本紀略』『扶桑略記』正月三日条、『栄花物語』巻第二十八）。

翌月にも右近衛府と図書寮の倉や雑舎が焼け、群盗が女官の衣類を剝ぎ取り、内蔵寮の近くでは殺人事件が起きたりしている。いずれも平安宮内のこと、まことに物騒な年明けとなった（『小右記』『日本紀略』二月二十七・二十八日条）。

道長は政権の座を関白頼通に譲っているものの頂点にあるという認識は自他ともにあり、人災も上に立つ人の責任と考えられた当時であったから、心を痛めたことであろう。くわえて昵懇にしていた妻明子の兄の源俊賢（六十八歳）が他界し、そして痛恨の極みはなんといっても二人の子供に先立たれたことである。

五月に入って子息でただ一人僧籍に入っていた明子腹の顕信が叡山の無動寺において三十四歳の若さで他界した（『小右記』五月十五日条）。顕信が十九歳で出家を遂げたとき道長は心を痛め、比叡山にまで登って住房の手配をし、戒師をつとめた慶命僧都に諸々のことを頼んだことなどについては前に述べた。顕信は出家の三年後に無動寺から大原に移っていたが（『御堂関白記』長和三年八月九日条）、食事を受けつけなくなって死期を悟り、根本中堂に二週間籠もり、無動寺に入って亡くなった（『栄花物語』巻第二十九）。顕信は僧としての十五年間を「仏の如くして行はせたまふ」、道心堅固に仏道修行に専念したとあるが（『大鏡』第五）、許されることなら道長がしたかったことではなかったか。ひょっとして顕信には出世にあくせくする貴族社会への反発があったのかもしれない。

その月初めに道長は法成寺において等身の不動明王百躰仏や丈六の阿弥陀如来（いずれも絵像）を供養し、翌日には観無量寿経の不断読経を行っているが（『小右記』五月三・五日条）、いよいよ彼岸への旅立ちを意識しだしたか。このような造仏や仏事は、これ以降に多くなる。

妍子の死

晩春に娘の禎子内親王（十五歳、後の陽明門院）が東宮敦良親王（十九歳）に入内（従兄妹同士の結婚）した当日の皇太后妍子は、元気な様子で母の倫子と物語などして夜を明かしたが（『小右記』三月二十三日条、『栄花物語』巻第二十八）、この前後からすでに病気がちではあった。「悩気御す、御膳を聞こし食さず、枯瘍殊に甚だしい」とあり、悩みが重くなった一週間後には御読経と御修法を始めている（『小右記』四月十四・二十日条）。『栄花物語』（巻第二十八・二十九）によれば、陰陽師賀茂守道《もりみち》に占わせたところ氏神の祟りと出たのでお祓いをし、日を限っての御修法を行う。また取り憑いている物の怪が故左大臣藤原顕光と女御延子父娘と判り必死で加持をする。道長も枇杷殿へ頻繁に足を運んでいる。

手を尽くしての対処も効なく、八月中旬の夜に皇太后は居所の枇杷殿から「偏に仏力を恃ん」で法成寺へ渡っている。しかし御悩は日を追って重くなるばかり、身体が腫れて心も尋常でなくなり、宿曜師の証照に勘申させたところ「御慎み殊に重し、来月十四日に至り御厄恐るべし、御悩み明年九月に及ぶべし」と出た。恐ろしいことに宿曜師の言は的中し、一年先云々は当たらなかった。衰弱していく皇太后に対して、もはや御修法と御読経に頼るほかなす術はなく、弟の教通が「十分の九、憑《たの》む所なし」と吐露するほどに容態は悪化していった（『小右記』八月十三・二十八・三十日、九月四日条）。

九月に入って皇太后は法成寺を出て「今南」第に遷った（『小右記』九月五〜七日条、『栄花物語』巻第二十九）。本人は「生くとも死ぬとも」ぜひ枇杷殿でと望んだが、道長は「発病したところへ戻ってよいものか」といって今南殿の寝殿の東側の部屋に移したのである。この邸と法成寺とは距離がきわめて近かったので行啓に供奉の人々は歩行であった。そもそもこの邸には五カ月前に新造して母の倫子が移り住んでいたのである（『小右記』四月十日条）。

移住して一週間後、危篤状態に陥った皇太后は出家して直ちに崩じた。まだ陽が高い午後のことで、傍らで見守っていた道長や関白以下の兄弟たちは哀泣するばかり、倫子は正気を失って臥せっていたという（『小右記』九月十四日条、『栄花物語』巻第二十九）。

御葬送は二日後の夜に行われた。その場所は「大谷寺北、粟田口南」とあり、これは陰陽師の賀茂守道が「祇園の東、大谷と申して広き野はべり」と勘申したところであり、今日の東山の東大谷の辺りか。そこまで道長は徒歩で遺骸について行ったという。夜明け方には荼毘も済んで、そこからは皇太后権亮の藤原頼任が遺骨を携えて木幡の墓地に向かった（『小右記』九月十七日条、『栄花物語』巻第二十九）。

皇太后妍子の享年は顕信と同年であり、倫子と明子は同じ年に道長の子を出産していたのであった。

病魔に苛まれ

わずか二年ほどの間に四人の子女に先立たれた道長ではあるが、「この乱れ心地の去年よりはいみじう苦しうさぶらへば」と妍子に吐露したように（『栄花物語』巻第二十八）自身の身体も前年から病魔に蝕まれていたのである。頼通は賀茂祭の前日の関白賀茂詣を父の病を理由に停止しているし、妍子の病が重くなった頃の道長は飲食を受けつけず、「無力殊に甚だし」い状態であった（『小右記』四月十三日、六月四日条）。

その後、回復したり病んだりをくり返し、初冬には「御病危急、遂に以て入滅」「御心地堪え難きの気色あり、痢病」などとあり（『小右記』十月五・二十八日条）、死の一カ月ほど前の道長は生と死の間を行き来する状態に陥っている。赤痢のような下痢の症状が強かったようで、中宮が法成寺に見舞った二日後には危険な状態となり、臥せながら汚穢（糞尿）した。数日後には非常赦を行い、度者千人を賜い、当人は沐浴して念仏を唱え、その声を聞いた人たちは入滅したと思ったという。翌日には太皇太后彰子が百口僧による寿命経の読経を行っている（『日本紀略』十一月八日、『小右記』十一月十・十三・十四日条）。

病状は悪化の一途をたどり「禅室（道長）いよいよ以て力なく、痢病数なし。飲食すでに絶ゆ。……無力殊に甚だしく、痢病度なし。また背の腫物発動するも医療を受けず。左右危多し」（『小右記』十一月二十一日条）と頻発する下痢に加えて背中の腫瘍に苦しんでいる。死の二週間前のことである。関白は「心身不覚、酔人の如し」と衝撃は隠せず、「未の刻ばかり禅室入滅」との誤報を耳にして多くの人が馳せ参じるという一幕もあった。その日に車を飛ばして法成寺に駆けつけた藤原実資は、出会った関白について「涕泣雨の如し」と記し、道長の症状を以下のように伝えている。

禅閤（道長）振り迷い給う。上下時到る由を存じ、遠近に馳せ告ぐと云々。相成云う、背の瘡その勢乳坑に及び、彼の毒気腹中に入る。或は頸を振らる従わざる事なり、といえり。

震えを伴うようになった道長を周囲の人たちは、いよいよ最後かと思うようになり、方々に知らせを走らせたようだ。医師の和気相成は、背中の腫れ物の毒が腹中に回ってそれが震えを引き起こしていると診断している。その夜半に道長は天台座主心誉《しんよ》のすすめにより阿弥陀堂の正面の間に移り、六尺の屏風を周囲に立てて人が近づけないようにし、金色に耀く九躰の阿弥陀如来像と対峙することになった（『小右記』十一月二十四・二十五日条）。

翌日には後一条天皇が危篤の祖父を見舞って法成寺へ行幸、三日後には皇太弟敦良親王が行啓されたが、いずれも長居をせずに還御している（『小右記』二十六・二十九日条）。行幸の日の道長は袈裟姿で脇息に寄りかかって面会したが、天皇が涙ながらに「何かお望みになるものはありますか」と尋ねると「この世に思い残すことは何もありません」と切りだして、後見や行幸について前例を挙げながら自分は幸せもの、と語ったと『栄花物語』（巻第三十）にはあるが、そんなゆとりがあったとも思えない。東宮行啓の日には、人魂が道長の身体からぬけ出して浮遊したので賀茂守道をして招魂祭を行っている（『小右記』十一月三十日条）。いずれも死者と結びついた事柄ゆえ道長もそのように扱われていた可能性がある。

『栄花物語』（巻第三十）によると、関白が父の病気平癒を願って御祈禱や御修法を行おうとすると、道長は「それは無用なこと、そんなことをしたら恨みますぞ、それは私を悪道に落とすことに等しい、ただ念仏だけを聞いていよう」と語ったという。子女たちの重病の時には加持祈禱に頼るところ大きかった道長がどうしたことか。『栄花物語』は物の怪がそう言わせていると説くが、想うに道長は、金色の九躰の阿弥陀如来像と向き合っているうちに加持祈禱から極楽往生の念仏へ、と心境の変化があったのではなかろうか。それに自分の死期を覚っていたのかもしれない。

臨終を迎えて

十一月中旬以降の道長は食を受けつけず、苦しみは増して衰弱も大きく、限界にきていた。そこへもって背中の腫れ物が悪化し、医師の丹波忠明が背中の腫れ物に針を刺したところ膿汁と血が少し出たが、道長は悲痛な声をあげ苦しそうにし、死期も迫っていると周囲は思ったという。死の二日前のことだ（『小右記』十二月二日条）。この治療はもっと早くに予定していたが、日が悪いので四日にしてもよい、ただ治癒は望めない、と召集をうけて参入した和気相成は診断し、それゆえに延期を申したという。また子息の能信は、あと二、三日も難しいと語っている（『小右記』十一月三十日）。

死の前日の午後に「已に入滅すと云々」の報に接した実資が、使いをだして様子を尋ねたところ、事実のようであり、ただ胸もとは暖かく頭だけは揺れ動いているが、「そのほか凴みなし」ということだった。そして道長が息を引き取ったのは翌日の寅の時つまり早暁のことであった（『小右記』十二月三・四日条）。奇しくも享年は父と同じ六十二歳であった。

因みに藤原行成も同じ日に五十六歳で薨じているが、月初めから体調を崩し、便所へ向かう時に転倒して逝去したといい、一言も発することなく頓死のようであったという（『小右記』十二月五日条）。よほど打ち所が悪かったのであろう。政治家として、また娘の後宮入りに関して、道長の栄華形成に行成ほど協力的な公卿も少ないが、行成は人生の終着点まで道長に迎合している。よほど付き合いのよい男といえよう。

苦しみ喘ぎのなかでの悶絶死、これが道長の死の実態であろう。それにくらべ『栄花物語』（巻第三十）では、

すべて臨終念仏思しつづけさせたまふ。（中略）御目には弥陀如来の相好を見たてまつらせたまひ、御耳にはかう尊き念仏を聞しめし、御心には極楽を思しめしやりて御手には弥陀如来の御手の糸をひかへさせたまひて、北枕に西向きに臥させたまへり。

と穏やかな語りである。立て回した屛風の西面だけを開けその西に対峙する九躰の阿弥陀如来像の御手から引いた糸を握り締めながら静かに彼岸へと旅立ったとする。臨終に際してのこの描写は作者によって美化された賜物といってよい。

赤染衛門を作者と見なす説が有力な『栄花物語』の正編（三十巻まで）は道長の死をもって終わるが、その終わり方は美しくなければならぬであろう。自らは源倫子に出仕し、夫の大江匡衡が道長の庇護下にあったことなどに思いを致すとき、『栄花物語』の著述の方法が道長家讃歌に傾斜するのは無理からぬことといってよい。その正編の成立は長元年間（一〇二八〜三七）といわれる。

葬送と埋骨

道長の遺骸は翌日の子の刻に入棺され、七日には鳥辺野で荼毘に付された。導師は出家の際に戒師を務めた天台座主の院源が務めた。葬送の日は早朝から夜まで雪が降り続いて参列者の衣装を真っ白にし、悲しさを助長していた。荼毘のあと早暁に卿相と僧らによって拾

骨があり、瓶《かめ》に入れられた遺骨は、権左中弁藤原章信が頸に懸けて木幡の藤原氏の墓地へと運んだ。慣例に従って故人の近親者は赴かず、家司や僧らが従った（『小右記』十二月五・七・八日条、『栄花物語』巻第三十）。

鳥辺野での火葬後も雪は降り止まなかったようで、それは次の一首（『後拾遺和歌集』巻第十、哀傷）からもうかがえる。

入道前太政大臣の葬送の朝《あした》に、人、まかり帰るに、雪の降りて侍りければ、よみ侍りける

法橋忠命

薪尽き雪降りしける鳥辺野は　鶴の林の心地こそすれ

『栄花物語』では歌の初句が「煙絶え」となっているが、要するに火葬後の風景を云々しているわけで意味は変わらない。『栄花物語』巻第三十の巻名にもなった「鶴の林」とは、釈迦入滅の折に沙羅双樹の林が鶴のように白く変色したという故事に因んでいる。

道長は多くの財産を遺して逝ったが、その財産処分には関白頼通が中心となって当たった。領地や荘園などの不動産は四、五カ所を寄進し、残りは倫子の生存中はその所領とし、その後は法成寺へ、という道長の遺言に従うことにした。いっぽう絹・綾・糸・綿や種々の唐綾などは彰子・威子・禎子内親王（妍子の娘）や明子・尊子らに分かち、残りはすべて倫子に渡すことにしている。また献上さ

れた数多の馬は卿相や受領、僧らに分け与え、御装束は念仏僧、帯剱などは法成寺の蔵に収納し、雑物・荘園・牧など法成寺に寄進された残りを院宮や卿相らに配分している（『栄花物語』巻第三十、『左経記』長元元年正月十六・二十六日、四月八日、十二月二十二日条）。

四十一年間つれ添った妻の倫子は二歳年上であったが、この先まだ四半世紀を生き長らえて卒寿で彼岸へ旅立つことになる。奇しくもその年には関白頼通による平等院鳳凰堂が完成している。

道長は法成寺の発展を強く望み、土御門第にいる彰子に高陽院に遷ってもらい、頼通が土御門第へ移り住み、隣接する法成寺の管理に目が届くよう「御堂をつねに見、沙汰せさせたまひ、修理をせさせたまへ」とたびたび話していたという（『栄花物語』巻第三十）。このことは『小右記』などで傍証できないが、道長の法成寺への強い思い入れが窺える。

その法成寺の阿弥陀堂において亡き道長の忌日法要が盛大に営まれたが（『小右記』十二月二十四・二十八日条）、大きな柱を失った関白頼通や倫子らは読経の声を耳にしながら将来への不安に心を砕いていたのではなかろうか。

道長の死から半年後の長元元年（一〇二八）、武蔵押領使の平忠常が下総国で反乱を起し、上総・安房両国をも占拠した。ほんらい暴徒を取り締まる立場の忠常が首謀者となって起こしたもので、忠常の乱として有名だ。朝廷では鎮圧のために征討軍を派遣したが成功せず、長元三年（一〇三〇）に源頼信が追討使となるや忠常は恭順を示して降伏し、乱は終結した。しかし、この忠常の乱は古代国家崩壊の兆しを暗示し、新時代の到来を呼び込むものであった。

道長の死後、一人歩きを余儀なくされた頼通は、一人娘の寛子（一〇三六〜一一二七）を後冷泉天皇に入れたが子がなく、養女嫄子を後朱雀天皇に入れたものの、そこには内親王しか生まれなかった。けっきょく頼通は、半世紀ものあいだ摂関の地位にありながら天皇家との外戚関係を構築できずに宇治に隠棲してしまう。半世紀という破格の長さの摂関は道長の努力の賜物に他ならなかった。

一条・三条・後一条天皇代に活躍した道長の最大の功績は、何といっても二重三重に手をうって天皇家との外戚関係の維持につとめたことに尽き、その結果が頼通の半世紀に及ぶ摂関を現出させた。そして制度としては明治初めまで続く摂関は、道長の後裔つまり御堂流に独占されるのである。

ついに大峯山寺参詣を実現

脱稿を間近にした二〇〇六年六月三・四日の両日を費やして念願の大峯山寺への参詣が叶った。一年前と、それ以前にも足を踏み入れているのは金峯神社までであったから大峯山寺への踏破は永年の課題であり、加えて数日前のテレビニュースで「藤原道長の奉納した灯明皿が大量出土」と報じられていた。そこへ知人からの誘い、これは行くしかないと決意し、京都の山本講のメンバーに加えてもらい、地図などで援助ねがった同僚の天野太郎氏を誘っての参加となった。

道長時代も含め修験者らのルートは、金峯神社を経て青根ヶ峰（八五八メートル）を越え山上ヶ岳（一七一九メートル）の大峯山寺へ向かう大峯奥駆道であり（終着点は紀伊国の熊野）、金峯神社からは約二十五キロの道程である。これは時間もかかり大変で、こんにち一般には洞川《どろがわ》温泉を起点にして山上ヶ岳を目ざす。

その日は好天に恵まれ、京都からバスで三時間余りで宿に到着して昼食をとり、身支度をして昼前に出発、「従是女人結界」を通って峯入りした。距離にして十キロほどだが山道ゆえに厳しい。にもかかわらず大勢の参詣者がいて会う人ごとに「ようお参り」と声を掛けあって行く。金剛杖を手にした山伏姿の人が目を引き、中に法螺貝を手にしている人もいる。時おり彼らが吹く音が山間にこだまする。道々には地名と講名、年月日とともに「大峰修行五十度供養塔」などと書かれた大きな石柱群が目に入る。これが示すように参詣者のほとんどが講を結成して臨んでいるのである。われわれは「京都　山本講」と書かれた日本手拭を鉢巻にして、何カ所かの行場を巡り、西の覗きを体験したが、それは恐ろしかった。命綱をつけているとはいえ、身体半分ほどを突き出され、生きた心地はなかった。私の手拭には「大峯山西之覗荒行済」の赤印が押されている。

途中休憩を入れて四時間ほどで山頂の大峯山寺へ到着、本堂（十七世紀末、重文）の前に立った時の充実感は格別で、入り組んだ峰が重なりあうようにして眼下にあり、雲ひとつない午後の陽光に照らされて眩しかった。そして思った、道長はほんとうに大峯山寺まで来ているのだろうか、と。それほどに難行であった。グループの中に途中の分岐点から吉野の金峯神社の方へ降りた経験者がいて、若い時だからできたが、今ならとても行けそうにない、と漏らしていた。わたしたちが麓に辿り着いた頃には夕陽が西山に沈みかけていた。

参考文献

本文に引用の文献ならびに道長に関する主要著書・論文〈年代順〉

林屋辰三郎「藤原道長の浄妙寺について」(『古代国家の解体』東京大学出版会、一九五五年、初出は一九四一年)

家永三郎「法成寺の創建に関する文献」「法成寺の創建」(『上代仏教思想史研究』畝傍書房、一九四二年)

服部敏良『平安時代医学の研究』桑名文星堂、一九五五年

山中裕「藤原道長とその時代」(『歴史教育』第十二巻六号〈一九六四年〉、『平安人物志』〈東京大学出版会、一九七四年〉に再録)

佐藤虎雄「摂関時代の御嶽詣」(古代学協会編『摂関時代史の研究』吉川弘文館、一九六五年)

竹内理三「『この世をば』の歌を日記に書きとめなかった藤原道長」(日本古典文学大系『栄花物語下』月報、岩波書店、一九六五年)

角田文衞「道長と紫式部」(『古代文化』第十四巻第三・四号、一九六五年、角田文衞著作集7『紫式部の世界』〈法蔵館、一九八四年〉に再録)

角田文衞「紫式部と藤原保昌」(『古代文化』第十五巻第一号、一九六五年、角田文衞著作集7『紫式部の世界』に再録)

角田文衞「土御門殿と紫式部」(『紫式部の身辺』古代学協会、一九六五年、角田文衞著作集7『紫式部の世界』に再録)

山中裕「藤原道長・頼通父子」（竹内理三編『平安王朝――その実力者たち』人物往来社、一九六五年）
今井源衛『紫式部』〈人物叢書〉吉川弘文館、一九六六年
土田直鎮「藤原道長」（川崎庸之編『人物・日本の歴史③王朝の落日』読売新聞社、一九六六年）
角田文衛「紫式部の本名」（『紫式部とその時代』角川書店、一九六六年、角田文衛著作集7『紫式部の世界』に再録）
春名好重「御堂関白道長」（『墨美』第一六〇号、一九六六年）
清水好子「藤原道長」（『中古文学』創刊号、一九六七年）
滝川政次郎「事発日記と問注所――庁例における証拠法の発達」（『律令諸制及び令外官の研究』角川書店、一九六七年）
光島民子「御堂関白記の一考察――文人道長を中心として」（『女子大国文』第四十六号、一九六七年）
今井源衛『花山院の生涯』桜楓社、一九六八年
杉山信三「法成寺について」（『藤原氏の氏寺とその院家』『奈良国立文化財研究所学報』第十九冊、一九六八年、『院家建築の研究』〈吉川弘文館、一九八一年〉に再録）
村井康彦『平安貴族の世界』徳間書店、一九六八年
山中裕「大鏡の藤原道長批判」（『文学』第三十五号、一九六八年）
朧谷『源頼光』〈人物叢書〉吉川弘文館、一九六八年
赤木志津子『御堂関白　藤原道長』秀英出版、一九六九年
角田文衛「皇后定子の二条の宮」（『古代学』第十五巻第四号、一九六九年、角田文衛著作集4『王朝文化の諸相』〈法蔵館、一九八四年〉に再録）
北山茂夫『藤原道長』〈岩波新書〉岩波書店、一九七〇年

北山茂夫『王朝政治史論』岩波書店、一九七〇年
中村匡男『道長の栄華』評論社、一九七〇年
山中裕「『御堂関白記』の藤原道長」（高橋隆三先生喜寿記念会編『古記録の研究』続群書類従完成会、一九七〇年、『平安人物志』〈東京大学出版会、一九七四年〉に再録）
山本信吉「法華八講と道長の三十講」（『仏教芸術』七十七・七十八号、一九七〇年、『摂関政治史論考』〈吉川弘文館、二〇〇三年〉に再録）
米田雄介「日次記に非ざる「日記」について――『平安遺文』を中心に」（高橋隆三先生喜寿記念会編『古記録の研究』、『摂関制の成立と展開』〈吉川弘文館、二〇〇六年〉に再録）
朧谷「大和守源頼親伝」（『古代学』第十七巻第二号、一九七〇年）
井上光貞「天台浄土教と王朝貴族社会」（『日本古代の国家と仏教』岩波書店、一九七一年）
杉崎重遠「里内裏としての一条院」（『国文学研究』第四十三号、一九七一年、朧谷寿・加納重文・高橋康夫編『平安京の邸第』〈望稜社、一九八七年〉に再録）
黒板伸夫「藤原道長の一条第」（『国学史』八十四号、一九七一年、『摂関時代氏論集』〈吉川弘文館、一九八〇年〉・朧谷寿・加納重文・高橋康夫編『平安京の邸第』に再録）
清水好子『紫式部』〈岩波新書〉岩波書店、一九七三年
藤沢袈裟雄「藤原道長と大鏡――道長、伊周の権力闘争を中心に」（『国学院雑誌』六十四巻二号、一九七三年）
福井俊彦「道長政権と坊官・宮司――その基礎的考察」（森克己博士古稀記念会編『史学論集対外関係と政治文化 第二』吉川弘文館、一九七四年）
服部敏良『王朝貴族の病状診断』吉川弘文館、一九七五年
山本信吉「一上考」（『国史学』九十六号、一九七五年、『摂関政治史論考』に再録）

阿部猛『摂関政治』教育社、一九七七年
朧谷「平安京六角堂の歴史」(古代学協会編『平安京跡研究調査報告』二、一九七七年)
森田悌『受領』教育社、一九七八年
平岡定海「藤原氏の氏寺と天台宗の進出について――法性寺と法成寺について」(『大手前女子大学論集』第十二号、一九七八年、『日本寺院史の研究』〈吉川弘文館、一九八一年〉に再録)
藤本佳男「摂関貴族と浄土教――藤原道長における宗教的主体の成立をめぐって」(二葉憲香編『国家と仏教』永田文昌堂、一九七九年)
『奈良県の地名』〈『日本歴史地名体系』三十〉、平凡社、一九八一年
朧谷「藤原頼通の高陽院」(山中裕編『平安時代の歴史と文学――歴史編』吉川弘文館、一九八一年、朧谷寿・加納重文・高橋康夫編『平安京の邸第』・『平安貴族と邸第』〈吉川弘文館、二〇〇〇年〉に再録)
田中嗣人「仏所の形成と仏師康尚」「定朝と定朝様式」(『日本古代仏師の研究』吉川弘文館、一九八三年)
朧谷『清和源氏』〈歴史新書〉教育社、一九八四年
松薗斉「日記の家」(『九州史学』第八十四号、一九八五年、『日記の家』〈吉川弘文館、一九九七年〉に再録)
濱田隆「藤原道長の御岳詣」(『仏教芸術』第一六八号、一九八六年)
清水擴「法成寺の伽藍とその性格」(『日本建築学会計画系論文報告集』第三六三号、一九八六年、『平安時代仏教建築史の研究――浄土教建築を中心に』〈中央公論美術出版、一九九二年〉に「法成寺伽藍の構成と性格」として再録)
朧谷「大宮人の遊び――王朝期の蹴鞠」(同志社女子大学総合文化研究所編『学術研究年報』第三十八巻Ⅳ、一九八七年)
加納重文「『大鏡』兼通伝の周辺」(『女子大国文』第一〇三号、一九八八年)

首藤善樹『金峯山』金峯山寺、一九八八年
山中裕『藤原道長』〈歴史新書〉教育社、一九八八年
池浩三「藤原道長の土御門殿」(『源氏物語――その住まいの世界』中央公論美術出版、一九八九年)
目崎徳衛「藤原道長における和歌」(山中裕編『摂関時代と古記録』吉川弘文館、一九九一年)
元木泰雄「三条朝の藤原道長――摂関政治の一側面」(上田正昭編『古代の日本と東アジア』小学館、一九九一年、これを大幅に改稿して『院政期政治史研究』〈思文閣出版、一九九六年〉に再録)
朧谷「平安京――王朝の風景」(山中裕・鈴木一雄編『平安貴族の環境』『国文学解釈と鑑賞』別冊『平安時代の文学と生活』至文堂、一九九一年)
宇治市教育委員会『木幡浄妙寺跡発掘調査報告』宇治市、一九九二年
加納重文「寛弘までの道長――道長論前史」(『女子大国文』第一一六号、一九九四年)
黒板伸夫『藤原行成』吉川弘文館、一九九四年
大津透「道長の時代の一側面」(新編日本古典文学全集『栄花物語』①月報、小学館、一九九五年)
加納重文「藤原道長〈上〉〈下〉――『御堂関白記』管見」(『女子大国文』第一一七・一一八号、一九九五年)
加納重文「藤原道長の禁忌生活」(村井康彦編『公家と武家――その比較文明史的考察』思文閣出版、一九九五年)
三宅敏之「金峯山経塚の諸問題」(『山岳信仰』十六号、一九九五年)
松薗斉『日記の家』吉川弘文館、一九九七年
片山剛「『御堂関白記』の和歌」(『金蘭国文』創刊号、一九九七年)
佐々木恵介「小右記――藤原道長に対する評価・所感の調査」(『歴史物語講座』第七巻『時代と文化』風間書房、一九九八年)
吉川真司「摂関政治の転成」「平安時代における女房の存在形態」(『律令官僚制の研究』一九九八年、初出は一九

九五年）
服藤早苗『平安朝　女性のライフサイクル』吉川弘文館、一九九八年
三橋正「藤原道長と仏教」（『駒澤短期大学仏教論集』第四号、一九九八年、『平安時代の信仰と宗教儀礼』〈続群書類従完成会、二〇〇〇年〉に再録）
上島享「藤原道長と院政——宗教と政治」（上横手雅敬編『中世公武権力の構造と展開』吉川弘文館、二〇〇一年）
上島享「中世王権の創出と院政」（網野善彦他編『古代天皇制を考える』〈日本の歴史8〉講談社、二〇〇一年）
大津透『道長と宮廷社会』〈日本の歴史6〉講談社、二〇〇一年
片山剛「藤原道長の和歌活動」〈上〉（『史聚』第三十四号、二〇〇一年）
片山剛「藤原道長の和歌活動」〈中〉（『金蘭短期大学研究誌』第三十二号、二〇〇一年）
谷部金次郎『昭和天皇と鰻茶漬』河出書房新社、二〇〇一年
松薗斉「王朝日記『発生』についての一試論」（『日本歴史』第六四三号、二〇〇一年）
朧谷『平安貴族の葬送の様態——平安時代の公卿の死・入棺・埋骨』自費出版、二〇〇一年
上原作和「ある紫式部伝——本名・藤原香子説再評価のために」（南波浩編『紫式部の方法——源氏物語・紫式部集・紫式部日記』笠間書院、二〇〇二年）
片山剛「藤原道長の和歌活動」〈下〉（『金蘭国文』第六号、二〇〇二年）
所功『菅原道真の実像』臨川書店、二〇〇二年
藤原克己『菅原道真——詩人の運命』ウェッジ、二〇〇二年
米田雄介『藤原摂関家の誕生』吉川弘文館、二〇〇二年
山本信吉『摂関政治史論考』吉川弘文館、二〇〇三年

倉本一宏『一条天皇』吉川弘文館、二〇〇三年
佐々木恵介『受領と地方社会』山川出版社、二〇〇四年
元木泰雄『源満仲・頼光』〈ミネルヴァ日本評伝選〉ミネルヴァ書房、二〇〇四年
西山良平『都市平安京』京都大学学術出版会、二〇〇四年
杉本宏「浄妙寺を発掘する」(『宇治遺跡群――藤原氏が残した平安王朝遺跡』同成社、二〇〇六年)
米田雄介『摂関制の成立と展開』吉川弘文館、二〇〇六年
校正の段階で繁田信一氏の『呪いの都　平安京――呪詛・呪術・陰陽師』(吉川弘文館)と『天皇たちの孤独』(角川学芸出版)が相次いで刊行(二〇〇六年九月と十二月)された。道長と関わる点もあり追記しておく。
活字・影印等で公刊されていないものについては『大日本史料』所載の記事などに依拠したものもある。

☆天皇以下の居所・行幸等に関して参照した文献

林屋辰三郎ほか編『京都の歴史　10巻――年表・事典』(学藝書林、一九七六年)所収の「皇居年表」
村井康彦編『京都事典』(東京堂出版、一九七九年)所収の「皇居年表」
橋本義彦「里内裏沿革考」(山中裕編『平安時代の歴史と文学――歴史編』吉川弘文館、一九八一年、『平安貴族』〈平凡社、一九八六年〉に再録)
太田静六「平安時代における里内裏の概観」(『寝殿造の研究』吉川弘文館、一九八七年)
詫間直樹編『皇居行幸年表』続群書類従完成会、一九九七年
なお、ここに掲載されずとも学恩を蒙った多くの文献のあることを明記し、ともに謝意を表するものである。

あとがき

「ミネルヴァ日本評伝選」の一冊として藤原道長の執筆の依頼を受けたのは二〇〇二年晩春のことである。単行本を含め藤原道長を主テーマとした研究成果は多く、それにどれほど新鮮味をだせるのか思い迷った。いっぽう私を俎上にのせ努力してみよ、と肩を押してくれた監修委員・編集委員の先生方への感謝の気持ちも強く、時間の猶予と原稿枚数にも裁量があって、かなり豊かに書き込めそうなので、このさい一から勉強しなおす気持ちで引き受けることにした。

そこで立てた方針は、道長と名のつく本は執筆の過程ではできるだけ見ないようにして、詳細な年表（『日本歴史年表――平安』〈筑摩書房〉、辻善之助『日本文化史年表上』〈春秋社〉、大日本古記録本『御堂関白記』下巻所収「藤原道長年譜」〈岩波書店〉）などと当時の日記を中心とする諸資料を座右に積み上げて、これらと格闘することにした。そうはいっても新出史料があるわけではなく既存の史料の解釈にも限界がある。譬えるなら同じ素材で料理を作るようなもので、料理下手な筆者には重い課題だ。そこで道長が生活した平安京、その千年後の京都に半世紀近く暮らしているという利点を生かして、地理上での追体験を大いに盛り込むなどして、異なった味付けを心がけてみた。

コピーした『御堂関白記』を鞄に忍ばせて持ち歩き、メモる日が続いた。長期に及ぶ中座もしばしばで、そのつど前へ戻っては記述を確認し、追記や削除など調整を行うといった繰り返しであった。それを可能にしたのはパソコンという文明の利器のおかげである。『御堂関白記』の難解な解釈では、すでに刊行されている部分については注釈書の恩恵に浴した。

いっぽう「歴史を動かしてきた個性を生き生きと甦らせる」という本シリーズの趣旨を脳裏においた結果、そういった面が現われにくい経済や制度に関わる部分の記述が抜け落ちた感は免れない。さらには、道長前史の部分は摂関の継承に伴う動向に焦点をおいて大きな流れを追うにとどめ、道長の生きた時代に関しては、政治や生活のほかに芸術・文化・宗教などにも視点を広げるように心がけた。ただ政治の一環と理解される儀式については、えてして説明がくどくなり話の流れが止まってしまう懸念もあったので極力さけた。道長の日記にも儀式の詳細な追及は見えず、その点は藤原実資や行成たちと異なるところだ。

王朝文学を理解することからは距離のある筆者は、一条天皇の后に仕えた二人の才女の作品に関して、『枕草子』に比すれば『源氏物語』の史実性ははるかに低い、と漠然と思っていた。しかし機会を得て聴講した秋山虔氏の講演（「もう一人の弘徽殿女御」二〇〇二年二月十九日、神田学士会館）によって、それが誤解であることを思い知らされた。『源氏物語』は政治の世界と直面しており、男女関係は単なるそれではなく、必ず政治に通じている、藤原氏を制圧していく、源氏の先を見る目は凄い、といったような趣旨のことが私には全く新鮮に響いたのである。まさに目から鱗、であった。紫式部の現実を見つめる目は実にクールであったようだ。その彼女が、絶頂期を現出させた権勢者のもとに身を置きながら、藤原氏ならぬ源氏（皇親賜姓）の権勢を称えているのは何ゆえか、変わらぬ疑問である。

高校生のころ私は源頼朝が好きだった。教科書に掲載されていた神護寺蔵の画像（モノクロ写真）を見て、きりっとした風貌に惹かれたのである。やがて京都で学生生活を送るようになって間もなく、新緑の時期の公開をねらって神護寺を訪ね、画像と対峙したときの鮮烈な印象は瞼に焼きついている。それから神護寺へはよく足をはこんだ。そして大学の卒業論文では頼朝時代の主従道徳に関するものだったが、大学を出てからは平安時代を勉強するようになり、藤原道長とも親しむことが多くなった。

摂関家に生をうけることで、その生涯に大なる恩恵を蒙ることはいうまでもない。しかし、それは出生以前に決まっていることゆえ、個人の意思では如何ともし難い。幸いにして摂関家に生をうけたなら長生きをし、娘たちを入内させて、そこに皇子を期待する。嫡男ではなかったが兼家・道長親子はそれに成功した。そこに当人の運と力量が介在するのである。現代の生き方に通じるものがある一面、異なる社会体制も認識させられる。

八年前に還暦を祝ってもらったときに「いま道長」という渾名を頂戴し、記念の懐中時計には「この世をば我が世とぞ思ふ望月の……」の一首が刻印されている。そのとき「道長は六十二歳で病に喘ぎながら吐血して死んでいった」と挨拶して爆笑を買ったが、私はその年齢を越してしまった。夜から朝型に変わり、一仕事してメス三代の柴犬を連れ、近くの賀茂川堤への散策が日課となって久しい。

義務としている歌屑も千首を超えた。原稿に詰まった時など比叡山や鴨川を眺めながらヒントを得たことが何度もあった。「道長の原稿渡し今日の午後ヒントをくれた山川に感謝」（六月二十日の歌屑より）。

直接にご指導いただいた諸先生をはじめ研究者の皆さま、間接的に論文などを通して学恩を蒙った方々、こうした多くの支えなくして本書は生まれ得ない。お名前の明記は省略させていただくけれど、あわせて御礼申し上げます。また本づくりには若き編集者の堀川健太郎氏にお世話になった。原稿が半分ほど書けた時に一読を請い「面白いです、この調子で書きすすめてください」の煽てにのって完成に漕ぎつけることができた。ここに謝意を表します。

明年には紫式部が『源氏物語』を執筆して千年を迎える。すでに「源氏物語千年紀事業」が動きだし、二〇〇八年十一月一日の「源氏記念日」にむけてさまざまな企画が進行中である。そして奇しくも今年は道長が金峯山に参詣し埋経してから千年に当たり、それを記念して京都国立博物館で「藤原道長特別展」がゴールデンウィークを挟んで一カ月間開催される。このような佳年にめぐりあわせたこと、そして作者に一大ロマンを書かせる契機をつくった、強力なパトロンである藤原道長の評伝をまとめる機会を与えられたことを幸せに思う。内心忸怩たる思いで世に送り出すことになるが、ご叱声をお願いしたい。

二〇〇七年　初春

朧谷　寿

藤原道長略年譜

和暦	西暦	齢	関係事項	一般事項
康保 三	九六六	1	藤原兼家の五男として誕生（同母兄は二人）。	9洪水により京・畿内に賑給。
四	九六七	2		5・25村上天皇崩御。
安和 二	九六九	4	2・7藤原師尹と兼家の家人同志が乱闘。3・25安和の変により左大臣源高明が大宰権帥に左遷。	8・13冷泉天皇→円融天皇。
天禄 一	九七〇	5		6・14初の祇園御霊会を行う。
三	九七二	7	11・27藤原兼通、関白となる。	
天延 一	九七三	8		この頃、紫式部が生まれる。
二	九七四	9		この年以降ほどなく藤原道綱母が『蜻蛉日記』を著す。
貞元 一	九七六	11	7・26兼通の堀河院、円融天皇の里内裏（初例）となる。	5・11内裏焼亡。
二	九七七	12	10・11兼通、関白を従兄弟の頼忠に譲り、一カ月後に死去。	
天元 一	九七八	13	10・2兼家、右大臣となり、源雅信、左大臣となる。	

	三	九八〇	15	1・7従五位下になり貴族としてのスタートラインに立つ。	
	五	九八二	17	1・10昇殿を聴される。	10・—慶滋保胤が『池亭記』を著す。
永観	一	九八三	18	冬、兼家、比叡山横川に薬師堂・恵心院を建てる。	
	二	九八四	19	3・15兼家の東三条院が焼亡する。	8・27円融天皇→花山天皇。
寛和	一	九八五	20		4・—源信が『往生要集』を著す。
	二	九八六	21	6・23兼家、摂政となる。昇殿を許される。7・22一条天皇即位。	6・23花山天皇→一条天皇
永延	一	九八七	22	12・16左大臣源雅信の娘、倫子と結婚。	2・11奝然が宋より仏像・経典を請来、入京する。
	二	九八八	23	1・—六名の参議を飛び越えて権中納言となる。兼家から勘当される。倫子に彰子誕生。源高明の娘、明子と結婚。	11・8尾張国の郡司・百姓らが国守藤原元命の非法を訴えて解任を要求する。
永祚	一	九八九	24	2・23道隆、内大臣となる。	4・5元命が解任される。
正暦	一	九九〇	25	5・26道隆、摂政となる。7・2兼家、病を得て出家、死去。	2・2西寺焼失。
	二	九九一	26	9・7道兼、内大臣となる。9・16詮子、出家して東三条院と号する（女院号の初例）。	2・12円融法皇崩御。

	三	九九二	27	1・—倫子に頼通誕生。	
	四	九九三	28	4・22道隆、関白となる。7・29雅信死去。明子に頼宗誕生。	
	五	九九四	29	3・—倫子に妍子誕生。8・28道兼、右大臣となり、伊周、内大臣となる。明子に顕信誕生。	疫病が全国に蔓延し、多数の死者を出す。
長徳	一	九九五	30	4・10道隆死去。5・8道兼死去。5・11内覧の宣旨を賜る。6・19右大臣となる。7・24伊周と仗座で論争する。8・10高階成忠の呪詛に遭う。明子に能信誕生。	疫病が蔓延する。
	二	九九六	31	4・24伊周が大宰権帥に左遷。7・20左大臣となる。倫子に教通誕生。	京中で火災が頻発する。
	三	九九七	32	夏、病に臥す。	
	四	九九八	33	春、大病を患い出家を思う。『御堂関白記』の記事始まる（〜治安元年まで）。	疫病が蔓延する。
長保	一	九九九	34	11・1彰子、一条天皇に入内する。倫子に威子誕生。	3・7富士山が噴火する。
	二	一〇〇〇	35	2・25彰子、中宮となる（定子は皇后に、一帝二后の初例）。	6・—疫病流行。12・16貞子皇后崩御。
	三	一〇〇一	36	⑫・22詮子崩御。	この頃『枕草子』ができる。
寛弘	一	一〇〇四	39	2・6頼通、春日祭使となる。3・13法興院で万燈会を行う。	

二	一〇〇五	40	8・20明子に長家誕生。10・19浄妙寺三昧堂の落慶供養。11・3石山寺に参詣。11・13伊周を朝議に参与させる。11・27一条天皇、東三条院に遷る。	11・15内裏焼亡。
三	一〇〇六	41	3・4東三条院で花宴を行う。10・20宋商曾令文から『五臣注文選』『文集』などを贈られる。12・8広隆寺に参詣。12・26法性寺に五大堂を建立する。	12・29紫式部、中宮彰子に出仕する（前年説あり）。
四	一〇〇七	42	1・5倫子に嬉子誕生。2・28春日社に参詣。8・11金峯山に参詣し、金銅経筒を埋納し、子守三所に詣でる。12・2浄妙寺多宝塔の落慶供養。	
五	一〇〇八	43	1・16伊周を大臣に准じ、封戸を賜う。9・11彰子、敦成親王（後一条天皇）を出産。10・16一条天皇、土御門第行幸。	この頃『源氏物語』の一部が成る。
六	一〇〇九	44	2・20中宮彰子・敦成親王を呪詛したことで伊周の朝参を停止。10・19一条天皇、枇杷殿に遷る。11・25彰子、敦良親王（後朱雀天皇）を出産。この頃頼通、隆姫女王と結婚する。	
七	一〇一〇	45	1・28伊周死去。	
八	一〇一一	46	6・13敦成親王立太子。8・23妍子、三条天皇の女御となる。10・16三条天皇即位。	6・13一条天皇→三条天皇。6・22一条法皇崩御。
長和一	一〇一二	47	1・16顕信出家。2・14中宮彰子を皇太后、女御妍	4・27女御娍子を皇后とする。

	二	一〇一三	48	子を中宮とする。1・16東三条院焼亡。7・6妍子、禎子内親王を出産。	
	三	一〇一四	49		2・9内裏焼亡。
	四	一〇一五	50	10・27摂政に准じて除目・官奏を執り行う。	11・17内裏焼亡。
	五	一〇一六	51	1・29摂政となる。敦明親王（娍子所生の三条天皇第一皇子）立太子。2・7後一条天皇即位。7・20土御門第焼失。9・24三条上皇御所枇杷殿焼亡。	1・29三条天皇→後一条天皇
寛仁	一	一〇一七	52	3・16摂政を辞し、頼通、摂政となる。8・9敦明親王が東宮を辞し、敦良親王が立太子。12・4太政大臣となる。	5・9三条法皇崩御。6・22興福寺五重塔・東金堂など落雷で焼失。
	二	一〇一八	53	1・7彰子太皇太后。2・9太政大臣を辞す。3・7威子、甥の天皇に入内し、4・28女御。10・16妍子皇太后、威子中宮となる。この日の土御門第での宴で「この世をば」の歌を詠む。10・22後一条天皇、土御門第へ行幸、東宮・三后の行啓。	8・21藤原行成が『白氏詩巻』を書き写す。
	三	一〇一九	54	3・21出家する。4・3病により非常赦を行う。9・29東大寺て受戒し、興福寺に参詣。12・22頼通、関白となる。	4・—刀伊族が襲来、大宰府が撃破する。
	四	一〇二〇	55	3・22無量寿院（九躰阿弥陀堂）落慶供養。以降、	春から夏にかけて疱瘡流行。

				十年ほどかけて諸堂が出現する（法成寺）。12・14延暦寺で受戒する。	
治安	一	一〇二一	56	2・28倫子出家。	
	二	一〇二二	57	7・14法成寺金堂を供養、後一条天皇行幸。11・23延暦寺に参詣する。	7・16法成寺造仏の功により定朝が法橋となる。
	三	一〇二三	58	10・17高野山（金剛峯寺）参詣に出発、東大寺・法隆寺・道明寺・四天王寺などを巡り、11・1に帰京。	
万寿	一	一〇二四	59	9・19後一条天皇、頼通の高陽院に行幸して競馬を観覧。10・25有馬温泉に行く。	2・17京で大火。
	二	一〇二五	60	5・16頼通とともに近江国の関寺に詣でて霊牛を見る。7・9寛子死去。8・5嬉子（甥の東宮妃）が皇子を出産して死去。	
	三	一〇二六	61	1・19彰子が出家し、上東門院と号する。	
	四	一〇二七	62	5・14顕信死去。9・14妍子崩御。11・13病により非常赦を行い、度者千人を賜う。11・25法成寺阿弥陀堂に移る。11・26後一条天皇、法成寺に行幸し道長を見舞う。12・4死去。同日に行成も死去。この年、入宋僧寂照より道長に書状が届く。	

（月の丸囲みは閏月の意味）

山室軍平　室田保夫
大谷光瑞　白須淨眞
*久米邦武　髙田誠二
フェノロサ　伊藤　豊
三宅雪嶺　長妻三佐雄
*岡倉天心　木下長宏
志賀重昂　中野目徹
徳富蘇峰　杉原志啓
竹越與三郎　西田　毅
内藤湖南・桑原隲蔵　礪波　護
岩村　透　今橋映子
西田幾多郎　大橋良介
金沢庄三郎　石川遼子
上田　敏　及川　茂
柳田国男　鶴見太郎
厨川白村　張　競
大川周明　山内昌之
西田直二郎　林　淳
市河三喜・晴子　河島弘美
折口信夫　斎藤英喜
九鬼周造　粕谷一希
辰野　隆　金沢公子
シュタイン　瀧井一博
*福澤諭吉　平山　洋
*西　周　清水多吉

福地桜痴　山田俊治
田口卯吉　鈴木栄樹
*陸　羯南　松田宏一郎
黒岩涙香　奥　武則
宮武外骨　山口昌男
*吉野作造　田澤晴子
野間清治　佐藤卓己
山川　均　米原　謙
岩波茂雄　十重田裕一
*北　一輝　岡本幸治
中野正剛　吉田則昭
満川亀太郎　福家崇洋
杉　亨二　速水　融
*北里柴三郎　福田眞人
田辺朔郎　秋元せき
*南方熊楠　飯倉照平
寺田寅彦　金森　修
石原　純　金子　務
J・コンドル　鈴木博之
辰野金吾　河上真理・清水重敦
小川治兵衛　尼崎博正

現代

昭和天皇　御厨　貴
高松宮宣仁親王　後藤致人
*李方子　小田部雄次
吉田　茂　中西　寛
マッカーサー　柴山　太
石橋湛山　増田　弘
重光　葵　武田知己
池田勇人　藤井信幸
高野　実　篠田　徹
和田博雄　庄司俊作
朴正熙　木村　幹
竹下　登　真渕　勝
*松永安左エ門　橘川武郎
鮎川義介　井口治夫
出光佐三　橘川武郎
松下幸之助　米倉誠一郎
渋沢敬三　井上　潤
*本田宗一郎　伊丹敬之
井深　大　武田　徹
佐治敬三　小玉　武
幸田家の人々　金井景子
*正宗白鳥　大嶋　仁
大佛次郎　福島行一

*川端康成　大久保喬樹
*薩摩治郎八　小林　茂
松本清張　杉原志啓
安部公房　成田龍一
*三島由紀夫　島内景二
R・H・ブライス　菅原克也
金素雲　林　容澤
柳　宗悦　熊倉功夫
バーナード・リーチ　鈴木禎宏
イサム・ノグチ　酒井忠康
川端龍子　岡部昌幸
藤田嗣治　林　洋子
*井上有一　海上雅臣
*手塚治虫　竹内オサム
山田耕筰　後藤暢子
古賀政男　藍川由美
*吉田　正　金子　勇
武満　徹　船山　隆
*力道山　岡村正史
美空ひばり　朝倉喬司
*西田天香　宮田昌明
安倍能成　中根隆行
サンソム夫妻　平川祐弘・牧野陽子

和辻哲郎　小坂国継
矢代幸雄　稲賀繁美
石田幹之助　岡本さえ
*平泉　澄　若井敏明
安岡正篤　片山杜秀
島田謹二　小林信行
前嶋信次　杉田英明
保田與重郎　谷崎昭男
福田恆存　川久保剛
井筒俊彦　安藤礼二
佐々木惣一　松尾尊兊
*瀧川幸辰　伊藤孝夫
矢内原忠雄　等松春夫
福本和夫　伊藤　晃
*フランク・ロイド・ライト　大久保美春
大宅壮一　有馬　学
今西錦司　山極寿一

*は既刊
二〇一一年六月現在

*佐竹曙山 成瀬不二雄
葛飾北斎 岸 文和
酒井抱一 玉蟲敏子
孝明天皇 青山忠正
*和 宮 辻ミチ子
徳川慶喜 大庭邦彦
島津斉彬 原口 泉
*古賀謹一郎 小野寺龍太
*栗本鋤雲 小野寺龍太
*月 性 海原 徹
*吉田松陰 海原 徹
*高杉晋作 海原 徹
ペリー 遠藤泰生
オールコック 佐野真由子
アーネスト・サトウ 奈良岡聰智
緒方洪庵 米田該典
冷泉為恭 中部義隆

近代

*明治天皇 伊藤之雄
*大正天皇 F・R・ディキンソン
*昭憲皇太后・貞明皇后 小田部雄次

大久保利通 三谷太一郎
山県有朋 鳥海 靖
木戸孝允 落合弘樹
井上 馨 伊藤之雄
*松方正義 室山義正
北垣国道 小林丈広
板垣退助 小川原正道
大隈重信 五百旗頭薫
伊藤博文 坂本一登
井上 毅 大石 眞
井上 勝 老川慶喜
*桂 太郎 小林道彦
渡辺洪基 瀧井一博
*乃木希典 佐々木英昭
林 董 君塚直隆
児玉源太郎 小林道彦
*高宗・閔妃 木村 幹
山本権兵衛 室山義正
高橋是清 鈴木俊夫
小村寿太郎 簑原俊洋
*犬養 毅 小林惟司
加藤高明 櫻井良樹
加藤友三郎・寛治 麻田貞雄
牧野伸顕 小宮一夫
田中義一 黒沢文貴

平沼騏一郎 堀田慎一郎
宇垣一成 北岡伸一
宮崎滔天 榎本泰子
*浜口雄幸 川田 稔
幣原喜重郎 西田敏宏
関 一 玉井金五
水野広徳 片山慶隆
広田弘毅 井上寿一
安重根 上垣外憲一
*グルー 廣部 泉
*永田鉄山 森 靖夫
東條英機 牛村 圭
今村 均 前田雅之
蔣介石 劉 岸偉
石原莞爾 山室信一
木戸幸一 波多野澄雄
*岩崎弥太郎 武田晴人
伊藤忠兵衛 末永國紀
五代友厚 田付茉莉子
大倉喜八郎 村上勝彦
*安田善次郎 由井常彦
渋沢栄一 武田晴人
山辺丈夫 宮本又郎
武藤山治 阿部武司・桑原哲也
小林一三 橋爪紳也

大倉恒吉 石川健次郎
大原孫三郎 猪木武徳
*河竹黙阿弥 今尾哲也
イザベラ・バード 加納孝代
*林 忠正 木々康子
森 鷗外 小堀桂一郎
二葉亭四迷 ヨコタ村上孝之
夏目漱石 佐々木英昭
巌谷小波 千葉信胤
樋口一葉 佐伯順子
島崎藤村 十川信介
泉 鏡花 東郷克美
有島武郎 亀井俊介
永井荷風 川本三郎
北原白秋 平石典子
菊池 寛 山本芳明
宮澤賢治 千葉一幹
正岡子規 夏石番矢
高浜虚子 坪内稔典
与謝野晶子 佐伯順子
*種田山頭火 村上 護
*斎藤茂吉 品田悦一
*高村光太郎 湯原かの子

萩原朔太郎 エリス俊子
原阿佐緒 秋山佐和子
*狩野芳崖・高橋由一 古田 亮
竹内栖鳳 北澤憲昭
黒田清輝 高階秀爾
中村不折 石川九楊
横山大観 高階秀爾
*橋本関雪 西原大輔
小出楢重 芳賀 徹
土田麦僊 天野一夫
岸田劉生 北澤憲昭
松旭斎天勝 川添 裕
中山みき 鎌田東二
佐田介石 谷川 穣
ニコライ 中村健之介
出口なお・王仁三郎 川村邦光
島地黙雷 阪本是丸
*新島 襄 太田雄三
木下広次 冨岡 勝
嘉納治五郎 クリストファー・スピルマン
津田梅子 田中智子
*澤柳政太郎 新田義之
河口慧海 高山龍三

西行　光田和伸
藤原定家　赤瀬信吾
*京極為兼　今谷　明
*兼好　島内裕子
重源　横内裕人
*運慶　根立研介
快慶　井上一稔
法然　今堀太逸
慈円　大隅和雄
明恵　西山　厚
親鸞　末木文美士
恵信尼・覚信尼　西口順子
覚如　今井雅晴
道元　船岡　誠
叡尊　細川涼一
*忍性　松尾剛次
*日蓮　佐藤弘夫
一遍　蒲池勢至
夢窓疎石　田中博美
*宗峰妙超　竹貫元勝

南北朝・室町

後醍醐天皇　上横手雅敬
護良親王　新井孝重
赤松氏五代　渡邊大門
*北畠親房　岡野友彦
楠正成　兵藤裕己
*新田義貞　山本隆志
光厳天皇　深津睦夫
足利尊氏　市沢　哲
佐々木道誉　下坂　守
円観・文観　田中貴子
足利義詮　早島大祐
足利義満　川嶋將生
足利義持　吉田賢司
足利義教　横井　清
大内義弘　平瀬直樹
伏見宮貞成親王　松薗　斉
山名宗全　山本隆志
日野富子　脇田晴子
世阿弥　西野春雄
雪舟等楊　河合正朝
宗祇　鶴崎裕雄
*満済　森　茂暁
一休宗純　原田正俊
蓮如　岡村喜史

戦国・織豊

北条早雲　家永遵嗣
毛利元就　岸田裕之
*今川義元　小和田哲男
*武田信玄　笹本正治
*武田勝頼　笹本正治
*真田氏三代　笹本正治
三好長慶　仁木　宏
*宇喜多直家・秀家　渡邊大門
*上杉謙信　矢田俊文
島津義久・義弘　福島金治
吉田兼倶　西山　克
山科言継　松薗　斉
*雪村周継　赤澤英二
織田信長　三鬼清一郎
豊臣秀吉　藤井讓治
*北政所おね　田端泰子
*淀殿　福田千鶴
前田利家　東四柳史明
黒田如水　小和田哲男
蒲生氏郷　藤田達生
*細川ガラシャ　田端泰子
伊達政宗　伊藤喜良
*支倉常長　田中英道
ルイス・フロイス　エンゲルベルト・ヨリッセン
*長谷川等伯　宮島新一
顕如　神田千里

江戸

徳川家康　笠谷和比古
徳川家光　野村　玄
徳川吉宗　横田冬彦
*後水尾天皇　久保貴子
光格天皇　藤田　覚
崇伝　杣田善雄
春日局　福田千鶴
池田光政　倉地克直
シャクシャイン　岩崎奈緒子
*田沼意次　藤田　覚
*二宮尊徳　小林惟司
末次平蔵　岡美穂子
高田屋嘉兵衛　生田美智子
林羅山　鈴木健一
吉野太夫　渡辺憲司
中江藤樹　辻本雅史
山崎闇斎　澤井啓一
山鹿素行　前田　勉
*北村季吟　島内景二
貝原益軒　辻本雅史
松尾芭蕉　楠元六男
*ケンペル　B・M・ボダルト＝ベイリー
荻生徂徠　柴田　純
*雨森芳洲　上田正昭
前野良沢　松田　清
平賀源内　石上　敏
本居宣長　田尻祐一郎
杉田玄白　吉田　忠
上田秋成　佐藤深雪
木村蒹葭堂　有坂道子
*大田南畝　沓掛良彦
菅江真澄　赤坂憲雄
*鶴屋南北　諏訪春雄
良寛　阿部龍一
*山東京伝　佐藤至子
*滝沢馬琴　高田　衛
シーボルト　宮坂正英
本阿弥光悦　岡　佳子
小堀遠州　中村利則
狩野探幽・山雪　山下善也
尾形光琳・乾山　河野元昭
*二代目市川團十郎　田口章子
与謝蕪村　佐々木丞平
伊藤若冲　狩野博幸
鈴木春信　小林　忠
円山応挙　佐々木正子

ミネルヴァ日本評伝選

企画推薦
梅原　猛
ドナルド・キーン
佐伯彰一
角田文衞

監修委員
上横手雅敬
芳賀　徹

編集委員
石川九楊
伊藤之雄
猪木武徳
今谷　明
今橋映子
熊倉功夫
佐伯順子
坂本多加雄
武田佐知子
竹西寛子
西口順子
兵藤裕己
御厨　貴

上代

俾弥呼　古田武彦
日本武尊　西宮秀紀
仁徳天皇　若井敏明
雄略天皇　吉村武彦
*蘇我氏四代　遠山美都男
推古天皇　義江明子
聖徳太子　仁藤敦史
斉明天皇　武田佐知子
小野妹子・毛人　大橋信弥
*額田王　梶川信行
弘文天皇　遠山美都男
天武天皇　新川登亀男
持統天皇　丸山裕美子
阿倍比羅夫　熊田亮介
柿本人麻呂　古橋信孝
*元明天皇・元正天皇　渡部育子
聖武天皇　本郷真紹
光明皇后　寺崎保広
孝謙天皇　勝浦令子
藤原不比等　荒木敏夫
吉備真備　今津勝紀
藤原仲麻呂　木本好信
道　鏡　吉川真司
大伴家持　和田　萃
行　基　吉田靖雄

平安

*桓武天皇　井上満郎
嵯峨天皇　西別府元日
宇多天皇　古藤真平
醍醐天皇　石上英一
村上天皇　京樂真帆子
花山天皇　上島　享
*三条天皇　倉本一宏
藤原薬子　中野渡俊治
小野小町　錦　仁
藤原良房・基経　滝浪貞子
菅原道真　竹居明男
*紀貫之　神田龍身
源高明　所　功
慶滋保胤　平林盛得
*安倍晴明　斎藤英喜
藤原実資　橋本義則
*藤原道長　朧谷　寿
藤原伊周・隆家　倉本一宏
藤原定子　山本淳子
清少納言　後藤祥子
紫式部　竹西寛子
和泉式部　ツベタナ・クリステワ
大江匡房　小峯和明
阿弖流為　樋口知志
坂上田村麻呂　熊谷公男
*源満仲・頼光　元木泰雄
平将門　西山良平
藤原純友　寺内　浩
空　海　頼富本宏
最　澄　吉田一彦
*空　也　石井義長
奝　然　上川通夫
*源　信　小原　仁
後白河天皇　美川　圭
式子内親王　奥野陽子
建礼門院　生形貴重
藤原秀衡　入間田宣夫
平時子・時忠　元木泰雄
平維盛　根井　浄
守覚法親王　阿部泰郎
藤原隆信・信実　山本陽子

鎌倉

源頼朝　川合　康
*源義経　近藤好和
源実朝　神田龍身
後鳥羽天皇　五味文彦
九条兼実　村井康彦
九条道家　上横手雅敬
北条時政　野口　実
熊谷直実　佐伯真一
*北条政子　関　幸彦
北条義時　岡田清一
曾我十郎・五郎　杉橋隆夫
北条時宗　近藤成一
安達泰盛　山陰加春夫
平頼綱　細川重男
竹崎季長　堀本一繁

刊行のことば

歴史を動かすものは人間であり、興趣に富んだ人間の動きを通じて、世の移り変わりを考えるのは、歴史に接する醍醐味である。

しかし過去の歴史学を顧みるとき、人間不在という批判さえ見られたように、歴史における人間のすがたが、必ずしも十分に描かれてきたとはいえない。二十一世紀を迎えた今、歴史の中の人物像を蘇生させようとの要請はいよいよ強く、またそのための条件もしだいに熟してきている。

この「ミネルヴァ日本評伝選」は、正確な史実に基づいて書かれるのはいうまでもないが、単に経歴の羅列にとどまらず、歴史を動かしてきたすぐれた個性をいきいきとよみがえらせたいと考える。そのためには、対象とした人物とじっくりと対話し、ときにはきびしく対決していくことも必要になるだろう。

今日の歴史学が直面している困難の一つに、研究の過度の細分化、瑣末化が挙げられる。それは緻密さを求めるが故に陥った弊害といえるが、その結果として、歴史の大きな見通しが失われ、歴史学を通しての社会への働きかけの途が閉ざされ、人々の歴史への関心を弱める危険性がある。今こそ歴史が何のためにあるのかという、基本的な課題に応える必要があろう。評伝という興味ある方法を通じて、解決の手がかりを見出せないだろうかというのも、この企画の一つのねらいである。

狭義の歴史学の研究者だけでなく、多くの分野ですぐれた業績をあげている著者たちを迎えて、従来見られなかった規模の大きな人物史の叢書として、「ミネルヴァ日本評伝選」の刊行を開始したい。

平成十五年（二〇〇三）九月

ミネルヴァ書房

《著者紹介》

朧谷　寿（おぼろや・ひさし）

1939年　新潟県生まれ。

1962年　同志社大学文学部文化学科文化史学専攻卒業。

2005年　京都府文化功労賞受賞。

同志社女子大学教授を経て，

現　在　同志社女子大学名誉教授。

著　書　『源頼光』吉川弘文館，1968年。

『清和源氏』教育社，1984年。

『王朝と貴族』〈日本の歴史６〉集英社，1991年。

『藤原氏千年』講談社，1996年。

『源氏物語の風景』吉川弘文館，1999年。

『平安貴族と邸第』吉川弘文館，2000年。

『よんで　しらべて　時代がわかる　ミネルヴァ日本歴史人物伝　紫式部』（監修）ミネルヴァ書房，2011年ほか。

ミネルヴァ日本評伝選

藤《ふじ》原《わらの》道《みち》長《なが》

――男は妻がらなり――

2007年５月10日　初版第１刷発行　　〈検印省略〉

2011年６月10日　初版第２刷発行

定価はカバーに表示しています

著　者　朧　谷　　寿

発行者　杉　田　啓　三

印刷者　江　戸　宏　介

発行所　株式会社　ミネルヴァ書房

607-8494　京都市山科区日ノ岡堤谷町１

電話（075）581-5191（代表）

振替口座　01020-0-8076番

共同印刷工業・新生製本

ISBN978-4-623-04884-7

Printed in Japan

人名索引

あ 行

か 行

さ　行

た　行

な　行

は　行

ま　行

や　行

ら　行

事項索引

あ　行

か　行

さ　行

た　行

な 行

は 行

わ 行